·하루 한 권·
영국 엄마의
그림책 육아

바른 교육 시리즈 ❸

· 하루 한 권 ·
영국 엄마의
그림책 육아

김혜중 지음

시사원

아이와 영어 그림책을 읽을 때 영어 발음보다 더 중요한 것은
'엄마 아빠와 함께 책을 본다'는 것입니다.

추천하는 글

부모와 함께 영어 그림책을 읽으면 자존감이 높고 자신감이 강한 아이로 성장합니다

저는 약 20여 년 전에 호주에서 대학시절 김혜중 작가를 처음 만났습니다. 외국어를 배우는 것에 관심이 많았던 우리는 그 이후로도 삶의 궤적이 많이 비슷하여 삶 속에서 많은 것을 공유해 왔습니다. 대학 졸업 후 우리는 각자 다른 외국에 살면서 어학 교육에 종사하기도 했고, 다국어 환경에서 두 아들을 키우기도 했습니다. 그런 제 친구가 좋은 책을 출간하게 되어 진심으로 축하의 말을 전합니다.

저는 영어가 모국어인 호주 사람이지만, 외국어에 대한 노출과 언어 학습이 매우 중요하다고 생각하는 사람 중 한 명입니다. 지난 13년간 저는 홍콩의 초등학교 세 곳에서 교사로 일해 왔습니다. 홍콩은 기본적으로 3개 국어를 구사하고 2개 국어를 고급 수준으로 읽고 쓸 줄 아는 정책(兩文三語)을 갖고 있기 때문에, 홍콩의 모든 공립 초등학교는 원어민 영어 문해 능력 전문 교사를 고용하고 있습니다. 저는 이러한 교육 환경에서 초등학교 1학년 학생들을 10년 이상 가르치며 영어 문해력 개발에 주력해 왔습니다. 그 과정을 거치면서 그림책이 매우 가치 있다는 것을 깨닫게 되었습니다.

훌륭한 문학 작품은 어린이 언어 학습자들에게 언어 능력뿐만 아니라 중요한 삶의 가치를 알려줍니다. 영어 그림책은 단계별 교과서

나 수준별 독해 같은 학습 방법의 장점을 훨씬 능가합니다. 이 책에서는 그러한 영어 그림책들의 가치를 자세히 살펴보고 있습니다. 구체적으로 몇 가지를 말씀드리겠습니다.

우선 영어 그림책에는 운율, 두운, 원어민에게 익숙한 언어 구조와 어휘 등 번역할 수 없는 풍부한 언어 특징과 영어 특유의 리듬이 담겨 있습니다. 그림책은 운율과 리듬이 재미나기 때문에 소리 내어 읽으면 사실상 음악적일 수 있습니다. 따라서 영어 그림책을 읽는 것은 이해력, 이야기하기 storytelling, 창의력 등의 기술을 개발하는 동시에 영어로 된 아이의 음운 인식을 향상시키는 데 도움이 됩니다.

특히 함께 읽기 Shared Reading는 일상적인 대화에서는 즉각적으로 드러나지 않는 영어 어휘의 다양성을 경험할 수 있는 멋진 방법입니다. 아이들은 들으면서 배우기 때문입니다. 영어 그림책을 읽음으로써 아이는 영어 원어민들의 표현을 배우고 보다 다양한 단어와 언어적 맥락을 접하게 됩니다. 더군다나 가족이 함께 읽으면서 이러한 독서 방법을 즐길 수 있다면 더없이 좋겠지요.

또한 그림책의 복합적인 기능을 몇 가지 소개합니다. 우선 독자는 그림책을 볼 때 그림과 단어에 의존하여 의미를 만들게 됩니다. 그림책에서 그림과 단어의 관계는 아이들이 듣고 보는 동안 연결고리를 만들도록 도와주고, 책과도 상호작용을 할 수 있기 때문에 독서 과정에서 독자들을 적극적으로 참여시키기도 합니다. 양질의 그림책이 갖고 있는 공통된 특징은 책에 수록된 단어가 독자가 알아야 할 모든 것을 직접적으로 알려주지 않는다는 것입니다. 오히려 뜻을 알려주지 않은 채 독자에게 해석의 여지를 남겨둡니다. 따라서 그림책을 해석하는 방법은 한 가지가 아니라 여러 가지일 수 있고, 그 과정에서 아이가 개인적으로 의미를 만들기도 합니다. 즉, 그림책의 해석은 아이가 만드는 것이죠.

그리고 이 책에서도 나왔지만, 그림책은 풍부한 시각적 경험을 제공합니다. 영어 그림책에서의 그림은 단순히 내용의 이해를 돕기 위한 보조적 도구가 아닙니다. 그림은 언어 학습용뿐만 아니라, 그림 작가들이 그림책에서 그들의 예술을 창의적으로 사용한 것을 맛볼 수 있는 훌륭한 수단입니다. 이를 통해 아이의 시각적 경험이 넓어지고 시각적 학습의 기초가 다져집니다.

마지막으로 그림책은 문화적이고 사회적인 문서입니다. 부모와 함께 그림책을 읽는 동안 아이들은 직간접적으로 다양한 문화를 경험합니다. 영어 그림책을 읽으면서 더 넓은 세계를 향해 나아갑니다. 함께 책을 읽으면서 shared reading 하게 되는 상호작용을 통해 아이들은 부모가 그들을 지지하고 격려하는 것을 알게 됩니다. 뿐만 아니라 이를 통해 아이들은 사회적 기술과 자신감을 발전시킬 수 있는 기회를 갖게 되는 것이지요.

이 책은 아이들과 함께 책을 읽는 것에 대한 풍부한 조언을 제공합니다. 책을 고르는 방법, 그림책에서 무엇을 찾아야 하는지, 아이와 함께 그림책을 읽는 방법에 대한 조언 등은 매우 실용적이어서 쉽게 적용할 수 있습니다. 또한 아이와 함께 할 수 있는 독후 활동에 대한 훌륭한 조언도 담고 있어서 아이들이 일상생활 속에서 자연스럽게 학습에 적용할 수 있도록 도와줍니다.

전반적으로 저자가 느낀 진정한 독서의 즐거움을 알 수 있습니다. 그 즐거움을 자신의 아이들뿐만 아니라 모든 사람들과 나누고 싶은 저자의 열망도 느껴집니다. 부모는 아이들의 첫 번째이자 가장 중요한 선생님입니다. 다양한 방법으로 한국의 아이들에게 영미권 문학 또는 그림책을 가정에서 활용하는 것이 왜 중요한지 알려주는 이 책을 한국 독자들에게 기쁘게 추천합니다.

모쪼록 이 책을 읽는 독자들은 책에서 제공한 기법을 충분히 활용하여 아이들의 영어 실력을 향상시킬 뿐만 아니라 아이들과 함께 책을 읽으며 시각적, 언어적, 문화적, 사회적 경험을 폭넓게 경험하시길 바랍니다.

쉬본 토마스Siobhan Thomas_홍콩 초등학교 NET 교사 엄마가 소설가라니 사람들이 종종 말합니다. "아이가 책 좋아하겠어요!" 게다가 영어가 때론 직업이 되기도 하는 번역가이다 보니 더 자주 묻습니다. 아이 영어공부, 어떻게 시키세요?" 안타깝지만 두 경우 모두 나는 할 말이 없습니다. 다섯 살 내 아이는 책도 별로, 영어에도 시큰둥합니다. 나부터가 매사 게으르고 불성실한 엄마이기 때문입니다. 그런데 이 책을 보고 있자니 무언가 그림이 그려집니다. '뭐야, 쉽잖아! 이렇게 따라 하기만 하면 되잖아!' 저자의 명쾌하고 다정한 비법을 날로 먹는 것 같아 미안하지만 말입니다. 저자가 알려준 스물네 권 그림책부터 준비해보려 합니다. 잘 될 것 같은 느낌입니다.

김서령_소설가

《아이와 다투지 않는 영국 육아》에 이어 《하루 한 권 영국 엄마의 그림책 육아》 발간 소식을 듣고 매우 기뻤습니다. 이 책은 영어 그림책을 매개로 하여 어떻게 하면 아이들을 어려서부터 세계시민으로 잘 양육할 수 있을지 지침서 역할을 해줄 것입니다. 우리 아이를 글로벌한 세상에서 균형 있고 지혜롭게 키우고 싶은 엄마 아빠에게 이 책을 추천합니다.

이상백_《영국과 아일랜드 개발 교육 이야기》 저자,
KOICA 필리핀 사무소 부소장이 책은 가족이 함께 책 읽는 즐거움을 쉽고 편안하게 안내하는 책입니다. 영국 작가들의 재미있는 그림책에 대한 소개를 읽으면 한 권 한 권 모두 읽고 싶은 마음이 듭니다. 부모와 아이가 함께 하는 행복한 시간이 아동발달과 교육에 얼마나 큰 영향을 미치는지에 대한 학술적 결과가 뒷받침하듯이, 저자가 안내하는 그림책 육아를 통해 가족들이 함께 행복한 시간을 보낼 수 있기를 기대해 봅니다.

진미정_서울대학교 아동가족학과 교수

이 책에는 실제로 하루 한 권 아이와 함께 영어 그림책을 읽으며, 행복했던 작가의 경험과 생각이 고스란히 담겨 있습니다. 바쁜 일상 속에서 아이에게 하루 한 권 책을 읽어주는 것이 쉬운 일은 아니겠지만, 아이와 그림책을 읽으며 일상을 나누는 행복하고 따뜻한 경험은 먼 훗날 아이에게 큰 자산이 될 것입니다. 아이와 읽기 쉬운 영어 그림책과 책을 읽고 어떻게 대화하면 좋을지도 소개합니다. 작가가 추천하는 '영어 그림책'을 함께 읽다 보면 아이와의 관계는 물론이고 영어 실력도 어느새 쑥쑥 성장해 있을 것입니다.

김주연_대치동 묘동유치원 원장

프롤로그

아이 스스로 영어 그림책으로 느끼는 영어의 맛

　소롱소롱 이슬이

　　박목월

　소롱소롱 이슬이 나리는 밤에
　기다란 귀 쫑긋쫑긋 하얀 토끼는
　구슬방울 줍기에 잠못잔단다
　이슬방울 줍기에 잠못잔단다

　소동소동 이슬이 나리는 밤에
　재굴재굴 산새는 푸른 가지 속
　구슬방울 따기에 잠못잔단다
　이슬방울 따기에 잠못잔단다

　한국어는 참 예쁩니다. 박목월 시인은 이슬이 내리는 밤을 어쩌면 이렇게 예쁘게 표현했을까요. 이슬이 내리는 소리를 소롱소롱, 소동소동이라며 그 소리만 들어도 영롱한 이슬이 가느다란 풀끝에 떨어지지 않게 살포시 내려앉은 모습이 그려집니다. 국어사전에 나오는 표준어는 아니지만 '내리는'을 '나리는'이라고 바꾸니 뭔가 더 가냘픈 모습이 떠오릅니다. 토끼는 쫑긋쫑긋, 산새는 재굴재굴, 토끼는 하얗고 산새가 있는 곳은 푸른 가지 속입니다. 말로만 들어도 머릿속에는 이미 기다란 귀를 가진 하얀 토끼가 귀를 쫑긋거리고 있고 푸른 가지 위의 새가 지저귀고 있는 모습이 떠오릅니다. 밤잠을 자지 않고 돌아다니는 토끼는 구슬방울, 이슬방울 줍기에 잠을 못 자고 산새는 구슬방울, 이슬방울 따기에 잠을 못 잔다고 하고요.

이렇게 짧은 단어로도 아기자기하게 예쁜 표현을 할 수 있는 한국어는 참으로 아름답습니다. 아이에게도, 어른에게도, 재미있고 쉽게 다가갈 수 있는 이런 표현으로 시를 지은 박목월 시인이 한국 사람이었으니 이토록 예쁜 시가 만들어졌겠죠. 이렇게 예쁜 한국어가 나의 모국어여서 매우 기쁩니다. 이렇게 예쁜 글을 읽고 글이 전하는 느낌을 느낄 수 있어서 다행이다 싶습니다. 아무리 한국어를 잘 하는 사람이라고 해도 외국인이라면 이 시가 주는 감성을 충분히 느끼지 못했을 테니까요.

그렇지만 한국어뿐만 아니라 모든 언어는 각각 고유의 아름다움이 있습니다. 호주에서 대학을 다니던 시절의 이야기입니다. 같은 기숙사 같은 층에 살던 뉴질랜드인 학생이 있었습니다. 뉴질랜드에서 신문사 기자를 하다가 영문학 박사를 받기 위해 남편과 잠시 떨어져 호주에 온 유학생이었습니다. 언젠가 한 번 그녀의 남편이 그녀를 방문하러 왔습니다. 기숙사에서 친한 친구들 몇몇이 함께 모여 저녁 식사를 하고 돌아오던 여름날 밤이었죠. 하늘의 별이 쏟아질 것만 같은 밤이었습니다. 기숙사 앞에 있는 넓은 축구장을 가로질러 거닐며 밤에만 느낄 수 있는 풀냄새 가득한 상쾌함을 만끽하고 있었습니다.

그런데 오랜만에 만난 부부는 대화를 하며 돌아오는 대신 셰익스피어의 '한여름밤의 꿈'에 나오는 대사 일부를 외워서 주거니 받거니 하며 걸어오는 것 아니겠어요? 그 어려운 셰익스피어를 외운다는 것도 놀라웠지만, 그들이 읊조리는 대사를 듣고만 있어도 어찌나 아름답던지요. 그들은 다른 어떤 것도 필요 없을 만큼 셰익스피어의 작품 하나만으로 이미 행복 충만한 부부 같았습니다. 알고 보니 그 둘은 스무 살 때 함께 연극을 하며 만났고 곧바로 결혼을 했습니다. 함께 연극 대사를 외우는 것은 그들의 오랜 취미였습니다. 그 고상한 취미가 매우 부러웠던 기억이 납니다.

제가 아는 또 다른 부부는 부인은 한국인이고 남편은 캐나다인인데 두 사람이 만난 곳은 캐나다나 한국이 아닌, 대만이었습니다. 둘 다 중국어를 배우러 대만으로 유학을 갔다가 알게 되었는데, 연애 시절 남편은 한국어를 하지 못하고 부인은 영어를 하지 못했죠. 그렇지만 두 사람 모두 외국어에 대한 호기심이 있었고, 서로 알지 못하는 언어로 책을 읽어주며 친해지게 되었다고 해요. 상대방의 언어를 알지 못해서 그 언어로 읽는 글이 더 아름답게 느껴졌던 것이죠.

이렇게 언어는 무척이나 매력적인 표현 방법입니다. 그리고 어느 나라 말이 더 뛰어나고를 떠나서 저는 박목월 시인의 시처럼 예쁜 시를 만들 수 있는 한국어가 저의 모국어인 것이 참으로 좋습니다. 우리 아이들도 모국어인 한국어를 예쁘고 매우 훌륭하게 구사할 수 있으면 좋겠습니다. 조금 더 욕심을 낸다면 제가 영어와 친해지면서 알게 된 영어만의 아름다운 맛도 아이들이 알 수 있기를 바랍니다.

몇 년 전 영국에 살면서 아이들이 영국 학교에서 교육 받을 기회가 있었습니다. 학부모의 학교 참여가 활발한 영국 학교의 특성상 저도 아이들 학교에서 독서 활동 자원봉사자로 활동했습니다. 동양인인 제가 읽어주는 그림책도 스스럼 없이 똘망똘망한 눈으로 쳐다보던 영국 꼬마 아이들의 눈빛이 지금도 눈에 선합니다. 가정에서 아이들에게 일종의 문학 공부를 하도록 도와주는 패밀리 리터러시(Family Literacy, 가족 문해라는 의미로서, 부모가 바로 자녀의 제1 교사라는 믿음에 기반을 두고 있는 교육 방법이자 환경을 말합니다.)라는 수업을 들을 기회도 있었습니다. 성인이 된 이후로는 한국어든 영어든 그림책이라고는 들춰보지도 않던 제가, 영어 그림책으로 수업을 하며 가정에서 어떻게 아이들에게 책을 읽어주어야 하는지를 배우는 패밀리 리터러시의 매력에 푹 빠졌습니다.

영국은 학원이라는 곳이 보편화되지 않았기 때문에 사교육이 많지 않습니다. 대신 부모에게 '아이들을 가르치는 방법'을 가르치는 것이 인상적이었습니다. 부모 역할을 잘 못하는 저에게 부모 교육을 추천한 방문 간호사 덕분에 슈어 스타트 칠드런 센터Sure Start Children's Centre라는 곳(우리나라의 건강가정지원센터 혹은 육아종합지원센터처럼 부모 역할, 양육 지원 등을 제공하는 지역 공공기관)에서 국가에서 제공하는 부모 교육을 받을 수 있었습니다. 부모 교육을 받은 뒤로 저는 슈어 스타트 칠드런 센터의 열혈 팬이 되었고, 센터에서 제공하는 수업들은 최대한 배워보려고 기웃거렸습니다.

그런데 알아보니 부모가 집에서 아이들에게 글과 책 읽는 방법을 가르치는 수업도 있는 것 아니겠어요. 망설임 없이 등록했고, 좋은 영어 그림책들을 추천 받았습니다. 그 전에도 아이들에게 매일 책을 읽어주었지만, 책 읽어주는 방법을 새롭게 배운 뒤로는 읽는 방법이 더욱 재미있어졌습니다. 우리 가족에게는 한국어 그림책과 영어 그림책을 매일 한 권 이상 함께 읽는 것 shared reading이 하나의 규칙적인 습관으로 자리 잡은 지 오래 되었고 그 시간은 즐거운 시간이었습니다.

어떤 분들은 아이들이 초등학생 정도 되었으면 이제 책을 안 읽어주고 혼자서 읽게 해도 되지 않느냐고 하시지만, 저는 아이들이 그만 하라고 할 때까지 계속 아이들에게 책을 읽어주고 이야기를 나누고 때로는 책 속에서 나와서 활동도 할 것입니다. 학습지 한 장 더 푸는 것보다 얻는 것이 훨씬 더 많다고 생각하거든요. 그리고 훗날 아이들이 돌이켜보았을 때, 그때 엄마와 또는 아빠와 그렇게 책을 읽었던 시간이 반짝반짝 빛나는 기억으로 떠오르도록 말입니다. 제가 그랬거든요. 어린 시절 엄마가 책을 읽어주셨을 때의 그 느낌이 지금도 포근하게 떠오릅니다.

이렇게 영국에서 배운 좋은 점들을 여러분과 나누고 싶습니다. 특히 영어 그림책을 읽어주고 싶은데 막막한 분들을 위해서 7세 이전의 영국 아이들이 가장 많이 읽는 그림책 24권을 선정하고, 좋은 작품 활동을 하는 영어 그림책 작가들과 함께 소개하려고 합니다. 그리고 어떻게 하면 아이와 함께 즐겁게 영어 그림책을 볼 수 있을지, 그동안 제가 사용한 방법 shared reading에 대해서도 나누고자 합니다.

사실 좋은 그림책들은 무궁무진합니다. 그 가운데 24권만 고르는 것은 결코 쉬운 일이 아니었습니다. 지금도 많은 한국 부모들이 자녀가 초등학교도 입학하기 전부터 영어 학원을 보낼까 말까 고민을 하고 있습니다. 그러나 아이들을 영어 학원에 보내기 전, 고민에 고민을 거듭하여 선정한 이 책들을 아이들과 함께 읽어보시기를 권하고 싶습니다. 왜 영국 아이들이 가장 많이 읽는 책들인지 분명 그 이유가 있을 테니까요.

그렇다고 이 책들을 읽기 위해 아이들에게 알파벳과 문법을 먼저 가르치라는 이야기는 아닙니다. 아이들이 알파벳을 모른다고 해도 부모가 읽어줄 수 있으니까요. 또 발음이 안 좋다고, 모르는 단어가 있다고, 걱정하지 않으셔도 됩니다. 아이에게 중요한 것은 엄마 아빠의 영어 발음이 아니라, 엄마 아빠가 '읽어준다'는 사실이거든요. 놀라실지도 모르겠지만 내년이면 곧 초등학교 입학을 앞두고 있는 저희 둘째는 아직까지도 한글을 모릅니다. 그렇지만 저는 아이가 한글을 아직 못 읽는다는 것이 부끄럽거나 초조하지 않습니다. 일부러 가르치지 않은 이유가 더 크기 때문입니다. 언젠가는 한글을 읽을 것이고, 책을 읽을 때 글로 읽을 것입니다. 책을 글로 읽게 되면 그림을 덜 보게 될까봐 아쉽습니다.

오히려 글을 아직 모르는 시기가 더 길었으면 좋겠고, 그래서 책을 볼 때, 글이 아닌 그림을 보며 상상력을 더욱 펼칠 수 있기를 바라는 것이죠. 어차피 글을 알게 되면 성인이 되어서는 읽지 말라고 해도 주변의 풍경보다는 건물에 달린 간판을 더 많이 보고 다니는데, 아이들이 간판이 아닌 풍경을 보는 시간이 더 길었으면 좋겠습니다. 걸음마를 할 때도 그랬습니다. 저는 아이들이 빨리 걸음마를 떼지 않기를 바랐습니다. 언젠가는 걷기 시작할 테고, 뛰지 말라고 해도 뛰어다닐 텐데, 일찍 걷기보다는 기어 다니는 시간이 더 길기를 바랐습니다. 엉금엉금 기어 다니며 낮은 눈높이에서 손과 무릎으로 느끼며 여기저기 탐색하는 시간을 아이가 충분히 갖기를 바랐습니다. 그런 저의 마음을 알았는지, 두 아이들은 모두 15개월이 지나서야 걸음마를 시작했습니다.

돌이 지나도록 걸음마를 못하자 주위에서는 아이가 왜 아직도 걷지 못하냐고 하기도 했지만, 저는 아직 아이가 걷지 않아서 좋았습니다. 그랬던 아이들이 지금까지도 못 걸을까요? 오히려 너무 뛰어다녀서 민폐일 때가 많아 죄송하지요. 걸음마를 조금 더 일찍 배운다고, 글자를 조금 더 일찍 배운다고 인생이 크게 좌우되는 것은 아니잖아요. 언젠가는 걷고, 언젠가는 읽게 될 테고, 나중에는 다 고만고만한 수준까지 될 텐데, 중간 과정을 짧게 지나치는 것보다는 아이들이 걸을 수 있고 읽을 수 있기 전에만 할 수 있는 탐색 시간을 충분히 갖도록 하는 것은 어떨까요? 출발선에서 빨랐다고 자만하며 잠시 쉬던 토끼를, 처음에는 느릿느릿 시작했지만 한 걸음 한 걸음 꾸준히 내디뎠던 거북이가 결국 승리했다는 것, 다들 아시잖아요.

우리 아이가 아직 글을 못 읽는다고 제가 책을 안 읽어주는 것도 아닙니다. 아이들이 신생아일 때부터 잠자리에서 매일매일 한국어 책과 영어 책을 한 권 이상씩 읽어주었기 때문에 지금도 자기 전에 한국어 책과 영어 책을 가지고 와서 읽어달라고 합니다. 흔히 말하는 베드타임 스토리 bedtime story 이죠. 재미있는 이야깃거리에 한국어와 영어 두 가지 양념이 섞인 베드타임 스토리 말입니다. 그 시간은 저에게도, 아이들에게도 매우 즐거운 시간입니다. 글자를 읽을 수 있고 없고가 아이의 언어 능력을 좌우하는 것은 아니라고 생각합니다. 책은 글을 읽을 줄 몰라도 얼마든지 볼 수 있고, 표현력은 글을 쓸 줄 몰라도 훈련될 수 있거든요. 다행히 저희 둘째 아이는 아직 글을 못 읽어도 혼자서 책 보는 것을 즐겨 합니다.

한국의 교육열은 전 세계에서 둘째가라면 서러운 수준이죠. 영국에서 아이들이 다니던 학교에서도 학부모 교육을 하는데 교장 선생님께서도 지구 반대편의 한국 학생들의 수학 능력을 예로 들며 높이 평가할 정도였으니까요. 하버드 대학교의 조세핀 김 교수님도 전 세계 어디를 가든 나라와 상관없이 한국인 부모라면 아이들에게 하나같이 하는 말이 있다고 합니다. 바로 "공부해라"는 말. 미국에 살고 있는 한국인 부모도, 독일에 살고 있는 한국인 부모도, 심지어는 아프리카에 살고 있어도 한국인 가정에서는 부모가 아이들에게 "공부해라" 하고 말한다고 합니다.

한국인 가정에는 아이들이 있는 집집마다 책장이 있고 책들이 빼곡히 있습니다. 그리고 육아 정보, 책 등에서 독서의 중요성을 이야기합니다. 물론 독서를 하는 것은 매우 중요합니다.

그렇지만 아이들에게 무조건 많은 책을 보게 하는 것이 좋기만 할까요? 아이마다 성향이 다르므로 성향도 존중해주어야 합니다. 책에 집착하여 아이에게 책 보는 것을 강요했던 한 엄마의 자녀는 검사해보니 언어지능이 또래보다 낮게 나왔다는 것은 생각해볼 만한 이야기입니다. 한국어 책이든 영어 책이든, 아이를 책에 가두지 말고 아이가 스스로 책 속에서 상상력을 펼칠 수 있도록 부모가 안내해줄 수 있기를 바랍니다. 누구는 한글을 다 깨우쳤더라, 누구는 벌써 파닉스를 배운다더라, 누구네 집에는 책이 몇 권이나 있다더라고 경쟁하지 않았으면 좋겠습니다. 그것보다는 아이와 책으로 무엇을 하고, 무슨 이야기를 나누었는지, 어떤 공감대를 형성했는지를 더 중요하게 생각했으면 좋겠습니다.

엄마표 영어 책을 소개하는 많은 책이나 칼럼, 블로그들이 있고, 많은 좋은 책들을 소개하고 있지만, 그 가짓수가 너무 많아 다 읽기에는 엄두가 안 나기도 합니다. 대부분 영어 책을 많이 읽혔더니 영어가 늘었다는 이야기이지만, 이것도 아이들마다 성향이 달라서 어떤 아이에게는 영어 책을 많이 읽게 하는 것이 오히려 역효과가 날 수도 있습니다. 영어 그림책을 많이 읽는 것이 좋다고 하여 아직 학교도 입학하지 않은 아이에게 하루에 몇 권씩 영어 책을 읽어주면 새로운 언어를 배우는 것이 신기하여 좋아하는 아이들도 있겠지만, 영어가 불편하고 싫어져서 더더욱 영어 책을 들춰보지 않게 될 수도 있습니다. 아이의 성향에 따라 부모가 현명하게 지도해줄 수 있으면 좋겠습니다.

제가 소개해 드리는 영어 그림책은 24권으로 한정시켰습니다. 그 이유는 영어 그림책을 고르는 부모님들이 시중에 나와 있는 수많은 영어 그림책들을 다 보지는 못 하더라도 여기에 소개된 24권만큼은, 또는 유사한 책을 보았다는 생각에, 마음 속 부담이 조금이라도 줄어들었으면 하는 바람 때문이었습니다. 24권의 책 외에도 어떤 책을 보는 것이 좋을지 고민하시는 분들에게 작게라도 길라잡이가 되고자 부록으로 100권의 영어 그림책도 간단하게 덧붙였습니다.

한 번 더 당부 드린다면 제가 소개한 책이 반드시 읽어야 할 책의 정답은 아니라는 사실입니다. 아이들 취향에 맞게 부모님이 좋은 영어 그림책을 잘 골라줄 수 있으면 좋겠습니다. 저는 주로 영국 책으로 선정했지만, 미국의 그림책이든 영국의 그림책이든, 어느 것을 선택해서도 상관없습니다. 다만 부모들이 아이들과 함께 좋은 영어 그림책을 한국 그림책처럼 볼 수 있기를 바랍니다. 그리고 무슨 책을 골라야 할지 고민하시는 분들에게 제가 추천해 드리는 책과 책을 고르는 방법이 어느 정도 답이 될 수 있다면 좋겠습니다.

소개드린 24권의 책은 영국 아이들이 가장 손쉽게 접하는 책이지만, 24권의 책을 읽는 속도는 아이의 성향에 따라 다를 것입니다. 하루에 한 권씩 한 달 안에 24권을 다 보는 아이도 있을 수 있고, 한 권을 보는데 여러 번 곱씹으며 보고 또 봐서 24권을 보는 데 2년이 걸리는 아이도 있을 것입니다. 속도는 중요하지 않습니다. 같은 책이라도 얻어가는 내용과 학습하는 방법은 아이마다 다르니까요. 무엇보다 이 책을 읽은 부모님들은 우리 아이와 옆집 아이를 경쟁시키는 것이 아니라, 우리 아이와 함께 그림책 읽기를 즐길 수 있으면 좋겠습니다. 영어 그림책이든, 한국어 그림책이든 상관없이 말이죠.

24권의 그림책이 영어의 아름답고 재미있는 맛을 자연스럽게 알아가는 데 문을 열어주는 기회가 되기를 바랍니다. 그리고 더 나아가 이 경험이 계기가 되어 아이들이 영어를 즐겁게 생각하고, 몇 년 뒤 누가 시켜서가 아니라 자발적으로 《해리포터》 시리즈를 영어 원서로 읽고, TED 강연을 영어로 들으며, 스스로 인터넷 검색을 영어로 해서 알고 싶은 것에 대한 정보를 얻기를 바랍니다. 때로는 세계인들이 모인 강의 장소에서도 스스럼없이 질문도 하며 한국어와 영어의 경계를 자유롭게 넘나들 수 있는 시발점이 될 수 있기를 꿈꾸어봅니다. 아이들이 커서 어떤 일을 하든, 영어 혹은 다른 외국어를 우수하게 구사할 수 있으면, 더 넓은 기회를 만나게 될 테니까요.

2019년 4월
김혜중 드림

차
례

추천하는 글: 부모와 함께 영어 그림책을 읽으면 자존감이 높고 자신감이
강한 아이로 성장합니다 · 6
프롤로그: 아이 스스로 영어 그림책으로 느끼는 영어의 맛 · 12

I. 왜 영어 그림책인가요?

왜 영어 그림책일까? · 29
아이와 함께 매일 영어 그림책을 읽으면 · 33
모국어 교육 vs 영어 교육 · 38
영국에 가져간 한국어 그림책 · 42
영어 그림책 속의 그림 · 47
영국의 그림책 · 54
아이가 있는 집에 책을 선물해주는 영국의 북트러스트 · 56

II. 영국 부모들이 읽어주는 그림책

첫 번째, 아이의 언어가 풍성해지는 그림책

1. 재미있는 의성어가 많은 그림책부터 시작해보자 · 61
   토들 와들(Toddle Waddle)_줄리아 도널드슨(Julia Donaldson)

2. 누구나 아는 노래를 책으로 만나보자 · 64

　헤드, 쇼울더스, 니 앤 토즈(Head, Shoulders, Knees and Toes)_애니 커블러(Annie Kubler)

3. 런던에서 알파벳을 찾아보자 · 67

　런던 ABC(London ABC)_벤 혹스(Ben Hawkes)

4. 숨어 있는 운율을 찾아라 · 70

　룸 온 더 브룸(Room on the Broom)_줄리아 도널드슨(Julia Donaldson)

5. 강아지와 함께 다양한 수식어를 배운다 · 75

　독스(Dogs)_에밀리 그래빗(Emily Gravett)

- **작가 소개**

　줄리아 도널드슨(Julia Donaldson) · 79 / 에밀리 그래빗(Emily Gravett) · 85

- **궁금해요**

　질문 1. 엄마 발음이 안 좋아요. · 87

　질문 2. 아이랑 읽다가 모르는 단어가 나올까 봐 걱정됩니다. · 94

- **우리 아이가 읽은 도서목록 I: 언어가 풍성해지는 그림책 편** · 96

두 번째, 아이의 감정이 풍부해지는 그림책

6. 감정 언어가 풍부해지는 책 · 98

　썸타임즈 아이 필 써니(Sometimes I Feel SUNNY)_질리언 쉴즈(Gillian Shields)

7. 화가 날 때 읽는 책 · 101

　마이 빅 샤우팅 데이(My BIG SHOUTING DAY!)_레베카 패터슨(Rebecca Patterson)

8. 슬플 때 마음을 위로해주는 책 · 105

　미싱 머미(Missing Mummy)_레베카 콥(Rebecca Cobb)

9. 자신감을 키워주는 책 · 108

　미스터 빅(MR BIG)_에드 베레(Ed Vere)

• **작가 소개**

　에드 비어(Ed Vere) · 113 / 레베카 콥(Rebecca Cobb) · 115

• **궁금해요**

　질문 3. 어떤 책을 골라야 하죠? · 117

　질문 4. 언제부터 영어 그림책을 읽어주면 될까요? · 127

• **우리 아이가 읽은 도서목록 II: 감정이 풍부해지는 그림책 편** · 129

세 번째, 아이의 상상력이 커지는 그림책

10. 과연 상어일까? 상상력을 발휘해야 하는 책 · 131

　샤크 인 더 파크(Shark in the Park!)_닉 샤렛(Nick Sharratt)

11. 웃지 않을 수 없어! · 134

　스틸 스턱(STILL STUCK)_요시타케 신스케(Yoshitake Shinsuke)

12. 책을 읽지 않는 아이를 위한 책 · 137

　베어스 돈 리드(Bears Don't Read!)_에마 치체스터 클라크(Emma Chichester Clark)

13. 우주까지 넘치는 이야기 · 142

　히어 위 아(HERE WE ARE)_올리버 제퍼스(Oliver Jeffers)

14. 외계인이 속옷을 좋아한다고? · 147

　에일리언스 러브 언더팬츠(Aliens Love Underpants)_클레어 프리드맨(Claire Freedman)

15. 열대지방으로 간 펭귄 · 150

　블로운 어웨이(Blown away)_롭 비덜프(Rob Biddulph)

- 작가 소개

    올리버 제퍼스(Oliver Jeffers) · 154 / 롭 비덜프(Rob Biddulph) · 157

- 궁금해요

    질문 5. 아이가 영어를 싫어해요. · 160

    질문 6. 어떻게 읽어주면 좋을까요? · 163

- 우리 아이가 읽은 도서목록 III: 아이의 상상력이 커지는 그림책 편 · 171

네 번째, 아이와 다양한 주제로 이야기할 수 있는 그림책

16. 자연 속에 숨은 색깔 · 173

    와우! 새드 더 아울(WOW! SAID THE OWL)_팀 홉굿(Tim Hopgood)

17. 지렁이로 배우는 숫자라니! · 176

    아이 캔 온리 드로 웜즈(I CAN ONLY DRAW WORMS)_윌 마빗(Will Mabbit)

18. 반대는 뭘까? · 181

    찰리 앤 롤라: 아퍼짓(Charlie and Lola's: Opposites)_로렌 차일드(Lauren Child)

19. 너와 나와 같은 아이야 · 184

    수잔 래프(Susan Laughs)_진 윌리스(Jeanne Willis)

20. 숨은 보석 같은 고전 그림책 · 188

    모그 더 포겟풀 캣(Mog the Forgetful Cat)_주디스 커(Judith Kerr)

- 작가 소개

    로렌 차일드(Lauren Child) · 191 / 주디스 커(Judith Kerr) · 194

- 궁금해요

    질문 7. 영어 그림책이 한국어로 번역되어 있으면 어떤 것을 보여주는 것이 좋을까요?
     · 198

    질문 8. 영어로 읽어주면 한국어로 해석해달라고 해요. · 202

- 우리 아이가 읽은 도서목록 IV-다양한 주제의 그림책 편 · 206

다섯 번째, 일상생활이 더 재밌어지는 그림책

21. 크리스마스 이야기 · 208

　　지저스 크리스마스 파티(Jesus' Christmas Party)_니콜라스 앨런(Nicholas Allan)

22. 가족이 최고야 · 213

　　소 머치(So Much!)_트리시 쿠크(Trish Cooke)

23. 입맛을 돋구는 책 · 217

　　캔 아이 잇 댓(Can I Eat That?)_조슈아 데이비드 스타인(Joshua David Stein)

24. 쿨쿨쿨 · 222

　　쿨쿨쿨: 어 북 어브 슬립(Zzzz: A Book of Sleep)_나일성(Il Sung Na)

- 작가 소개

　　조슈아 데이비드 스타인(Joshua David Stein) · 225 / 나일성(Il Sung Na) · 228

- 궁금해요

　　질문 9. 하루 몇 권씩 읽어야 하나요? & 다독과 반복 어떻게 해야 할까요? · 231

　　질문 10. '해리포터'와 '허클베리 핀': 영국 책 vs 미국 책 · 236

- 우리 아이가 읽은 도서목록 V – 일상생활이 더 재밌어지는 그림책 편 · 242

에필로그: 엄마와 함께 그림책을 읽었던 소중한 추억을 남겨주세요 · 243
특별부록: 영국 북트러스트 추천도서 100 · 249

I.

왜 영어 그림책인가요?

왜 영어 그림책일까?

"도대체 영국 부모들은 아이들에게 어떤 그림책을 읽어줄까?"

아이를 키우는 부모라면, 더욱이 영어 교육에 관심이 많은 부모라면 한 번쯤은 해보았을 법한 질문이라고 생각합니다. 요즘은 부모 세대가 어렸을 때와는 달리 국내에서 제작된 좋은 어린이 영어책뿐만 아니라, 어린이들이 읽을 만한 원서도 손쉽게 구할 수 있습니다. 어린이가 있는 집이라면 보통 한국어 책과 함께 영어 책이 책장에 가득 꽂혀 있을 것입니다.

그러나 얼마나 많은 부모들이 아이들과 영어 그림책을 함께 즐기며 읽고 있을까요? 단순히 CD만 틀어준다거나 아니면 말 그대로 '읽기'만 해주는 것은 아닐까요?

영국은 한때 세계를 재패했던 나라였습니다. 18세기 산업혁명이 시작된 근원지이기도 하며 1948년 맨체스터 대학교에서 세계 최초로 컴퓨터를 만들며 세계사에 많은 영향력을 끼친 곳이기도 합니다. 그러나 다른 한편으로는 문학의 나라라고 해도 과언이 아닙니다. 윌리엄 셰익스피어는 두말 할 필요 없고 《위대한 유산》, 《올리버 트위스트》 등의 작품을 남긴 찰스 디킨스, 《제인 에어》, 《폭풍의 언덕》 등을 집필한 브론테 자매 등 고전문학부터 《셜록 홈즈》를 탄생시킨 아서 코난 도일과 《그리고 아무도 없었다》, 《오리엔트 특급 살인》 등의 아가서 크리스티의 추리소설, 《해리포터》 작가 J. K. 롤링까지, 이미 우리에게도 익숙한 많은 문학 작품들이 영국에서 탄생했습니다.

20세기 최고의 아동 문학 작품으로 꼽히는 100년이 넘은 비아트릭스 포터Beatrix Potter의 《피터 래빗》의 고향도 영국의 호수 지방Lake District입니다. 영어의 영향력이 넓어짐에 따라 많은 영어 책들이 다른 나라말로 번역되었기 때문에 이런 작품들을 쉽게 접할 수 있는 것도 사실이지만, 이러한 영국 문학이 전 세계적으로 사랑받는 이유는 뭐니 뭐니 해도 뛰어난 작품성일 것입니다.

영국은 어떤 나라보다도 문학 작품 활동을 활성화시키기 위해 노력하고 있으며, 그런 영향 때문인지 지금도 좋은 문학 작품이 꾸준히 탄생되고 있습니다. 그 중 그림책을 포함한 아동 문학 작가들의 작품 활동도 매우 활발히 이루어지고 있습니다. 학교에서도 독서교육은 항상 강조합니다. 아이들 학교에서 읽게 되었던 그림책이나 새롭게 소개되는 신간들을 보고 있으면 글과 그림의 매력에 푹 빠질 수밖에 없습니다.

영어가 모국어가 아닌 한국 사람들에게 영어는 평생의 과제입니다. 15살 때부터 해외에서 생활하며 인생의 반 가까이를 외국에서 살았던 저에게도 영어는 끊임없는 과제입니다. 지금도 많은 부모들이 우리 아이만큼은 나보다는 영어를 잘 할 수 있기를 바라며 영어 공부를 시킵니다.

그러나 아직도 한국의 많은 영어 학습 방법은 외국어 습득 방법을 위주로 하고 있습니다. 영어가 외국어이므로 그 방법이 맞는 방법이기도 하지만, 아이들이 외국어 습득 방법이 아닌, 영어가 모국어인 아이들이 읽는 그림책으로 영어를 접하기 시작한다면 어떨까요?

아직 문법이나 단어의 뜻은 모르더라도 그림을 보여주는 것만으로도 아이들은 내용을 궁금해 할 것입니다. 영어 그림책은 영어 교재보다 재미있고 작품성까지 훌륭합니다. 사과 그림이 있는 플래시 카드를 보여주고 'apple'이라고 외우게 하는 것보다는 에밀리 그라베트 Emily Gravett의 《오렌지 배 사과 곰 Orange Pear Apple Bear》을 보여주며 자연스럽게 사과가 'apple'이라고 알려주는 것입니다. 같은 운율 rhyme이 있는 'pear'와 'bear'도 재미있게 접할 수 있습니다.

한국어를 가르칠 때도 '사과'라고 적힌 카드를 보여줄 때보다 《사과가 쿵!》이라는 책을 보여주었을 때 아이가 더 재밌어 하지 않나요? 게다가 재미있는 그림도 보며 아이와 함께 그림과 관련된 이야기나 관련된 활동까지 할 수 있으니 금상첨화입니다. 이렇게 영어 그림책을 보는 시간이 쌓이고 쌓이면, 아이들은 어느새 영어 책을 볼 때 영어를 읽고 머릿속에서 한국어로 번역해서 이해하는 것이 아니라 영어 그 자체로 이해하며 받아들이게 됩니다.

아울러 영어를 잘 하려면 명사보다는 동사를 많이 알아야 합니다. 큰 아이가 영국에 가서 처음 학교에 갔는데, 그때 아이도 '라이언 lion', '애플 apple' 같은 명사는 알았지만, 학교생활을 할 때 이런 명사를 아는 것은 그다지 도움이 되지 않았습니다. 학교에서는 "그리세요 draw", "쓰세요 write"와 같은 동사를 주로 사용하기 때문입니다. 처음 학교에 입학해서는 이런 지시문을 알아듣지 못해서 보조교사 선생님이 아이 옆에 붙어서 하나하나 도와주었습니다. 영어 그림책에는 굉장히 다양한 동사가 나옵니다. 영어 그림책을 보면 아이들에게 다양한 영어의 동사를 접할 수 있는 기회를 줄 수 있습니다.

영어 그림책을 보아야 하는 또 한 가지 이유가 있습니다. 자녀의 영어교육에 그 누구보다 열성적인 한국 부모들을 위해 한국에는 수많은 유아 영어교육이 발달해 있습니다. 그 중 하나가 노래로 영어를 배우는 것입니다. 노래로 영어를 배우는 것은 물론 매우 좋은 방법 중 하나입니다.

그러나 노래로 영어를 부를 줄 안다고 해서 반드시 영어를 잘 할까요? 우리가 어려서 영어를 배울 때도 가장 좋은 방법 중 하나는 팝송을 외우는 것이라며 팝송을 열심히 외우기도 했습니다.

그러나 영어로 노래를 잘 하는 것과 영어를 잘 하는 것은, 더욱이 영어로 말을 잘 하는 것은 다른 이야기입니다. 여행을 갔는데 어느 필리핀 가수가 김현식의 '내 사랑 내 곁에'를 정말 잘 부르더군요. 그렇다고 해서 그 가수가 한국어를 유창하게 할 수 있을까요? 아니었습니다. 한국어로 된 노래는 정말 잘 불렀지만, 한국어는 한 마디도 못했습니다.

싸이의 '강남 스타일'이 한창 유행할 때도 마찬가지였습니다. 저희가 영국에 있을 때였는데 길거리에서도 '강남 스타일'이 심심치 않게 들리곤 했습니다. 전 세계 어디를 가든 사람들이 '강남 스타일'을 불렀습니다. 그렇다고 그들이 한국어를 할 줄 아는 것은 아니었습니다. 마찬가지로 아이들이 영어로 된 노래를 많이 아는 것은 좋지만, 영어로 된 노래를 많이 안다고 해서 영어를 잘 할 수 있는 것은 아닙니다. 그렇지만 영어로 된 책을 많이 보고 그 표현들을 연습한다면, 영어로 된 노래만 배우는 것보다는 영어를 더 잘 할 수 있게 됩니다. 그래서 저는 아이들에게 영어를 제대로 가르치려면 영어로 된 노래만 들려주지 말고 영어 그림책을 보라고 말씀드리고 싶습니다.

아이와 함께 매일 영어 그림책을 읽으면

제가 아이들에게 완벽한 엄마는 아니지만, 한 가지 잘 하고 있는 것이 하나 있습니다. 그것은 바로 신생아 때부터 지금까지 거의 하루도 빠짐없이 한국어 책과 영어 책을 각각 한 권 이상씩 읽어준 것입니다. 아기 때부터 한국어와 영어 책을 함께 읽어주었기 때문에 아이들은 지금까지도 두 가지 언어로 책을 읽는 것에 거부감을 갖지 않습니다. 저는 가사와 육아, 공부와 일을 병행하고 있어서 어느 누구보다도 바쁜 사람입니다. 그러나 자기 전 아이들과 함께 책을 읽는 시간만큼은 거르지 않고 있습니다.

또한 어떤 책을 읽을지 고를 때도 아이들의 선택에 맡깁니다. 아이들 스스로 주도권을 갖고 있는 것에 의미가 있다고 생각하기 때문입니다. 매일 똑같은 책을 가지고 와도 또 읽어주고, 새로운 책이나 오랜만에 보는 책을 가져오면 더 칭찬해 줍니다. 주로 제가 책을 읽어주기는 하지만, 아빠도 여유가 있는 날이면 아이들에게 책을 읽어주곤 합니다. 어쩌다 한번이기는 하지만 아빠가 읽어주는 책은 엄마가 항상 읽어주는 고리타분한 책이 아닌 만화책일 때도 있고, 목소리의 울림이 더욱 다양하기도 하고, 매일 있는 일이 아니기 때문에 아이들은 더더욱 즐거워합니다.

사실 영국에서 베드타임 스토리는 거의 대부분 아빠의 몫입니다. 아빠도 아이들에게 매일 책을 읽어줄 수 있다면 더 없이 좋겠지만, 바쁜 한국 생활에서 그럴 수 없는 상황이라면 여건이 허락하는 선에서 노력을 하는 것도 그만큼 값지다고 생각합니다. 《아이와 다투지 않는 영국 육아》에서도 설명했지만 부모와 아이와의 관계에서 가장 중요한 것은 다름 아닌 '부모와 아이가 함께하는 놀이'입니다. 놀이에는 다양한 여러 활동이 있지만, 함께 그림책을 활용하는 것은 다양한 놀이 중에서도 최고의 놀이가 될 수 있습니다.

영어권에서는 다양한 독서 방법을 종류별로 나누어서 따로 가르치기도 합니다. 키워드 또는 핵심 문장만 찾아서 읽는 스캐닝 scanning, 신문기사 등을 빠르게 훑어보는 스키밍 skimming, 정독하는 디테일드 리딩 detailed reading, 속독하는 스피드 리딩 speed reading 등 여러 가지가 있습니다. 그중에서도 혼자서 책을 읽는 것이 아니라 다른 누군가와 함께 책 보는 것을 '셰어드 리딩(shared reading, 함께 읽기)'이라고 별도로 분류하였습니다. 그리고 이런 함께 읽기는 어린 아이일수록 더욱 강조하고 있습니다. 그만큼 아이와 부모가 함께 책을 읽는 것이 중요하다는 뜻이 아닐까요?

둘째 아들 재우는 영국에 아기 때 가서 다섯 살 되던 해에 한국으로 돌아왔습니다. 한창 말문이 트일 때 영국에 있었으므로 영국에 있을 때는 집에서 쓰는 언어와 밖에서 쓰는 언어가 다르다는 것을 매우 자연스럽게 받아들이는 듯했습니다. 그러다가 만 세 살이 지나서 처음으로 영국 보육 시설에서 생활하게 되었습니다. 언어 장벽이 있기는 했지만, 그때는 집 이외의 곳에서는 영어를 사용하는 것이 당연하다는 생각을 했고, 보육 시설에 다니면서는 그 어린 나이에도 영어를 열심히 배우려고 노력했습니다. 집에 와서도 문법은 틀려도 선생님한테 배운 말들을 사용하려고 제 딴에 노력하곤 했습니다. 그 모습이 참 기특하기도 하고, 다른 한편으로는 저렇게 어린 나이에도 사회생활에서 생존하기 위해 아이가 할 수 있는 선에서 무척이나 애를 쓰는구나 하는 마음에 안쓰럽기도 했습니다. 그렇게 막 영어 말문이 트이려고 하던 찰나, 한국으로 돌아오게 되었고 유치원에 다니게 되었습니다.

그런데 집에서 사용하는 언어와 밖에서 사용하는 언어가 다르다는 것이 매우 자연스러웠던 이 아이가 한국에 돌아오니 집 안에서 사용하는 언어와 밖에서 사용하는 언어가 같을 수도 있다는 엄청난 사실을 알게 된 것 아니겠어요. 그리고는 모국어인 한국어만을 사용해도 살 수 있는 한국이 매우 편하게 받아들여졌나 봅니다. 유치원에 다니기 시작한 지 며칠 지나지 않은 어느 날, 아이가 말했습니다.

"한국에서는 한국말만 써서 난 한국이 정말 좋아요. 영국은 영어를 써서 불편했는데."

영어는 불편해서 싫다고 합니다. 그래서 커서도 한국에서만 살겠다고 합니다. 그렇지만 그러면서도 집에서 영어 책을 보는 것이 이미 습관화되었기 때문에 자기 전에 읽을 책을 골라오라고 하면, 영어 책을 가져오라고 이야기하지 않아도 한국어 책과 함께 영어 책도 꼭 한두 권씩 가지고 옵니다.

영어가 싫다고 말하지만, 집에서는 조금씩 영어를 사용하는 환경이 어색하지 않게 받아들이는 것만으로도 저는 만족합니다. 좀 더 크면 어차피 점점 더 영어를 중요시하는 환경에 노출될 테고, 그때는 크게 거부감을 느끼지 않을 것입니다. 무엇보다 어려서부터 엄마와 함께 영어 그림책을 읽었던 추억이 마음속 깊이 남아 있을 테니까요.

영미권에는 '포쓰 그레이드 슬럼프(4th grade slump, 구체적이고 추상적이며 복잡한 구조의 학습 내용을 받아들이기 시작하는 4학년 무렵)'라는 말이 있습니다. 말 그대로 4학년의 슬럼프이지요. 4학년의 슬럼프라니, 무슨 뜻일까요? 이것은 바로 읽기를 기준으로 하는 말입니다. 영국이든 미국이든, 어려서부터 독서교육을 강조하는 것은 한국과 별반 다를 바 없습니다.

그런데 차이가 뭔지 아세요? 4학년 전까지는 '런 투 리드 learn to read', 즉 읽는 방법을 배우는 것이고요. 4학년 이후부터는 '리드 투 런 read to learn', 다시 말해 '배우기 위해 읽기'입니다. 두 가지는 다른 것입니다. 4학년 전까지 책을 많이 읽었던 아이들은 책을 읽는 방법을 배우고, 책을 읽는 방법을 아는 아이들은 그 이후부터는 배움을 위한 읽기를 하는데 큰 어려움이 없습니다. 그러나 책 읽는 방법을 모르는 아이들은 고학년이 되면 더 많은 것을 읽으며 학습을 해야 하는데, 읽기가 소화가 안 되어 더 큰 어려움에 부딪히겠지요.

우리나라의 경우를 좀 더 살펴볼까요? 놀랍게도 한국 아이들은 영유아기 때에는 독서의 정점을 찍지만 학년이 올라갈수록 독서 시간이 줄어듭니다. 한우리독서토론논술에서 2014년에 조사한 바에 의하면, 월 평균 독서량이 초등학교 2학년 시기에 30권으로 가장 높지만, 그 이후 점점 줄어들어 고등학교 3학년이 되면 월 평균 독서량이 1권에 그친다고 합니다.

그 이유는 학년이 오를수록 스마트폰과 같은 디지털기기에 노출되고 성적에 대한 압박감이 커지기 때문입니다. 부모들 역시 독서를 주로 공부의 보조 수단으로만 접근하기 때문이라고 설명합니다.

공부를 강조하면서 독서는 비중을 두지 않게 되고 그렇게 시간이 지나다 보면 '읽고 이해하는 능력'이 부족한 채 학년이 올라가게 됩니다. 중학교 1학년인데도 초등학교 3학년 수준의 읽기 능력밖에 안 되는 학생들이 생각보다 많다고 합니다. '읽고 이해하는 능력' 또는 '리드 투 런read to learn'만 잘 하더라도 학교 수업은 무리 없이 할 수 있습니다. 더 나아가 토론할 수 있는 능력까지 키울 수 있다면 더 없이 좋겠지요.

그러기 위해서는 아이에게만 독서를 강요하는 것이 아니라, 아이와 부모가 함께 하는 독서, 또는 셰어드 리딩shared reading이 가장 좋은 방법이고, 한국어뿐만 아니라 영어도 이렇게 셰어드 리딩을 한다면 이중언어 독서 습관을 갖게 됩니다.

모국어 교육 vs 영어 교육

영유아의 조기 영어 교육에 관해서는 많은 엇갈리는 의견들이 있습니다. 어떤 연구는 언어를 학습하는 뇌는 6세에 닫히기 때문에 6세 이전에 영어 교육을 시켜야 한다고 하는 반면, 어떤 연구는 모국어를 잘 하는 아이들이 외국어를 배울 때에도 더 잘 배우므로 어려서는 모국어 교육에 충실해야 한다고 주장합니다. 어떤 의견이 더 맞는지는 저도 잘은 모르겠습니다.

그렇지만 저의 개인적인 견해는 이렇습니다. 모국어는 반드시 잘 해야 한다고 생각합니다. 고급 수준으로 정보를 이해하고 그것을 논리적으로 또는 창의적으로 설명할 줄도 알아야 하며, 모국어로 표현되는 감성을 풍부하게 느껴야 합니다. 이런 면에서는 국내에서의 영어 유치원 교육이 반드시 바람직한 것만은 아니라고 생각합니다. 영어에 투입되는 시간만큼, 반드시 필요한 모국어를 배우는 시간을 빼앗기는 셈이니까요.

그래서 저희는 귀국한 후에 영어를 어느 정도 할 줄 아는 아이들이므로 영어 유치원에 보낼 수도 있었으나 일반 유치원을 선택했습니다. 그리고 일반 유치원을 선택한 것은 지금 생각해도 잘 한 일이라고 생각합니다. 한번은 어느 학부모를 상담한 적이 있었는데 외국에서 살지는 않았지만 유치원 과정부터 제공하는 국제학교를 보냈다고 합니다. 그래서 3학년이 된 지금은 영어로 의사표현을 하는 것에는 어려움이 없지만 국제학교를 다닌 몇 년간 한국어 교육을 받지 않아 한국어 의사소통이 어려워 이제는 그 부분이 걱정된다고 했습니다. 전혀 한국에서 살 계획이 없다면 모를까, 생활 터전이 한국이라면 적어도 또래 수준에 맞는 한국어를 구사해야 하는 것은 당연한 것 아닐까요?

그러나 어려서부터 무리한 외국어 교육은 반대이지만, 자연스럽게 외국어에 노출되는 환경을 만드는 것은 나쁘지 않다고 생각합니다. 많은 부모들이 아이들이 영어에 자연스럽게 노출되기를 바라며 원어민 선생님이 있는 학원을 찾아다니지만, 아이들이 영어에 자연스럽게 노출되기 위해서는 반드시 원어민 선생님과 수업을 해야 하는 것은 아닙니다. 오히려 원어민 선생님보다도 중요한 것은 집에서 그런 자연스러운 환경이 만들어져야 하는 것이지요.

그렇다고 반드시 부모가 아이와 함께 영어로 대화하라는 것은 아닙니다. 영어로 대화하는 것이 자연스러운 가정환경이라면 그렇게 해도 상관없겠지만 부모가 영어로 대화하기 위해 사전을 찾아가며 어색하고 힘들게 스트레스 받으며 할 필요는 없다고 생각합니다.

가장 쉽게 할 수 있는 방법은 부모와 아이가 함께 영어 책을, 그것도 외국어 학습 교재용으로 만들어진 책이 아닌, 영어 그림책을 보는 것입니다. 나이가 어린 아이들 책일수록 단어와 문장이 짧고 간단합니다. 연령대별로 알맞은 영어 그림책부터 시작한다면, 부모에게도 크게 부담이 없을 것입니다.

어린이 그림책이라고 해도 종종 잘 모르는 단어가 나오기도 하지만, 그럴 때는 그림과 내용의 문맥을 보며 아이와 함께 단어의 뜻을 생각해보다가 마지막으로 확인 차원에서 사전을 찾아보는 것도 좋은 방법입니다. 일반 영어사전도 있고 어린이용 영어사전도 있지만 인터넷으로 찾아보며 이미지로 뜻을 확인하는 것도 한 방법입니다. 아니면 영어 그림책을 아이에게 읽어주기 전에 부모가 먼저 책을 한 번 읽어보고 준비를 하는 방법도 있습니다.

가끔 어린이 영어 교육기관에서 '모국어 습득 방식'으로 교육한다고 홍보하는데, 저는 이 표현이 때로는 의심스럽기도 합니다. 모국어 습득 방식이라면 우리가 모국어인 한국어를 습득할 때와 같은 방식이어야 하는데, 정말로 이런 교육기관에서 사용하고 있는 '영어의 모국어 습득 방식'이 우리가 한국어를 습득하는 방법과 동일할까요? 그렇지 않다고 생각합니다. 우선 집에서부터 그런 환경이 만들어지지 않는데, 모국어 습득 방식과 동일하다니요.

사실 영어권에서는 실제로 영어를 모국어로 습득하는 아이들과 영어를 외국어로 습득하는 아이들을 구분하여 그 특성에 맞게 교과 과정과 교재를 개발하고 있습니다. 아무리 훌륭한 교육 과정이라고 해도, 모국어로 접하는 것과 모국어가 아닌 언어를 접하는 것에는 차이가 있을 수밖에 없습니다.

제 개인적인 생각이지만 사실이 아닌데도 '모국어 습득 방식'이라고 하는 뻔한 립 서비스보다는, 영어가 모국어가 아닌 아이들을 위한 영어 교육용으로 연구되고 개발된 교육 방식을 사용한다고 솔직하게 설명하는 것이 더욱 믿음직스럽다고 생각합니다.

영국은 대도시일수록 다민족, 다문화로 구성된 곳이 많습니다. 그런 곳에서 공용어는 단연 영어이지만 학교나 보육 시설, 슈어 스타트 칠드런 센터 등에서 강조하는 것은 가정 내에서는 이중 언어를 사용하라고 권고하는 것입니다. 특히 이민자 가정의 경우, 또는 웨일즈나 스코틀랜드 같이 지역 언어가 별도로 있는 경우, 가정 내에서는 반드시 모국어를 사용하라고 합니다.

영국이 영어의 본고장이라고 해서 영국은 영어만 쓴다고 생각하는 사람들이 많지만, 사실 웨일즈에서는 웰시를, 스코틀랜드에서는 셀틱어(게일어)를 사용하는 등 지역의 언어가 별도로 있습니다. 웰시와 셀틱어는 영어의 사투리가 아닌, 영어와는 전혀 다른 언어지만, 영국에서는 이런 지역 언어도 보존시키기 위해 노력하고 있습니다. 그리고 웨일즈 출신이건, 외국인 출신이건, 아이들이 모국어를 잊지 않는 것이 중요하다고 생각하기에 왜 이중 언어를 구사할 줄 알아야 하는지를 강조합니다.

영국에 가져간 한국어 그림책

이중 언어 환경에 노출되어 있는 아이들이 대부분 그렇듯이, 둘째 재우도 말문이 다소 늦게 트였습니다. 두 돌이 지나도록 한국어로 할 수 있는 말은 한계가 있었습니다. 영어는 더더욱 구사하지 못했고요. 어느 날 재우를 데리고 슈어 스타트 칠드런 센터의 어린이 놀이 프로그램에 갔는데, 마침 그 날은 언어 치료사가 자원봉사자로 와서 부모 상담을 해주고 있었습니다.

언어 치료사 선생님이 우리에게 와서 재우의 언어 구사 능력이 어떤지 물어 보길래 의사 표현은 하지만 아직 또래에 비해서는 어휘가 유창하지 않은 것 같아 걱정이라고 답했습니다. 그랬더니 지금은 영어는 신경 쓰지 말고 집에서는 아이가 편하게 언어를 습득할 수 있도록 모국어인 한국어로 더 많이 이야기해주고 무엇보다 한국어로 된 책을 더 많이 읽어주라고 하는 것 아니겠어요?

그래야 한국어 어휘가 더 많이 늘고, 그러면 영어를 배울 때 영어 어휘력도 풍부해진다고 설명해주었습니다. "여기는 영국이니까 집에서도 영어를 더 많이 쓰도록 노력하세요."라는 대답이 아니어서 놀라기도 하고 고맙기도 했습니다.

영국에서 친하게 지내던 학부모 중 한 명이었던 타니아는 어머니는 영국인이지만 아버지는 이라크 사람이었습니다. 태어나서 줄곧 이라크에서 살다가 다섯 살 때 영국으로 왔습니다. 영어를 한 마디도 못 하는 상태에서 학교에 입학했는데 학교 선생님이 부모님을 부르더니 집에서 아랍어 사용을 금지하라고 했답니다. 이중 언어 환경에 있으면 언어 뇌가 헷갈려서 영어를 배우는데 장애가 된다고요.

40여 년이 지난 지금, 그녀는 후회하고 있습니다. 그때 그래도 계속 가정에서는 아랍어를 썼으면 지금 아랍어도 할 줄 알았을 거라면서요. 시대가 바뀌어서 지금은 이중 언어 환경을 장려하는 것이 더 바람직한 것 같다고 하더군요.

이렇게 영국에서도 이중 언어 환경을 장려하고 있으며, 언어 치료사뿐만 아니라 재우가 다니던 어린이집 선생님도 집에서는 모국어 사용을 권장했습니다.

그런데 문제가 있었습니다. 저희가 살던 맨체스터는 영국에서 두세 번째 가는 대도시이지만, 그 당시에는 한국인이 그리 많이 살지 않았으므로 한국어 그림책을 구할 수가 없었습니다. 언어 치료사는 한국어 책을 아이와 더 많이 보라고 했는데 말이죠. 하는 수 없이 영국으로 갈 때 바리바리 싸들고 갔던 책들만 수십 번씩 보고 또 보았습니다. 나중에 돌아오기 전에 보았더니 그 책들을 얼마나 많이 보았던지 책이 다 너덜너덜해져서 멀쩡한 책이 하나도 없더군요. 한국어 그림책이 고팠던 시절이었습니다.

책들을 정리하면서 아쉽기도 했지만 한편으로는 뿌듯하기도 했습니다. 영국으로 가는 짐을 쌀 때, 아이들이 영국에 있으면서 영어를 배우는 것도 중요하지만 한국어도 또래 수준에 맞게 학습할 수 있기를 바라며 얼마 가져가지 못하는 짐에 다른 것은 못 가져가더라도 아이들의 한국어 그림책만큼은 꼭꼭 챙겨 넣었거든요. 그 책들 덕분에 영국에 있던 동안 아이들의 한국어도 쑥쑥 자랄 수 있었습니다.

큰 아이 현우는 영국에서 학교는 다녔지만 한국식 학습지 한 장조차 할 여건이 되지 못했습니다. 한국어 책을 구할 수도 없는데 어디에서 한국식 학습지를 구할 수 있었겠어요. 그렇지만 영국에 있는 동안 영어도 능숙해진 만큼 한국어도 늘어서 돌아왔습니다.

한국에 돌아와서 초등학교 1학년 때 담임 선생님과 면담을 하러 갔더니 선생님께서 현우의 글쓰기 표현력이 너무 재미있고 남다르다고 말씀해주셨습니다. 안 그래도 주위에 보면 초등학교 입학 전부터도 영어나 수학뿐만 아니라 국어 논술 학원에 다니는 아이들도 종종 있어서 저는 너무 아이를 아무것도 안 가르치는 것 아닌가 잠시 걱정을 했었는데 담임 선생님의 말씀에 안심이 되었습니다.

"학원에서 학습된 아이들은 아무리 잘 해도 학원에서 교육 받은 티가 나는데 현우의 표현력은 정형화되지 않고 창의적이어서 너무 좋아요. 이런 아이들은 학원에 보내면 창의력을 발휘하지 못할 수 있으니 앞으로도 가급적이면 학원은 보내지 마시고 지금까지처럼만 하시면 될 것 같아요."

물론 모든 학생들마다 워낙 좋은 말씀만 해주시는 좋은 선생님이므로 칭찬 거리를 찾아서 칭찬해주시는 것이 감사하기도 했지만, 엄마인 저는 아이가 시험에서 백점 맞았다고 칭찬 받는 것보다 정형화되지 않은 표현력이 좋다는 칭찬을 받은 것이 백배는 더 감사하고 기뻤답니다.

만약에 아이들이 유치원 시절부터 학원이나 학습지로 수업을 했다면 선생님이 이런 칭찬을 해주셨을까 생각해 봅니다. 어쩌면 학원이나 학습지에 훈련된 아이가 되어 있었을지도 모르겠습니다. 영국에서 지냈던 동안, 한국식 학원이나 학습지는 접할 수도 없었지만 그것이 오히려 더 좋은 경험이 되었던 것 같습니다.

종류가 한정되어 있기는 했지만 가지고 있던 한국어 그림책을 매일 읽고 또 읽었기 때문에 한국어를 잊어버리지 않았을 뿐만 아니라 아이들 생각의 크기도 커지고 표현력도 독창적으로 성장할 수 있었다고 생각합니다. 저는 앞으로도 그럴 것 같습니다. "반에서 1등했어요"보다 "아이가 생각하고 표현하는 것이 남다르게 독창적이군요"라는 칭찬에 더 기분 좋을 것 같습니다.

그렇다고 제가 아이들과 하루 종일 한국어 책만 붙들고 있었던 것도 아닙니다. 하루 평균 한국어 책, 영어 책 각각 1~2권, 많아야 3권 정도씩 가볍게, 그러나 즐기며 읽었던 것뿐이었습니다. 마찬가지로 한국에서 자라는 아이들도 한국에서 영어를 배우며 회화나 문법에만 집중하는 것보다 그림책을 활용한다면 어느 순간 영어가 부쩍 늘어 있는 것을 알게 될 것입니다.

단지 바로 눈앞에 보이는 성과는 아닐 수 있지만, 그 잠재력은 언젠가는 수면 위로 올라올 때가 있을 것입니다. 중요한 것은 얼마나 꾸준히 매일매일 하느냐 아닐까요. 사실 아이들에게 책을 읽어주는 것은 끝없는 마라톤 같습니다. 수유기도, 이유식 시기도 어느 순간 끝나 있었지만, 책읽기만큼은 십년이나 지속되고 있습니다. 어쩌면 십년을 훌쩍 넘길지도 모르겠습니다. 다른 분들은 어떻게 하시는지 모르겠지만요.

그렇지만 저에게 최근에 생긴 또 다른 즐거움도 있답니다. 어려서부터 두 가지 언어로 된 책들을 접하며 이제는 제법 한글과 영어를 유창하게 읽을 줄 아는 큰 아이는 제가 항상 책을 소리 내어 읽어주는 모습을 보아서 그런지 때로는 저를 대신해서 동생에게 한국어 책 또는 영어 책을 소리 내어 읽어주기도 합니다. 엄마로서 그때만큼 뿌듯할 때가 또 없습니다.

이렇게 부모와 아이가 함께 책을 읽는 것은 언어를 꽃피우는 토양이 된다shared reading is the soil from which the language blossoms고 합니다. 함께 책을 읽으면서 아이들의 어휘vocabulary와 이해력comprehension이 자연스럽게 향상되고, 무엇보다 부모와 자녀가 함께 대화conversation를 할 주제가 생겨서 공감대를 형성시킵니다.

저희가 영국에 가져갔던 한국어 그림책들은 어떻게 했냐고요? 아무리 너덜너덜해진 책이어도 아이들의 손때가 묻고 저와 아이들의 추억이 있는 책인데 어떻게 쉽사리 버릴 수가 있겠어요. 마침 알고 지내던 영국 분께 귀국 준비하며 집에 있는 한국어 책들을 어떻게 해야 할지 모르겠다고 했더니 영국에도 탈북자들이 거주하는 곳이 있는데 탈북자 자녀들에게 한국어를 잊지 않게 그 책을 기증하는 것은 어떠냐고 제안해주시더군요. 좋은 생각이다 싶어 한국어 책을 필요로 하는 탈북자 가정에 전달될 수 있도록 기증하고 왔습니다.

그 책들이 어떤 가정으로 갔는지 알지 못하지만, 낯선 곳에서 정착해야 하는 탈북자 자녀들에게, 한국어 그림책을 구하기 쉽지 않은 그곳에서 조금이라도 도움이 되었으면 하는 바람입니다.

영어 그림책 속의 그림

오로지 영어 교육만을 목적으로 하지 않더라도 어려서부터 영어 그림책을 보아야 하는 또 한 가지 이유가 있습니다. 영어 그림책은 한국어로 번역된 좋은 작품들도 많지만 아직 번역되지 않은 책들도 무궁무진합니다.

그런데 대부분 영어 그림책의 그림들은 그냥 그린 것이 아니라 하나의 작품처럼 작가들이 심혈을 기울여서 그린 그림들입니다. 한 마디로 그림책 속의 그림은 그림책 속의 글과 별도로 하나의 작품인 셈이죠. 아동 그림책 속의 우수한 그림을 선정하여 수상하는 칼데콧 상 Caldecott Medal과 맥밀란 그림 상 MacMillan Prize for Illustration 등이 있다는 것만 보아도 많은 영어 그림책은 책의 내용뿐만 아니라 그림까지도 훌륭한 작품들이 많다는 것을 알 수 있습니다.

어려서부터 이런 훌륭한 그림 작품을 보며 상상력을 키우며 자란 아이들은 그렇지 않은 아이들보다 더 풍부한 감성과 상상력을 갖게 되지 않을까요?

그런데 그림들마다 그림을 이해할 수 있는 연령대가 다릅니다. 가령 예를 들어 데이비드 섀넌 David Shannon의 《안돼, 데이비드! No, David!》 책을 아이에게 읽어준다고 해보세요. 책 속의 데이비드와 비숫한 연령대인 3~5세 사이의 아이들은 이 책의 그림을 보며 깔깔 댑니다. 욕조에서 첨벙거리는 데이비드의 모습이나 냄비를 시끄럽게 두들기는 데이비드의 모습, 하루 종일 엄마가 쫓아다니며 "No, David"라고 외치지만 마지막에는 "Yes, David"라며 안아주는 모습이 남의 이야기가 아닌 바로 본인의 이야기가 될 수도 있고요. 길거리에서 발가벗고 높이 뛰는 데이비드의 모습을 보고서는 아무리 영어로 되어 있는 책이라고 해도 깔깔거리지 않는 아이가 없습니다. 그러면서 아직 영어를 모르고 알파벳을 읽을 줄 몰라도 영어 책과 친해지는 계기가 되는 것이죠.

그런데 이 똑같은 책을 영어 공부를 하라며 열다섯 살짜리 아이에게 보여주면 어떨까요? 열다섯 살짜리 아이도 다섯 살짜리 아이가 이 책을 보는 것과 똑같이 느낄까요? 아니겠죠. 다섯 살짜리 아이에게는 이 책이 마치 본인의 일기처럼 다가오겠지만, 열다섯 살짜리 아이에게는 한낱 그림에 불과할 뿐입니다. 이미 다섯 살짜리 아이처럼 이 책을 그렇게 재미있게 보며 감정이입을 하고 그림 속에 동화되어 상상을 할 수준은 지났죠. 한국어 책도 《달님 안녕》을 다섯 살 아이에게는 보여주지만 열다섯 살 아이에게는 보여주지 않잖아요. 똑같은 것이죠.

열다섯 살 아이는 영어 책을 볼 때 이제 《No, David!》가 아닌, 오히려 그 나이 또래에 맞는 로알드 달 Roald Dahl의 《The BFG》나 J. K. 롤링 Rowling의 《해리포터 Harry Potter》, 혹은 그보다 높은 수준의 책을 보아야 하겠죠. 그렇다면 열다섯 살 때 처음 영어 소설책을 접한 아이는 다섯 살부터 열다섯 살까지 볼 수 있는 수많은 좋은 영어 그림책을 볼 기회를 놓친 셈이 됩니다. 이것은 두 살 터울인 저희 아이들에게서도 뚜렷하게 확인할 수 있었습니다.

뒷장에서 설명하게 될 책 중 윌 마빗Will Mabbit의 《나는 지렁이만 그릴 수 있어I can only draw worms》라는 책이 있습니다. 똑같아 보이지만 각자 나름대로의 개성이 뚜렷한 열 마리의 지렁이가 일렬로 서 있는 그림이 뒷부분에 나옵니다. 유치원생인 둘째 아이는 이 부분을 보며 열 마리의 지렁이를 보고 뭐가 그리 신나는지 깔깔거리며 웃었습니다. 별것도 아닌 그림인데도 아이는 그 그림이 그렇게 재밌었나 봅니다. 함께 책을 읽던 저도 지렁이 그림보다는 그런 아이의 모습이 재미있어서 같이 배꼽이 빠지게 웃고 말았지요.

그런데 똑같은 책을 초등학생인 큰 아이에게 보여주자 똑같은 부분을 보고도 큰 아이는 '흥~' 하고 고개를 돌리고 맙니다. 이미 이 아이에게는 지렁이 열 마리가 나란히 그려져 있는 그림 따위는 재미가 없어진 것이지요. 이 책을 마음껏 느끼는 작은 아이와 달리 큰 아이가 이 책을 보며 마구마구 웃는 시절을 놓친 것이 내심 아쉽게 느껴졌습니다.

한국어 그림책도 훌륭한 그림이 있는 책들이 많고, 많은 영어 그림책이 한국어로 번역되기도 했지만, 아직도 번역되지 않은 책들이 많이 있습니다. 한국어 그림책과 영어 그림책을 함께 본다면 아이들의 그림책 세계가 그만큼 넓어지며, 아이들은 어려서부터 좋은 그림 작품들을 더 많이 접하며 자라게 되는 것입니다. 그리고 열다섯 살이 되었다고 어느 날 갑자기 영어만 가득한 《해리포터》 책을 읽으라고 준다면, 그 아이가 마냥 즐겁게만 읽을까요? 영어로 책을 읽는 습관이 아직 자리 잡지 않았기 때문에 술술 읽을 수만은 없을 것입니다.

그러나 다섯 살 때부터 줄곧 영어 그림책을 보며 자란 아이는 열다섯 살이 되어 《해리포터》를 읽으라고 주어도 거부감 없이 페이지를 넘길 수 있겠죠. 왜냐하면 그동안 해오던 일이니까요. 운동을 하지 않던 사람이 어느 날 갑자기 마라톤 경기에 나가서 뛰는 것과 매일 조금씩 조깅을 하던 사람이 마라톤 경기에 나가는 것에는 큰 차이가 있겠죠?

아이들에게 좋은 그림 또는 명화를 많이 보여주는 것도 매우 중요하다고 생각합니다. 영국에 있을 때는 주위 다른 나라들로 여행하는 것이 어렵지 않았기 때문에 시간이 날 때마다 어린 아이 둘을 데리고 유럽의 여러 나라들을 여행했습니다. 그리고 그때마다 그 지역에 있는 미술관이나 박물관에 반드시 들렀습니다. 아직 어린 아이들을 데리고 그런 곳까지 간다는 것이 결코 쉽지만은 않았습니다.

한번은 네덜란드 암스테르담의 국립박물관인 라익 박물관Rijks Museum에 갔는데 재우가 고가의 전시품을 건드려서 경비원에게 온 가족이 신원 조회 및 심문까지 받을 만큼 간담이 서늘했던 경험도 했습니다.

다행히 작품에 손상이 가지 않고 위치만 약간 밀린 정도라 큰 문제는 없겠지만, 혹시라도 문제가 생기면 연락을 할 것이고, 그렇다고 하더라도 보험 처리가 될 것이므로 크게 걱정하지 말라며, 이런 일은 빈번하게 일어나서 우리가 처음도 아니고 마지막도 아닐 거라며 윙크하며 보내주던 라익 박물관의 훤칠한 경비원이 아직도 생각납니다.

그 후로 아무 연락이 없어서 안도의 한숨을 쉬기는 했지만, 그 뒤로는 아이들을 데리고 고가의 작품이 전시된 곳에 갈 때는 더욱 마음을 졸이며 조심할 수밖에 없었습니다. 지금은 하나의 잊지 못할 추억거리가 되어 전시회에 갈 때마다 아이들과 가끔 그때 이야기를 하곤 합니다.

그렇지만 그렇게 힘들게 아이들을 데리고 명화를 감상하러 다녔던 것이 헛되지만은 않았던 것 같습니다. 한국에 호안 미로Joan Miro 전시회가 있을 때 데리고 갔더니 그 화풍을 보고 기억을 하며 어디에서 그런 그림을 보았는지 어렴풋이 기억을 하며 반가워했습니다. 〈샤갈전〉에 가서는 스위스 취리히의 성당에서 보았던 샤갈의 스테인드글라스를 다시 한 번 기억했습니다. 반 고흐의 마지막 생애를 쫓아가는 〈러빙 빈센트Loving Vincent〉라는 영화가 상영 중일 때 저희 부부는 일부러 큰 아이와 함께 갔습니다. 그랬더니 〈러빙 빈센트〉 영화에 나오는 그림들을 예전에 보았다며 신나 했습니다.

이렇게 실제 경험 속에서 만난 명화들을 보면 아이들은 어떻게든 반응을 합니다. 그때가 아이들에게 빈센트 반 고흐와 호안 미로에 대하여, 그리고 그들이 살았던 시대의 역사적 배경과 그들이 있었던 나라에 대해서 자연스럽게 한 번 더 이야기할 수 있는 기회입니다. 반드시 반 고흐의 작품이 있는 미술관에 가지 않더라도 괜찮습니다. 그림책도 같은 효과가 있습니다.

저희 집에 있는 영어 그림책 중에 글을 쓴 작가는 줄리아 도널드슨Julia Donaldson이지만, 그림은 레베카 콥Rebecca Cobb이라는 작가가 공동으로 작업한 《종이 인형The Paper Dolls》이라는 책이 있습니다. 개인적으로 제가 참 좋아하는 책입니다. 아들만 둘을 둔 저에게, 어린 시절 여동생과 함께 종이 인형을 갖고 놀던 기억이 어렴풋이 나면서 책 속의 주인공처럼 어느새 엄마가 되어 다시 아이를 키우고 있는 저를 발견한 책입니다.

이 책은 아이들보다는 엄마를 위한 책인 것 같습니다. 어쩌면 작가인 줄리아 도널드슨 본인의 이야기일지도 모르겠습니다. 다행히 저희 아이들도 글과 그림이 조용조용한 이 예쁜 책을 좋아하였고, 책을 읽고 나서는 책에 나온 것처럼 함께 종이 인형을 만들어보기도 했습니다. 남자 아이들이라 책에 나온 종이 인형처럼 아기자기한 예쁜 종이 인형이 아닌, 닌자 종이인형을 만들고 말았지만요. 그렇지만 이것도 남자 아이들과만 만들 수 있는 또 다른 추억인 것 같습니다.

그런데 어느 날 인터넷으로 무슨 책을 볼지 검색을 하고 있던 중 똑같은 그림 작가인 레베카 콥의《보고 싶은 엄마Missing Mummy》라는 그림책을 보았습니다. 제 옆에 있던 큰 아이 현우는 그녀만의 독특한 화풍을 알아차리며 그 책과 비슷한 그림의 책이 집에도 있다고 들뜬 목소리로 말하는 것이 아니겠어요. 뿐만 아니라 집에서 자주 보던 에릭 칼Eric Carle이나 앤서니 브라운Anthony Browne의 그림, 액셀 세플러Axel Scheffler의 그림 등 작가의 이름까지는 아직 잘 모르지만, 그런 그림들을 구분하고 알아볼 수 있다는 것만으로도 지금의 연령대에서는 충분히 좋은 경험이 된다고 생각합니다.

얼마 전에는 앤서니 브라운 작가가 정말로 살아 있는 사람인지 확인하고 싶다며 인터넷에 영어로 검색을 해보더군요. 앤서니 브라운의 그림에 한창 빠져 있던 현우는 한동안 도서관에서 빌려보는 책마다 앤서니 브라운 책이었습니다. 그런데 제가 놀랐던 것은 아이는 무심코 그림이 좋아 그 책을 집어 들었을 뿐, 모두 같은 작가가 그린 책이라는 것은 전혀 모르고 있었습니다. 나중에 제가 "모두 같은 사람이 그린 거야!"라고 말해주자 정말 그러냐며 깜짝 놀랐답니다.

그러니 그림책을 한국어뿐만 아니라 영어 그림책으로까지 확장시

커 영어 실력뿐만 아니라 아이의 수준에 맞게 그림 보는 안목을 높여 주는 것은 어떨까요? 때로는 비슷하게 그림을 그리거나 작품 활동도 하면서 말이죠. 어려서부터 예술 작품을 감상하는 것은 그림을 잘 그리는 것과는 또 다른 이야기 니까요. 악기를 연주하지 못하더라도 누구나 다 음악 감상은 하잖아요.

영국의 그림책

한국에서 많이 읽히는 영어 그림책들은 주로 미국 출신 작가의 그림책이 많은 것 같습니다. 키퍼 Kipper가 주인공이 되어 책을 읽으며 파닉스를 배울 수 있는 옥스포드 리딩 트리 Oxford Reading Tree는 많은 곳에서 교재로 종종 쓰이고 있기도 하지만, 도서관이나 서점에 가서 보면 아무래도 미국 출신 작가의 책들이 더 많이 눈에 띕니다. 미국 작가들의 그림책도 매우 훌륭하고 좋은 책들이 많지만, 저는 영국 출신 작가 위주로 소개해드리려고 합니다.

여기에 소개된 영어 그림책들은 영국의 아이들이 가장 많이 읽는 그림책 중에서 고른 것입니다. 영국에는 아이들의 독서 활동을 증진시키는 것을 목적으로 하는 '북트러스트 Book Trust'라는 비영리기관이 있는데 여기에서 추천하는 책들입니다.

영국 아이들도 미국 작가의 그림책들도 함께 보지만, 미국 그림책과 영국 그림책은 그 문화적 배경이나 정서적 느낌이 약간 다르거든요. 영국의 학교나 부모들은 북트러스트에서 추천하는 책들 위주로 선정하곤 합니다.

아이들이 영국에서 학교에 다닐 때의 일입니다. 아직 아이들이 저학년이었고, 저학년은 부모들이 매일 아침 교실 안에까지 아이들을 데리고 들어갑니다. 그러면 본격적인 학교 수업을 시작하기 전에 교실 안에서 아이들과 부모는 다양한 활동을 함께 해볼 수 있는 시간이 10여 분 정도 있습니다. 그날그날 주제에 따라 주로 미술 활동이나 수학 놀이 등을 하기도 하는데 교실의 한 구석에 자리 잡은 그림책 코너에서는 어김없이 부모들이 아이들에게 그림책을 읽어주곤 합니다. 항상 놓여 있는 책도 있지만 그 주의 수업 주제에 따라, 또는 크리스마스나 부활절, 설날 등과 같은 연중행사에 따라 진열된 책의 종류가 바뀌기도 했습니다. 대부분의 책들은 북트러스트의 목록에 있는 책들이었죠.

아침마다 부모와 함께 학교에 가서 아침 시간을 부모가 책을 읽어주는 시간으로 시작하는 학교의 풍경이 참 예뻤던 기억으로 남아 있습니다.

아이가 있는 집에 책을 선물해주는
영국의 북트러스트

북트러스트 Book Trust 는 영국의 자선단체 charity 중 하나로 1921년 휴 월폴 Hugh Walpole 과 동료들이 설립했습니다. 0세부터 16세의 아이들에게 책읽기 활동을 증진시키는 것을 목적으로 세워졌습니다. 무료 도서 증정 활동, 작가와의 만남 등 다양한 방법을 통해 아이들이 책을 즐겁게 읽고 독서를 통한 학습 능력을 향상시키는데 도움을 주기 위한 목적으로 설립되었습니다.

북트러스트는 잉글랜드, 웨일즈, 북아일랜드 지역에서 활동하고 있으며, 스코틀랜드에서는 북트러스트와 유사한 단체로 북버그 Bookbug 라는 단체가 활동하고 있습니다.

북트러스트의 대표적인 활동으로는 북스타트 Book Start 라는 활동이 있습니다. 북스타트라는 프로그램은 0~1세, 3~4세의 모든 아이들에게 책을 선물로 나누어주는 것입니다. 1992년 버밍햄 Birmingham 지역에서 300명의 아이들을 대상으로 처음으로 시작되었습니다.

그런데 북스타트 프로그램으로 취학 전 독서활동을 시작한 어린이들이 그렇지 않은 아이들에 비해 뛰어난 학습 능력을 보였다는 연구 결과가 발표된 뒤, 많은 지역단체들이 북스타트 프로그램을 실행하기 위해 노력을 기울였고, 2000년에 이르러서는 영국 전역 92%의

도서관, 보건소, 학교 등 다양한 지역 단체가 북스타트를 실시하게 되었습니다. 저희도 영국에 있을 때 북스타트라는 프로그램을 통해서 종종 여러 책 꾸러미들을 무료로 선물 받기도 했습니다.

북트러스트 프로그램이 놀라웠던 또 한 가지는 일반 어린이를 위한 영어 도서 활동뿐만 아니라 청각장애아를 위한 북샤인Bookshine 프로그램, 맹아를 위한 북터치Booktouch 프로그램, 이중 언어 사용자 어린이를 위한 이중 언어Dual-language 프로그램 등 다양성을 존중한 프로그램을 진행하고 있는 것이었습니다.

이런 다양한 도서 나눔 활동을 통해 북트러스트는 현재 매년 영국 전역 3,400만 명의 어린이들에게 책을 기증하고 있습니다. 연령별, 장르별, 월별, 연도별 추천도서를 선정하여 부모들이 아이들에게 읽어줄 책을 고르는 데 지침을 제공하고 있습니다.

또한 어린이 방송국인 CBeebies의 블루 피터Blue Peter 프로그램과 공동으로 진행하는 블루 피터 상Blue Peter Book Awards, 최고의 작가에게 수상하는 어린이상Children's Laureate 등을 통해 매년 우수한 영국 그림책 작가에게 상을 수여하기도 합니다.

특히 Children's Laureate(어린이책의 중요성을 알리기 위해 어린이책 작가, 일러스트레이터에게 2년에 한 번 수여하는 상)는 영국을 대표하는 그림책 수상으로, 2년마다 수상을 하고 있습니다. 역대 Children's Laureate 수상자로는 우리에게도 친숙한 《고릴라》, 《우리 엄마》, 《거울 속으로》, 《앤서니 브라운의 행복한 미술관》 등을 집필한 앤서니 브라운Anthony Browne, 영국 어린이들에게 가장 많이 읽히는 《The Gruffalo》, 《Room on the Broom》 등의 줄리아 도널드슨Julia Donaldson, 여자 아이들이 좋아하는 《The Story of Tracy Beaker》, 《The Diamond

Girls》,《Wave me Goodbye》 등의 재클린 윌슨Jacqueline Wilson과 같은 작가가 있습니다. 2017~2019년의 어린이상 수상자는《클라리스 빈Clarice Bean》,《루비 레드포트Ruby Redfort》,《찰리 앤드 롤라Charlie and Lola》시리즈로 유명한 로렌 차일드Lauren Child가 선정되었습니다.

이와 같이 독서 활동을 증진시키는 것을 목적으로 하는 비영리단체인 북트러스트는 어린이와 가족이 독서를 통해 삶이 변화될 것이라는 신념으로 지속적인 무료 책 나눔 활동을 하고 있으며, 영국 정부로부터 꾸준한 지원을 받고 있습니다.

또한 학교나 도서관 등에서 북트러스트에 요청하면 학생들에게 작가와의 만남을 주선해 주기도 합니다. 자신들이 보는 그림책을 만든 유명한 작가들을 바로 앞에서 만나고 작가의 이야기를 듣고, 작가에게 직접 질문도 하는 그런 시간을 갖는 아이들은 흥미로워 하며 그림책과 더욱 친해지는 계기를 갖게 되는 것이죠.

영국 북트러스트의 북스타트 프로그램은 유럽의 다른 나라들을 비롯하여 일본, 호주 등에도 도입이 되었습니다. 우리나라에서도 2004년부터 북스타트코리아와 지방자치단체가 연계하여 어린이들에게 꾸러미 도서를 제공하는 프로그램을 진행하고 있습니다. 한국은 북스타트를 6단계로 확대해서 1단계 북스타트(0~18개월), 2단계 북스타트 플러스(19~35개월), 3단계 북스타트 보물상자(36개월~취학 전), 4단계 초등 북스타트, 5단계 청소년 북스타트(중학생), 6단계 청소년 북스타트(고등학생)로 나누어 진행하고 있습니다.

참고: Book Trust 홈페이지, https://www.booktrust.org.uk
북스타트코리아, http://bookstart.org:8000

II.

영국 부모들이
읽어주는 그림책

첫 번째
아이의 언어가
풍성해지는
그림책

1

재미있는 의성어가 많은 그림책부터 시작해보자

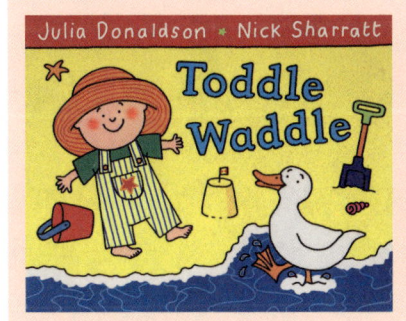

Toddle Waddle 토들 와들
Julia Donaldson 줄리아 도널드슨
번역서 제목: 아장아장 뒤뚱뒤뚱

"엄마, 비가 주륵주륵 내려!" "하늘이 구름이 따따해."

 큰 아이가 말문이 트이던 두세 살 무렵 하던 표현들입니다. 저는 그때 아이가 느끼는 것을 말로 길게 설명하는 것에는 한계가 있지만, 알고 있는 의성어나 의태어를 이용해서 그 느낌을 충분히 전달할 수 있다는 것이 신기했습니다. 저라면 비가 오는 것을 보고서는 "비가 '주륵주륵' 내린다"라거나 "하늘의 구름이 '딱딱'해"라고 하지는 않았을 거예요. 단순히 "비가 오네", "구름이 있구나" 정도로만 표현했을 것 같습니다.

 그런데 아직 말을 배우고 있는 아이는 어디에서 주워들었는지 저보다도 이런 표현을 훨씬 더 잘 응용하더군요. 한국어의 의성어와 의

태어도 재미있고 다양한 것이 무궁무진하지만, 영어도 마찬가지입니다.

줄리아 도널드슨의 《Toddle Waddle》은 책의 첫 장부터 마지막 장까지 명사나 동사가 아닌, 오로지 의성어로만 가득 차 있는 책입니다. 아이가 아장아장 걷는 모습으로 시작하는 첫 페이지에는 toddle, 그 옆의 오리가 뒤뚱뒤뚱 걷는 모습에는 waddle, 이렇게 한 페이지에 한 단어씩 있습니다. 그 뒤를 구두 신은 엄마가 따라갑니다.

엄마의 구두 소리는 flip flop, 엄마 뒤에 따라가는 강아지는 hurry scurry, 말 탄 누나가 그 뒤를 따라가는 말 발굽소리는 clip clop…. 등장인물이 한 페이지에 하나씩 늘어나며 의성어가 하나씩 소개됩니다. 계속해서 반복되는 의성어들이 어느새 입에 붙어서 하나의 마술 주문처럼 나옵니다.

제일 마지막 페이지에는 이렇게 하나씩 나타난 등장인물들이 해변에 모여 왁자지껄 파티를 하는데, 지금까지 나온 의성어들도 총집합되어 있어서 시끌벅적해지지요. 저는 영어의 의성어가 이렇게 많은 종류가 있다는 것을 이 책을 보며 처음 알았답니다.

어떤가요? 우리 아이들에게 뒤뚱뒤뚱, 통통통, 이런 한국어의 의성어도 많이 들려주는 것도 좋지만, 한국어와는 또 다른 느낌의 흥미로운 영어 의성어를 한국어 의성어와 함께 들려주며 영어를 영어답지 않게 재미있게 시작한다면 어떨까요?

누구나 아는 노래를
책으로 만나보자

Head, Shoulders, Knees and Toes
헤드, 쇼울더스, 니 앤 토즈

Annie Kubler 애니 커블러

"머리 어깨 무릎 발"

　모든 아이들이 아는 노래이죠. 요즘에는 많은 부모들이 한국어 동요를 영어로도 많이 들려줍니다. 동영상이나 노래로 영어 학습을 하는 활동, 다양한 책과 CD에서 어렵지 않게 볼 수 있는 이러한 영어 동요이지만, 제가 굳이 애니 커블러Annie Kubler의 이 책을 선정한 이유가 있습니다.

　이 책의 저자인 애니 커블러는 프랑스 태생으로 독일 스트라스부르크에서 미술, 그중 특히 어린이 그림 전문 과정을 공부했습니다. 그녀는 이 책뿐만 아니라 '반짝반짝 작은별Twinkle twinkle little star', '우리 모두 다함께 손뼉을If you are happy and you know it', 'Row row

row your boat' 등 대부분 우리에게도 익숙한 동요 nursery rhyme를 그림책으로 만들었습니다. 즉, 이미 익숙한 동요와 이야기들에 그녀답게 그림을 입혀준 것이지요.

그중에서도 《Head, Shoulders, Knees and Toes》 책은 2002년 '세인즈버리 영아 책 상 Sainsbury's Baby Book Award'을 수상한 작품이기도 합니다. 그녀의 책들은 워낙 귀에 익숙한 노래들이라 굳이 한국어 해석이 필요 없을 정도입니다.

그렇지만 아이와 이 책을 보며 영어로 함께 노래를 부르면, 단순히 CD만 틀어주는 것보다 아이가 훨씬 흥미를 느끼며 엄마와 함께 영어 노래를 흥얼거리게 된답니다. 같은 노래이지만 동영상을 틀어주는 대신, 책을 펼치고 아이와 함께 온몸으로 노래를 해보는 것도 아이들이 책에 흥미를 가질 수 있도록 하는 좋은 방법임에 틀림없습니다.

한국의 건강가정지원센터 혹은 육아종합지원센터와 같이 영국에는 지역마다 슈어 스타트 칠드런 센터 Sure Start Children Centre라는 곳에서 육아와 관련된 많은 지원을 제공하고 있습니다. 각 센터마다 주 1~2회 미취학 아동들을 대상으로 하는 놀이 프로그램 play group이 있는데 부모와 아이가 함께 정해진 시간에 가서 센터 안에 있는 장난감이나 놀잇감을 가지고 놀기도 하고 모래놀이, 물감놀이, 바깥놀이 등을 할 수 있는 장소입니다. 또 동네 엄마들이 삼삼오오 모여서 아이를 키우는 이야기를 나누기도 하는 일종의 커뮤니티입니다.

저도 둘째 아이가 보육시설 nursery에 가기 전에는 정기적으로 이곳에 때로는 이웃과, 때로는 혼자서 데리고 갔습니다. 보통 2시간 정도 놀이 시간이 있는데 중간에 유기농 간식도 주고 집에서는 할 수 없는 지저분한 놀이도 마음껏 할 수 있어서 아이를 데리고 가기에는 정말

좋은 곳이었지요. 무엇보다 무료이고요.

그런데 이런 놀이 프로그램이 끝날 때는 항상 노래를 부르는 시간으로 마무리를 합니다. 그때 부르는 노래들이 바로 이런 동요 nursery rhyme들이지요. 이렇게 익숙한 노래들을 입으로만 부르는 것이 아니라 애니 커블러의 책으로 다시 보면 아이들은 그림을 보면서 함께 노래를 부르며 더더욱 좋아하더군요.

앞에서 영어로 노래를 배우는 것만으로는 영어를 충분히 잘 하기에는 부족하다고 말씀드리기는 했지만, 그래도 영어로 노래를 배우는 것도 영어의 기초를 다지기에는 충분히 좋은 방법 중 하나임에는 틀림없답니다. 수년이 지난 지금도 가끔 아이들과 그때 불렀던 영어 동요를 함께 흥얼거릴 때면, 그때의 향수에 잠시 젖어들곤 합니다.

런던에서 알파벳을 찾아보자

London ABC 런던 ABC
Ben Hawkes 벤 혹스

알파벳을 알려주는 좋은 책들은 수도 없이 많지만, 이 책은 최근 영국 아이들이 알파벳을 배울 때 가장 많이 읽는 책이 아닐까 합니다. 제가 소개하는 책들은 대부분 영국의 가정집에서 구비해놓는 책들이지만, 《런던 ABC London ABC》도 제가 방문했던 영국의 가정에 없는 집이 거의 없었습니다.

이 책의 특징은 A부터 Z까지 런던에서 찾을 수 있는 랜드마크나 런던에서 볼 수 있는 것들의 이름을 찾아서 ABC를 배우게 하는 점입니다. 그러니 영국 아이들에게는 알파벳을 배우기 가장 친근한 책이겠지요. A는 수족관 A is for Aquarium, B는 빅벤 B is for Big Ben 부터 Z는 동물원 Z is for Zoo까지, 알파벳 한 글자마다 런던에서 볼 수 있는

것들을 하나씩 소개해주고 있습니다. 각 페이지마다 알파벳이 소개해주는 런던의 풍경을 고스란히 볼 수 있습니다.

그런데 그렇다고 해서 A로 시작하는 글자부터 Z로 시작하는 글자 하나씩만 해서 26개의 단어만 배우는 것이 아닙니다. 마지막에 보면 "알고 있었나요?Did you spot?"라고 하면서 런던에서 찾을 수 있는 'A'로 시작하는 다른 단어들, 'B'로 시작하는 다른 단어들을 보너스로 알려준답니다. 혹시라도 런던에 여행을 간다면 이 책을 들고 가서 아이와 함께 런던 어디에서 이 글자들을 찾을 수 있는지 찾아본다면 더없이 좋겠지요?

그렇지만 반드시 런던에 가지 않아도 괜찮습니다. 일상생활에서 흔히 쓰이는 단어들도 보너스 목록에 있으니까요. 예를 들면 'D'의 보너스 목록에 있는 door, 'N'의 newspaper, 'P'의 post box 등은 어디에서든 볼 수 있잖아요. 책에서 본 알파벳이 들어간 단어를 아이와 함께 일상생활 속에서 찾아보는 재미도 쏠쏠하답니다.

2012년에 출간된 이 책은 영국 아이들뿐만 아니라 런던을 방문하는 여행객들도 구입하는 런던 기념품 중 하나로 자리 잡았는데요. 이 책이 2012년에 출간된 이유가 있습니다.

2012년은 영국에서 매우 특별한 해였습니다. 2012년 런던 올림픽이 있었고, 동시에 엘리자베스 여왕 2세가 즉위한 지 60주년 Diamond Jubilee, 즉 한국에서는 환갑이라고 일컫는 해였습니다. 이 특별한 해를 기념하기 위해 《런던 ABC》가 탄생되었다고 합니다.

그냥 ABC를 배우는 것보다는 영어의 본고장인 런던을 시각적으로 보며 ABC를 배우는 것이 더 재미있게 느껴집니다. 의미를 알고 보니 《런던 ABC》가 더욱 흥미롭지 않나요?

숨어 있는 운율을 찾아라

Room on the Broom
룸 온 더 브룸

Julia Donaldson 줄리아 도널드슨

번역서 제목: 빗자루 타고 씽씽씽

    영어책을 읽을 때 가장 사랑스럽다고 생각하는 것은 바로 라임Rhyme이라는 영어의 운율입니다. 한국어만의 맛이 있는 것처럼, 영어에서 찾을 수 있는 라임은 영어에서만 느낄 수 있는 톡톡 튀는 사이다 같다고나 할까요. 운율을 잘 맞춘 책들을 읽을 때면 어쩌면 이렇게 아름답게 만들었는지, 내용을 떠나 소리 자체로도 사랑스럽기 그지없습니다.

    아이들이 영어의 운율이 주는 맛도 재미있게 느낄 수 있기를 바랍니다. 그런 욕심 때문에 영국에 도착하자마자 도서관에서 일부러 운율이 강조된 책들을 찾아서 읽어주곤 했습니다. 그때는 아이들이 아직 영어와 친하지 않을 때라 그런지 아니면 너무 어려서 그랬는지 그다지 큰 효과를 보지 못했습니다. 그러다가 이 책을 만났는데, 아이들이 너무너무 좋아하는 것 아니겠어요.

우선 그때 아이들이 한창 빠져 있던 마녀와 용과 같은 판타지 속의 등장인물이 나타나고, 강아지, 고양이, 새, 개구리와 같은 동물 친구들이 함께 등장합니다. 빗자루broom를 타고 다니는 마녀는 나쁜 마녀가 아닌, 마음씨 착한 마녀이고, 동물 친구들한테 빗자루broom 위에 탈 자리room를 제공해줍니다.

그런데 너무 많이 태운 나머지 빗자루가 두 동강이 나고 떨어진 마녀를 용이 잡아먹겠다고 하는데, 영국 사람들이 즐겨먹는 생선과 감자튀김인 '피쉬 앤 칩스fish and chips'가 아닌, 마녀와 감자튀김, 즉 '위치 앤 칩스witch and chips'를 먹겠다고 하는군요. 그때 마녀에게 은혜를 입었던 동물 친구들이 괴물로 변장하여 용을 물리치고 마녀를 구하게 됩니다. 마녀는 동물 친구들이 가지고 온 여러 가지 재료를 섞어서 마녀 스프를 만드는 듯하더니, 순식간에 새로운 빗자루broom를 만들지요. 각각의 동물 친구들에게 맞는 자리room가 모두 마련된 그런 멋진 빗자루broom를요.

이 책을 보고 난 뒤 아이들도 마녀를 구하는 동물 친구들이 되어보겠다고 하더군요. 두 아이가 뒤엉켜서 이불을 뒤집어쓰고 동물 친구들처럼 괴물이 되었답니다. 어느새 반복되어 나오는 "빗자루 위에 탈 자리 있나요?Is there room on the broom?"를 따라하며 말하기도 하고, 제가 "On the broom, I can see…(빗자루에서 보이는 것은…)"라고 하면 말하기가 무섭게 "witch!" "frog!" 등을 소리치며 경쟁하듯이 이야기하곤 했습니다.

게다가 그 당시에 BBC 드라마 〈오만과 편견〉을 촬영한 라임 파크 Lyme Park라는 곳이 저희가 살던 곳에서 가까워 종종 놀러가곤 했는데요. 한번은 라임 파크에서 이 책을 쓴 작가인 줄리아 도널드슨의 그림책을 주제로 공원 전체를 꾸며놓은 것이 아니겠어요?

이 책 말고도 줄리아 도널드슨의 대표작 중 하나인 《The Gruffalo》에 나오는 배경을 만들어 놓기도 했고, 《Room on the Broom》의 마녀 빗자루도 공원 한 구석에 세워놓고 아이들이 마음껏 타 보고 사진도 찍을 수 있게 해놓았습니다. 그러니 아이들이 이 책과 더욱 친해질 수밖에 없었겠지요.

영국은 이렇게 아이들을 위해서 공원을 책 속의 배경으로 꾸미는 행사를 종종 합니다. 《찰리와 초콜릿 공장》의 작가인 로알드 달 Roald Dahl의 탄생 100주년이던 2016년에는 근처에 있던 타톤 파크 Tatton Park라는 곳에서 공원 전체를 로알드 달의 작품에 나오는 배경으로 꾸며놓았더군요.

아직 저희 아이들은 로알드 달의 작품을 읽을 연령은 아니었지만, 《찰리와 초콜릿 공장》에 나오는 공장으로 들어가는 문을 통과하는데 어떤 아이들이 좋아하지 않겠어요? 한국에서도 이렇게 테마를 정해 놓고 책 속에 들어간 것처럼 아이들이 체험할 수 있는 곳이 많이 있다면 좋지 않을까 하는 바람입니다.

아무튼 여러 가지 이유로 아이들이 《Room on the Broom》을 매우 좋아하게 되었고, 여러 번 읽으며 이 책이 매우 익숙해지자 다른 책을 읽다가도 'room'이라는 단어가 나오면 'room on the broom'을 자연스럽게 떠올리기도 합니다. 이 책을 만나지 않았다면 아이들에게 어떻게 운율을 쉽게 접하게 할 수 있었을지 모르겠습니다.

이 책은 한국어로도 번역되어 있지만, 아쉽게도 한국어 번역으로는 이런 운율의 맛을 느낄 수가 없습니다. 다행히 저희 아이들은 이 책을 영어 원서로 먼저 접했고, 이 책을 통해 한 번 운율의 맛을 들이자 다른 책을 볼 때도 아이들과 함께 운율이 나오는 부분을 쉽게 찾아볼 수 있게 되었습니다.

아이들이 운율과 조금 더 친해지자 제가 아이들과 함께 시작한 것은 '운율 게임'이었습니다. 차를 타고 가며 아이들이 지겨우면 보통 한국어로 '끝말잇기'를 하곤 했으나 매번 하는 '끝말잇기'가 슬슬 지겨워지기 시작했던 때였습니다.

뭔가 새로운 게임이 있는지 궁리하고 있는 아이들에게 '운율 게임'을 하자고 제안했습니다. 처음에는 그다지 반겨하지 않았지만 'room'과 'broom'으로 시작을 하자 아이들도 가만히 있지 않더군요. 가장 좋아하는 책에서 매일 듣던 단어가 나오니 거부감 없이 신나게 운율 게임을 시작할 수 있었답니다. Room과 broom처럼 'oo'가 들어간 단어를 생각해보자고 하자 moon, soon, book, look, cook, zoom… 등 아이들 스스로 쉬운 단어를 찾아내며 하나둘씩 물꼬를 트기 시작해서 신나는 게임이 되었습니다.

그 뒤로도 운율 게임을 할 때는 주로 운율이 많이 나온 책 내용을 응용하곤 한답니다. 같은 작가의 《달팽이와 고래The Snail and the Whale》라든가 《집이 좁아요!A Squash and a Squeeze》와 같이 집에서 자주 읽는 익숙한 책에서 나오는 단어들로 운율 게임을 하는 것이죠. 매일 하는 끝말잇기가 지겹다면 운율 게임을 새롭게 시도해보는 것은 어떨까요?

물론 아직 아이들이 영어의 운율이 익숙하지 않은 상태에서 억지로 시키려 한다면 아이들에게 즐거운 게임이 될 수 없지만 그 전에 운율이 많이 나오는 영어 그림책을 여러 번 반복해서 읽으며 운율이라는 것이 익숙해진 다음에 한다면 아이들은 끝말잇기만큼 재미있어 한답니다. 가끔은 아이들에게 모르는 척 져준다면 아이들은 더더욱 의기양양해지지요. 엄마 아빠는 못 맞추는 것을 자신들이 알고 있다면서요.

강아지와 함께
다양한 수식어를 배운다

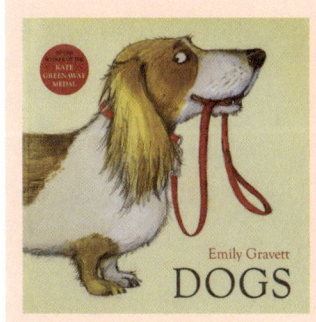

DOGS독스
Emily Gravett 에밀리 그래빗

강아지는 사람의 오래된 가장 친한 친구입니다. 아이들에게도 강아지는 낯선 존재가 아니지요. 강아지를 보면 우는 아이도 있고 함께 노는 아이도 있지만, 어떤 반응을 하든, 아이들은 강아지에게 호기심을 느낍니다. 강아지를 보며 낯설어서 우는 아이들도 울면서 흘깃흘깃 쳐다보며 우니까요. 강아지들의 종류도 매우 다양합니다.

까칠한 치와와부터 우아한 요크셔테리어, 용맹한 셰퍼드, 허리는 길고 다리가 짧아 뒤뚱뒤뚱 걷는 모습이 우스꽝스럽기까지 한 닥스훈트까지 그 종류는 셀 수 없습니다. 에밀리 그래빗Emily Gravett의 《개들DOGS》에는 이런 강아지들이 총집합한 책입니다. 각각 페이지마다 다른 종류의 강아지가 등장합니다.

그런데 이 책의 특징은 그런 강아지들의 이름을 알려주는 것이 아니라, 강아지의 특징을 설명하는 수식어를 사용한다는 것입니다. 처음 시작은 이렇습니다.

"I love dogs(나는 강아지를 사랑합니다.)."

아주 간단하죠. 아무리 어린 아이라도 "I love you(사랑해)"가 무슨 뜻인지 모르는 아이는 거의 없을 것입니다. 흔히 듣는 "I love you" 대신, "I love dogs"로 바꿔서 시작합니다. 설령 아이가 dogs가 무슨 뜻인지 모르더라도, 책 표지부터 시작해서 처음부터 끝까지 책이 강아지로만 채워져 있는데, 굳이 강아지라고 설명할 필요도 없겠지요. 그 다음 페이지에는 "I love big dogs and small dogs(나는 큰 강아지를 사랑하고 작은 강아지도 사랑합니다.)."라며, 서로 상반된 큰 강아지와 아주 작은 강아지, 이렇게 두 종류의 강아지가 나옵니다.

역시 big과 small이 무슨 뜻인지 모르더라도, 그림으로 그려진 강아지들이 너무나도 명백하게 설명을 해주고 있습니다. 읽어주는 부모는 단지 손가락으로 가리키기만 하면 됩니다.

그 다음 페이지도 마찬가지입니다. "I love stroppy dogs and soppy dogs(나는 까칠한 강아지를 사랑하고 애교 있는 강아지도 사랑합니다.)." 이런 식으로 서로 반대되는 강아지의 그림을 양쪽 페이지에 그려 넣고, 그 강아지를 설명하는 문장을 딱 한 문장씩만 사용하고 있습니다. 이 책을 다 보면 강아지 하나로도 수식할 수 있는 형용사가 이렇게 많구나 하고 놀라게 됩니다.

그리고 더더욱 마음에 드는 부분은 전혀 상관없는 형용사들의 나열이 아니라 반대어antonym를 한 번에 볼 수 있다는 것입니다. 역시 강아지들을 이용해서 말이지요. 정말 기발한 책이 아닐 수 없습니다.

그런데 이게 끝이 아닙니다. 마지막으로 가면서 온갖 강아지들에 대한 설명을 다 하고 나서, 모든 강아지들을 한 페이지에 다 그려 넣고 질문을 합니다. "But the dog that I love best? Let's see…(그런데 내가 가장 사랑하는 강아지는 누구냐고요? 글쎄요…)"라며 말이죠. 과연 어떤 강아지를 가장 사랑할까 하는 궁금증에 다음 페이지를 넘기면… 굉장한 반전이 나타납니다. 답은 바로 "… is any dog that won't chase me(나를 쫓아오지 않는 강아지랍니다!)"라며 줄행랑치는 주인공은, 다름 아닌 고양이였던 것이죠!

지금까지 주인공이 당연히 강아지를 사랑하는 아이일 것이라고 상상하며 읽었던 기대와는 완전히 다른 생각지도 못한 반전에 아이들은 마지막에 한 번 더 웃음을 터뜨립니다. 완벽하게 그려진 강아지 그림들을 보며 다양한 수식어 공부도 하고, 재밌기까지 하니 이렇게 훌륭한 작품이 또 있을까요?

책을 다 보고 덮으며, 아이들에게 한 마디 더 해봅니다. "The child that I love best? Let's see…"라며, "엄마가 가장 사랑하는 아이는 누굴까?" 하고, 책 속의 내용을 응용하여 아이에게 영어로 질문을 해보는 것이죠. 방금 너무나도 재미있게 책을 읽었으므로, 이럴 때 슬쩍 영어로 한 마디 질문해도 아이들이 크게 거부감을 느끼지는 않습니다.

그러면 곰곰이 생각에 잠기는 아이에게, 엄마가 답을 이야기해주는 것이죠. 엄마가 원하는 아이의 상을요. "who sleeps now(지금 자는 아이)"라든가 "who eats carrots(당근을 먹는 아이)", "who brushes teeth(이 닦는 아이)"처럼요. 조금은 어려울 듯도 하지만 그렇다고 아주 어렵지도 않은 표현들을 살짝 흘려보며 이야기할 수 있습니다.

평소에 아이에게 영어로 "go to sleep now(빨리 자!)"라든가 "eat some carrots(당근 좀 먹어)", "brush your teeth(이 닦아)"라고 고리타분한 생활 영어를 쓰는 것과는 또 다른 느낌 아닐까요? 그러면서 엄마도 어느 순간 까칠stroppy하지 않고 달달한soppy한 엄마가 되어 있겠죠.

작가 소개

줄리아 도널드슨 Julia Donaldson

　줄리아 도널드슨은 칭찬을 아낄 수 없는 단연 최고의 작가입니다. '언어의 마술사'란 바로 그녀를 두고 하는 말이 아닐까 싶습니다. 어쩌면 그렇게 훌륭하게 운율을 넣어서 글을 쓸까요? 언어의 마술사가 아니고서는, 절대로 그렇게 할 수 없을 것이라 생각합니다. 뿐만 아니라 내용까지 재미있으니, 절대로 질리지 않고, 각각의 이야기마다 그림 작가는 다르지만 이야기에 딱 맞는 그림들로 짝을 이루고 있으니 설명이 필요 없는 완벽한 조합을 이루어냅니다. 그런데 그녀는 이런 두각을 일찍이 어려서부터 나타냈다고 합니다.

　5세 생일 때 아버지가 《천 개의 시 The Book of a Thousand Poems》라는 두꺼운 책을 선물로 주셨는데, 그 책과 사랑에 빠져 읽고 또 읽고, 결국에는 시를 외워서 낭독까지 하게 되었다고 합니다. 더 나아가 스스로의 이야기를 만들기 시작했지요. 어려서는 가족과 함께 종종 유럽의 다른 나라로 여행을 다녔는데 여행을 가는 나라마다 그 나라에 어울리는 특별한 노래를 지었다고 합니다. 그중에서 그녀가 가장 좋아하는 노래는 이탈리아에서 작사 작곡을 한 파스타에 관한 노래였다고 하는데, 과연 어떤 노래였을지 궁금하군요.

　이렇게 그녀는 어려서부터 시인이 되는 꿈을 꾸었지만 처음에는 시인이 아닌, 연극과 방송 분야의 일을 하다가 지금은 교육과 출판을 업으로 삼게 되었습니다. 그런데 그녀는 지금 하는 일이 어려서 꿈꾸던 '시인'과 전혀 무관한 것이 아니라 전체적으로 연결되어 있다고 설명합니다. 어떻게 보면 환상적인 운율을 넣어서 책을 만드는 것은 시인의 또 다른 길이라고 볼 수 있겠죠.

영국 남부 브리스톨Bristol 대학교에서 연극과 불어를 전공하고, 같은 학교에 다니던 기타 치는 의대생인 말콤을 만나 결혼한 뒤 지금은 두 아들과 함께 스코틀랜드의 글래스고Glasgow에 거주하고 있습니다. 그림책 작가로 데뷔하기 전, 그녀는 BBC 방송국에서 어린이용 방송의 노래를 작사했었는데, 그중 '집이 좁아요A Squash and a Squeeze'라는 방송용 노래가 1993년, 액셀 셰플러Axel Scheffler의 삽화와 함께 책으로 만들어지면서 드디어 작사가가 아닌, 그림책 작가로 데뷔하게 됩니다. "공중으로 사라지던 노래가 더 이상 사라지지 않고 책으로 만들어져 내 손으로 만져볼 수 있다는 것은 매우 특별한 일이었습니다."라며 그녀는 첫 번째 책을 냈을 때를 회상합니다.

그 후 영국 아이들 사이의 최고 히트작 《괴물 그루팔로The Gruffalo》를 비롯하여 지금까지 200권 이상의 책을 출간하였습니다. 작품 활동 외에도 도서관이나 학교에서 재능 기부 활동, 스코틀랜드 지역에 어린이 책을 무료로 나눠주는 자선단체인 북버그Bookbug나 아버지가 아이들에게 책을 읽어주는 것을 장려하는 단체인 스토리북 대드Storybook Dads, 청각장애아들의 미술 활동과 창작 활동을 도와주는 '라이프 앤드 데프Life & Deaf'라는 비영리단체 등 여러 단체에서 활발하게 활동하고 있습니다. 2011~2013년에는 영국 최고의 그림책 작가에게 수상하는 어린이 상 수상자Children's Laureate로도 선정되었습니다.

그런데 이렇게 화려한 그녀가 털어놓는 그녀의 일상생활을 들어

보면 놀라지 않을 수 없습니다. 너무나도 평범해 보이거든요. 다음은 그녀가 밝힌 그녀의 하루 일과A day in my life입니다.

잠자리에서 차 한 잔 마시기. 또 한 잔 더.
고양이들 깨우기. 일어나기.
아들을 학교에 보내기. 남편 배웅하기.
책상에 앉기 – 반드시 앉아야 함.
머리 긁적이기. 달팽이에 대해 생각해보기.
달팽이snail를 고래whale와 짝지어볼까?
펜을 잘근잘근 씹기. 그 다음에는 뭘 하지?
생각이 나지 않음. 어렵다.
고양이 밥 주기. 편지 열어보기.
토스트 한 조각 먹으며 편지 읽기.
꼬마 소년이 그루팔로의 생일을 알고 싶어 한다.
꼬마 소녀는 거인이 왜 넥타이를 주었는지 알고 싶어 한다.
장보러 나가기. 생각났다.
(입이 찢어질 만큼 함박웃음 짓기)
굉장한 절정이야. 고래가 바닷가로 오는 거지!
(운율 고민하기… 다다랐다reached? 애원하다beseeched?
달라붙다leeched? 됐다, 지금은 신경 쓰지 말자.)
그런 다음 달팽이가 고래를 구한다? 그런데 어떻게?
집으로 돌아가기. 좀처럼 벗어날 수 없다.
달팽이는 잠시 내려놓기. 오리를 생각해보자.
전화벨이 울린다. 누굴까?

학교다. 작가 방문을 요청하는.

일정표 확인….

'월요일, 브룩우드 도서관'이라고 적인 것을 보고 깜짝 놀란다.

오늘이잖아! 차로 뛰어간다.

휴, 다행이다. 멀지 않아.

이야기를 해주고, 연기도 하고, 노래도 불러준다.

아이들도 다 같이 함께 한다.

(선생님은 저기 앉아서 책에 표시하고,

내 눈초리는 눈치도 채지 못한다.)

질문에 답한다. 집으로 돌아오기.

아들이 합류하고, 잠시 뒤 남편도 합류한다.

요리 재료 병뚜껑을 연다. 연어 요리를 한다.

피아노 연습하기. 주사위 놀이하기.

목욕하기-이때 다시 영감이 떠오른다:

달팽이snail가 점액slime으로 글씨 쓰는 것을 배우는 거야!

(운율 맞추기 꽤 쉽네)

칠판으로 기어가서 흔적을 남긴다.

아이들이 달려가 고래를whale 살린다save.

이야기가 구성되었다!

내일 쓰기 시작해야지. 쉬운 것부터.

Tea in bed. Second cup.

Dislodge cats. Get up.

Son to school. Spouse to work.

Sit at desk – mustn't shirk.

Scratch head. Dream up snail.

Maybe team her up with whale?

Chew pen. What next?

Can't think. Feel vexed.

Feed cats. Open post.

Read it, over slice of toast.

Little boy wants to know

Date of birth of Gruffalo.

Little girl wonders why

Giant gave away his tie.

Out to shops. Get idea

(Big grin, ear to ear):

Brilliant climax – whale gets beached!

(Rhyme a problem . . . reached? Beseeched?

Leeched? Well never mind, just now.)

Snail then rescues whale – but how???

Back home, get stuck.

Go off snail. Consider duck.

Phone rings. Who is it?

School, requesting author visit.

Check diary . . . shocked to see

"Monday, Brookwood Library."

That's today! Leap in car.

Thank goodness, not far.

Tell a story, act and sing.

Kids join in with everything.

(Teacher sits there marking books,

Blind to my accusing looks.)

Answer questions. Back to house.

Joined by son, later spouse.

Open bottle. Cook salmon.

Practise piano. Play Backgammon.

Have bath – that's when

Inspiration strikes again:

Snail could learn to write with slime!

(Quite an easy word to rhyme.)

Crawls on blackboard, leaves a trail …

Children run and save the whale.

Story planned! Tomorrow, start

Writing it – the easy part.

출처: Julia Donaldson 공식 홈페이지, http://www.juliadonaldson.co.uk

작가 소개
에밀리 그래빗 Emily Gravett

기발한 내용의 글뿐만 아니라 잔잔한 그녀의 그림을 보고 있노라면 이렇게 완벽한 조화를 만들어내는 그녀는 과연 어떤 사람일까 궁금해집니다. 역시나 판화가와 미술 교사 부모 사이에서 둘째 딸로 태어난 그녀는 자유분방한 사람이었습니다.

영국 남부의 브라이튼Brighton에서 태어나고 자랐으나 16세에 학교를 그만두고 커다랗고 낡은 녹색 버스를 타고 연인과 함께 8년간 영국 전역을 여행합니다. 딸이 출생한 뒤, 고향인 브라이튼으로 돌아와 미술을 전공하던 중,《늑대들Wolves》이라는 책으로 2005년 맥밀란 그림 상MacMillan Prize for Illustration과 케이트 그린어웨이 상Kate Greenaway Medals을 받으며 세상의 이목을 끌게 됩니다.

뿐만 아니라《늑대들》에 이어《오렌지 배, 사과 곰Orange Pear Apple Bear》,《작은 생쥐의 두려움의 큰 책Little Mouse's Big Book of Fears》,《또!Again!》,《개들Dogs》 그리고 가장 최근의《파란 카멜레온Blue Chameleon》까지 베스트셀러들을 줄줄이 출간하게 됩니다.

그녀의 그림책은 군더더기 없는 깔끔한 글에 아름다운 색채와 섬세한 붓 터치로 감성을 자극하는 그림이 어우러져 더없이 사랑스럽습니다. 게다가 유머까지 놓치지 않고 있으니, 그녀의 삶 자체가 깔끔하고 아름답고 유쾌할 것이라고 자연스럽게 상상하게 되는군요.

그녀의 책 주인공들이 대부분 동물인 것을 보아 동물과 자연을 사랑하는 사람이라는 것도 알 수 있죠. 작품 활동을 하지 않을 때, 그녀는 주로 애견과 산책하거나 토마토에 물을 주거나 젊은 시절 여행하며 타고 다녔던 1960년대 구식 버스를 지금도 수리해서 타고 다닌다고 합니다.

정말 그녀답습니다. 그런 그녀의 잔잔하지만 자유분방한 삶이 그녀에게 작품에 대한 영감을 주는 것이겠죠?

출처: https://www.emilygravett.com

> 궁금해요

질문 1. 엄마 발음이 안 좋아요.

가장 많이 하는 걱정입니다. 부모 자신의 영어 발음이 좋지 않아 아이들이 안 좋은 발음을 배울까 봐 겁을 냅니다. 영어가 어려운 이유 중 하나는 발음이 안 되기 때문이라고 생각하며, 내 아이만큼은 영어 발음을 끝내주게 만들어주고 싶은 것이 부모 욕심입니다. 그래서 더더욱 어려서부터 원어민 강사에게 영어를 배울 수 있는 곳을 찾아다닙니다.

발음은 중요합니다. 그렇지만 발음만이 전부는 아닙니다. 생각해 보세요. 요즘에는 한국에도 외국인이 많아지면서 공중파 방송에도 한국어를 하는 외국인들이 심심치 않게 출연하곤 합니다. 그런데 그들의 한국어 발음이 토종 한국인과 완벽하게 똑같은가요? 비슷하게 잘 하기도 하지만 그렇다고 한국인 발음과 완전히 똑같지는 않습니다. 각자 어느 나라 출신이냐에 따라 그 나라의 억양이 약간씩은 섞여서 나옵니다.

그렇다고 우리가 그들 발음이 조금 이상하다고 전혀 못 알아듣거나 그들을 비하하거나 하지는 않습니다. 오히려 한국인이 아닌데도 한국어를 할 수 있다는 것을 칭찬해주지요.

영어는 더더욱 그렇습니다. 좁은 한국 내에서도 전라도 억양이 다르고 경상도 억양이 다른데, 전 세계적으로 가장 많이 사용되는 언어인 영어는 원어민이라고 하더라도 출신지에 따라 발음이 천차만별입니다. 그러니 외국어로 영어를 배우는 사람들이 원어민과 똑같이 발음하기를 기대하는 사람은 없습니다. 크게 거슬리지 않게 알아들을 수 있으면 그것으로도 충분합니다.

오히려 발음보다는 얼마나 영어를 조리 있게 잘 구사하느냐에 따라 의미가 전달되는 것입니다. 제가 열다섯 살 때 처음 한국을 떠나 뉴질랜드에 도착했을 때, 정말 놀랐던 것은 뉴질랜드 사람들 발음이 제가 한국에서 배웠던 영어 발음과 많이 다르다는 것이었습니다.

보통 한국 사람들이 발음이 잘 안 된다고 학교에서 침 튀기며 연습했던 'r'이나 'f', 'th' 발음은 둘째치고, 가장 충격적이었던 것은 뉴질랜드에서는 'i'와 'e'를 반대로 발음하는 것이었습니다. 지금 생각하면 웃음밖에 안 나지만 처음에는 six와 sex를 구분하기 무척이나 어려웠지요. 분명 수학 시간인데 six가 맞는데, 선생님은 자꾸 sex라고 읽는 거예요. 처음에는 제가 잘못 알아들었나 싶었는데, 알고 보니 저만 그런 것이 아니라 뉴질랜드 친구들도 이것이 헷갈려서 항상 다시 확인을 하며 키득거리곤 하더군요.

그 후로 저는 호주에서도 몇 년 있어보고, 또 한국에 돌아와서는 일을 하면서 십여 년간 워낙 다양한 나라 사람들을 만나며 영어로 의사소통을 하며 웬만한 나라 사람들의 영어 억양은 다 들어볼 수 있었습니다. 다들 어렵다고 말하는 파키스탄이나 싱가포르, 일본, 프랑스, 중동 사람들이 하는 영어도 크게 어려움 없이 들을 수 있었고, 워낙 많은 나라 사람들 영어를 접하다 보니 제 영어 발음도 그때그때 달라지기도 했습니다. 한 마디로 영어 발음의 정체성을 찾지 못한 채, 어쩔 때는 호주 발음이 났다가, 어쩔 때는 미국식으로 굴려지기도 했다가…. 그렇다고 영어로 제 의사를 표현하는 데 문제가 있거나 하지는 않았습니다.

그러다가 영국에 갔는데요. 저희가 있던 맨체스터는 흔히들 생각하는 그런 영국 영어^{British English}를 사용하는 곳이 아닌, 맨퀴니언^{Mancunian} 영어를 하는 곳이었지요. 겨우겨우 Monday를 '먼데이'라고 하지 않고 '문다이', 'London'을 '런던'이라고 하지 않고 '룬둔'이라고 하는 맨퀴니언 영어가 익숙해질 때쯤, 스코틀랜드 여행을 가게 되었어요.

스코틀랜드를 대표하는 도시인 에딘버러^{Edinburgh}에 도착하니, 그곳의 발음은 또 왜 이렇게 다른지, 전혀 새로운 세계라고 생각했는데, 북쪽으로 올라가면 올라갈수록 에딘버러의 발음은 양반이라는 것을 알게 되었습니다. 가장 절정이었던 곳은 다름 아닌, 영국의 최북단인 오크니 제도^{Oakney Islands}를 여행할 때였습니다.

북쪽으로 아이슬랜드가 남쪽에 있는 런던보다 가깝고, 여름에는 백야로 새벽 2시까지도 해가 지지 않아 자정 12시에 동네 사람들이 만나 맥주 한 잔 마시고 새벽까지 골프를 친다는 이곳은 정말 딴 세상이었습니다.

그런데 영어도 딴 세상이었습니다. 제가 아무리 많은 국적 사람들의 다양한 발음으로 영어를 들어보았지만, 이렇게 영어를 하는 사람들은 처음 봤습니다.

한 가지 예로 'r' 발음 자체가 영국식 'r'이 미국식 'r'과 달라서, 영국과 미국의 파닉스 수업에서도 'r' 발음을 다르게 가르치기는 하지만, 오크니 제도 주민들의 'r' 발음은 영국식 영어나 미국식 영어의 'r' 발음이 아닌, 마치 한국의 'ㄹ' 발음을 하는 것 같았습니다. 영어로 "very good"이 아니라, 한국어로 "베리 굿"이라고 말하는 것 같았지요.

그때 깨달았습니다. 영어 발음은 정말 해도 해도 끝이 없구나라는 것을요. 그냥 제가 익숙한 대로 하는 것이 제일 속 편하겠다는 생각을 그때 했습니다.

미국에서 태어나 자란 교포 친구도 저에게 이런 말을 했습니다. 미국에서 태어난 교포와, 초등학교 때 미국으로 간 교포와, 중고등학생 때 미국으로 간 교포와, 대학생 이후 건너온 사람들은 연령대별로 언제 미국에 도착했는지에 따라 영어를 하는 억양이 모두 다르다고요. 그래서 설마 초등학생 때 간 사람들도 다를까라고 반문했더니, 아무리 어려서 가더라도 초등학생 때 간 사람들은 거기서 태어난 사람들과는 또 발음이나 억양이 다르다고 합니다.

저도 영어를 불편함 없이 구사하기는 하지만, 그렇다고 발음과 억양까지 원어민처럼 완벽한 것은 아닙니다. 제 발음이 정확하다고 clear 칭찬해주는 사람들이 종종 있기는 하지만 그것은 어디까지나 그들도 저를, 모국어로 영어를 배운 사람이 아닌, 외국어로 배운 사람이라는 전제 하에 하는 말인 것이죠. 그리고 그것이 사실인데, 발음이 원어민과 완전히 똑같지 않다고 해서 부끄러울 필요도 없는 것이고요.

어느 나라 발음이 좋고 나쁘고를 말하는 게 아닙니다. 영어를 잘 구사하는 것과 발음은 다른 문제이므로 발음에 연연해하지 않으시길 바랍니다. 발음이 끝내주게 좋아보여도 알고 보면 영어 실력은 별 볼 일 없는 경우도 많거든요.

다시 한 번 강조하지만 의사소통은 발음으로 되는 것이 아니라, 언어를 얼마나 조리 있게 잘 구사하는지에 따라 전달되는 것이므로, 영어 발음 때문에 자신감을 잃지 않았으면 좋겠습니다.

그러나 영어 발음이 좀 더 영어답게 들릴 수 있는 팁을 몇 가지 알려드리자면, 다음과 같습니다.

- 대부분 단어의 강세는 단어의 첫 음절에 있습니다. 말할 때 단어의 첫 음절을 가장 세게 발음하면 조금 더 자연스러워집니다. 'Korea', 'photography'와 같이 두 번째나 그 다음 음절에 강세가 있는 경우가 아니라면 거의 대부분이 첫 번째 음절에 강세가 있다고 생각하고, 잘 모르겠으면 무조건 첫 음절을 강조해서 발음하세요. 그리고 그 다음부터는 각각의 음절마다 또박또박 발음하기보다는 첫 음절의 강세 이후 떨어져 내려오듯 약하게 발음하면 됩니다. 'opera'를 발음할 때, 하나씩 '오/페/라'라고 발음하는 것이 아니라 '오'만 강하게 발음하고 '페라'는 '오'의 꼬리처럼 따라온다고 생각하고 발음하는 것입니다.
- 한국어 발음에 없는 /f/, /r/, /v/, /w/, /x/, /z/, /th/는 최대한 정확하게 발음하도록 노력하세요.
- /k/, /t/, /p/, /s/ 등의 소리는 크게 두 가지로 나누어서 소리낼 수 있습니다. 이 글자들이 단어의 앞부분에 있을 때는 한국어의 /ㅋ/, /ㅌ/, /ㅍ/, /ㅅ/보다는 좀 더 거세게 발음하고, 중간 부분에 있을 때는 /ㄲ/, /ㄸ/, /ㅃ/, /ㅆ/과 같이 된소리로 발음하면 대부분 좀 더 자연스럽게 들린답니다.
- /b/, /d/, /g/는 한국어의 /ㅂ/, /ㄷ/, /ㄱ/라고 생각하지 마세요. 한국어의 /ㅂ/, /ㄷ/, /ㄱ/은 외국인이 듣기에는 /b/, /d/, /g/보다는 오히려 /p/, /t/, /k/에 가깝게 들립니다. 지면으로 설명하기 쉽지는 않지만 입술과 목구멍에 조금 더 힘을 주었다가 멈추었던 숨을 내쉬는 것과 같이 발음을 하시면 조금 더 영어 발음에 가깝게 들립니다.
- 모음을 발음할 때는 한국어를 발음할 때보다 입을 세 배로 크게 벌리세요. 그러면 한국어의 '애플' 발음과 영어의 'apple' 발음이 왜 다르게 소리 나는지, 한국어의 '아이스크림'과 영어의 'icecream' 발음이 왜

다르게 소리 나는지 알 수 있을 거예요.

- 한국어는 모든 소리에 모음이 들어 있습니다. 모음 없이는 글자가 만들어지지 않기 때문이지요. 그렇지만 영어는 모든 자음마다 모음이 항상 있는 것이 아니랍니다. 예를 들어 한국어에서는 'ㄱ'이라는 글자 하나만 있어서는 발음을 할 수 없습니다. 'ㄱ'과 'ㅡ'가 합쳐서 '그'가 완성되죠. 그러나 영어에서는 'g' 하나만으로도 발음을 할 수 있습니다. green이라고 쓸 때, 'g' 다음에 모음이 아닌, 자음 'r'이 바로 이어지잖아요. 그런데 한국 사람들은 모든 자음마다 모음과 함께 발음하는 것이 습관화되어 있어서 모음 없이 자음만을 발음하는 것이 익숙하지 않습니다. 그래서 영어를 발음할 때도 항상 자음을 발음하고 모음을 강조해서 발음하게 됩니다. 그래서 'green'이 아닌 '그린'으로 발음하게 됩니다. 또 한 가지 예로 'church'를 발음해 보세요. 한국식으로 발음을 한다면 /쳐(ㄹ)치/가 되겠죠. 그렇지만 영어스러운 발음을 하려면 뒷부분의 /ch/는 모음이 없는 발음입니다. 그래서 /쳐(ㄹ)치/가 아닌 /쳐(ㄹ)ㅊ/처럼 발음을 해야 하는 것이지요. 'is'도 한국식으로 발음하면 /이즈/이지만 영어식으로 발음하려면 /이즈/가 아닌, /이ㅈ/처럼 발음해야 하고요. 호주에서 제가 알고 지내던 호주 분은 영어 ESL 선생님이었는데, 그 분이 한국 학생들은 왜 항상 모음을 길게 발음하는지 모르겠다며, 그 부분만 고치면 대부분 발음이 나쁘지 않을 텐데 그 부분을 어떻게 고쳐주어야 할지 모르겠다고 하시더군요. 그래서 제가 한국어의 이런 모음과 자음의 조화에 대한 설명을 해주었어요. 그랬더니 그 분 하시는 말씀이, 한국 학생들에게는 영어로 발음할 때 끝부분이 자음으로 끝나는 단어는 모음을 발음하지 말고 한국어의 모음에 해당하는 부분을 '가위로 잘라내라'고 해야겠다고 웃으면서 말씀하시는 거예요. 정말 재미있

는 발상이다 생각했어요. 나중에 다시 만났을 때 물어보니 한국 학생들에게 그렇게 설명하니 정말 발음이 금세 좋아지더라고 하시더군요. 가끔은 한국어의 틀에서 과감하게 벗어날 필요도 있는 것 같습니다.

- 한국어 음절과 영어 음절의 구조가 다르다는 것을 기억하세요. 예를 들어 'Christmas'는 한국어로 발음하면 '크-리-스-마-스'로 각각의 발음마다 모음이 있고 모음의 개수인 다섯 음절로 나누어지지만, 영어에서는 모음이 'i'와 'a' 두 개 밖에 없습니다. 그리고 모음이 있는 두 부분으로 나누어 'Christ-mas'의 두 음절만 있는 단어가 되고, 모음이 있는 부분만 강조해서 발음하면 됩니다.

또 하나 예를 들어볼까요? Australia는 한국어로 발음하면 '오-스-트-레-일-리-아'로 7개의 자음마다 7개의 모음이 들어가 7개의 음절로 나누어지지만, 영어로 하면 모음이 들어간 곳은 제일 처음의 'au'와 가운데 'a', 그리고 마지막의 'ia'의 세 부분으로 나눌 수 있습니다. 그래서 'Aus-tral-ia'의 3음절로 나뉩니다. 이때도 모음이 들어가 있지 않고 자음만 있는 곳은 한국어 모음의 'ㅡ' 발음을 사용하지 않도록 해야 합니다.

어떤가요? 이 정도면 발음에 대한 강의가 조금은 되었나요? 발음 때문에 영어가 두려운 분들에게 조금이라도 도움이 되었기를 바랍니다. 제가 언어학자는 아니지만, 제 인생의 반 이상을 영어를 밀접하게 사용하며 터득한 저만의 노하우랍니다.

그렇지만 기억하시기 바랍니다. 아이들과 함께 영어 그림책을 읽을 때는 정확한 영어 발음도 중요하지만, 아이들에게 영어 발음보다 더 중요한 것은 '함께 책을 본다 shared reading'는 행위라는 것을요.

궁금해요

질문 2. 아이랑 책을 읽다가 모르는 단어가 나올까 봐 걱정됩니다.

아무리 어린 아이들이 보는 영어 그림책이라고 해도 쉬운 단어만 있는 것은 아닙니다. 어떤 경우에는 한 번도 들어보지 못한 단어들이 툭툭 튀어나와 깜짝깜짝 놀라기도 합니다. 다섯 살짜리 어린이가 보는 책에 나오는 단어인데, 이런 단어도 모르다니, 쥐구멍에라도 숨고 싶습니다.

그런데 절대로 창피해 하지 마세요. 영국의 한 조사에서 밝힌 바에 의하면, 영국의 국영 방송인 BBC TV 프로그램에서 사용하는 어휘보다 어린이 그림책에 나오는 어휘가 훨씬 더 다양하고 종류도 많다고 하는군요. 그렇다면 영국 부모들도 아이들에게 그림책을 읽어줄 때 가끔은 익숙하지 않은 단어와 부딪히게 될 것입니다. 그러니 우리가 모르는 단어가 나오는 것은 어찌보면 당연하지요.

그럴 때는 엄마도 잘 모르는 단어라며 솔직하게 인정하고 아이와 함께 그 뜻이 무엇인지 찾아보는 것이 가장 좋은 방법입니다. 그러면 아이는 엄마도 모르는 것이 있지만 그것을 창피해 하거나 회피하는 것이 아니라 답을 찾으려고 노력한다는 것을 알게 됩니다. 그리고 함께 찾는 단어는 엄마의 기억에도, 아이의 기억에도 더 또렷이 남게 됩니다. 같이 몰라서 함께 찾았으니까요. 저도 그런 경우가 종종 있습니다. 그렇지만 아이와 함께 모르는 단어를 찾는 일은 공부도 되고 또 다른 추억이 되기도 한답니다.

영어를 잘 못한다고, 영어 울렁증이 있다고 두려워하지 마세요. 아이와 함께 읽는 건데 조금 틀리면 어때요? 외국인 바이어 앞에서 신제품에 대한 발표를 해야 하는 것도 아니고 수능 영어 시험을 보는 것도 아니잖아요. 익숙하지 않고 잘 몰라도 다른 사람이 아닌 내 아이 앞이니까 창피해 하지 않고 즐겁게 읽을 수 있는 특권을 가질 수 있다고 생각합니다.

그렇게 하다보면 어느새 엄마의 영어 실력도 조금씩 늘고 있다는 것을 발견하게 될 것입니다. 매일매일 아이에게 영어책을 하루에 한 권씩 읽어주면 1년이면 365권의 영어책을 읽게 되고, 10년이 되면 3,650권의 영어책을 읽게 됩니다. 그런데 세 살 때 읽어주었던 수준의 책을 10년 뒤에도 읽어주는 것이 아니라 세 살 때는 한 페이지에 한 줄씩 있는 책을 읽어준다면, 10년 뒤에는 챕터북이나 짧은 소설 같은 책을 함께 읽고 있겠지요? 학창 시절, 이렇게 매일매일 한 권씩만 영어 책을 읽었더라면 지금쯤은 영어로 논문을 쓸 수도 있을 텐데 말이죠.

영어로 논문을 쓰지는 못하더라도 지금이라도 늦지 않았으니 매일 아이와 함께 영어 그림책을 보세요. 그리고 아이에게 소리 내어 영어로 그림책을 읽어주세요. 듣는 아이에게도 좋지만, 그렇게 소리 내어 영어 그림책을 읽다보면 어느새 엄마의 입에도 영어가 달라붙게 되고 저절로 발음도 교정이 된답니다. 그러다가 해외여행을 가면 아이 앞에서도 부끄럽지 않게 외국인과 영어로 의사소통이 가능해집니다. 정말이라니까요.

우리 아이가 읽은 도서목록 I: 언어가 풍성해지는 그림책 편

1
- 제목:
- 지은이:
- 날짜:
- 주인공:
- 내용:
- 가장 많이 사용된 표현:

2
- 제목:
- 지은이:
- 날짜:
- 주인공:
- 내용:
- 가장 많이 사용된 표현:

3
- 제목:
- 지은이:
- 날짜:
- 주인공:
- 내용:
- 가장 많이 사용된 표현:

4
- 제목:
- 지은이:
- 날짜:
- 주인공:
- 내용:
- 가장 많이 사용된 표현:

5
- 제목:
- 지은이:
- 날짜:
- 주인공:
- 내용:
- 가장 많이 사용된 표현:

하루 한 권 영국 엄마의 그림책 육아

두 번째
아이의 감정이
풍부해지는
그림책

감정 언어가 풍부해지는 책

Sometimes I Feel SUNNY
썸타임즈 아이 필 써니

Gillian Shields 질리언 쉴즈

서양인들은 대체로 한국인 또는 대부분의 동양인들보다 감정 표현이 풍부합니다. 그런데 왜 그런지, 그 이유를 이 책을 보고서야 답을 얻었습니다. 제목부터 참신하지 않나요? 'I feel happy(행복해)'가 아닌, 'I feel sunny(햇살 같은 기분이야)'라니요. 겉표지에 네 명의 다양한 인종의 아이들이 함께 어우러져 있는 모습도 마음에 듭니다. 우리가 느끼는 감정이 하나가 아닌 것처럼, 사람들 모습도 참으로 다양하지요. 그리고 이 아이들이 느끼는 다양한 감정을 가장 잘 표현하는 그림과 단어로 이야기해줍니다.

　기분이 좋은 날은 'Happy day'만 있는 것이 아니라는 것을 알게 됩니다. 'Rosy, smily days(장미빛, 미소 지어지는 날)', 아니면 'dreamy

days(꿈같은 날)'도 되지요.

슬픈 날은 'sad day'만 있는 것이 아니라 "There are days I need, need, need… a hug(어떤 날은 내게 정말 정말 정말 필요한 건… 누군가가 안아주는 거야)", 아니면 "empty days when I don't feel anything(아무 것도 느끼지 않는 것 같은 공허한 날)"이기도 하고요.

아픈 날은 "I feel sick"만 있는 것이 아니라 "there are scratch, grumpy, yucky days like eating slugs and snails(민달팽이와 달팽이를 먹는 것처럼 가렵고 기분이 나쁘고 더러운 날)"도 있다고 합니다.

이런 표현들이 정말 재미있지 않나요? 감정은 언어로 표현될 때 더욱 효과가 크다고 합니다. 좋은 감정을 언어로 표현할 때는 감정이 더욱 풍부해지고, 나쁜 감정도 언어로 표현하면 진정 효과가 있다고 해요. 감정 상태에 따라 이 책에 나오는 감정대로만 표현을 한다면, 영어로 감정을 표현하는 것에는 더 이상 문제가 없을 것이라고 생각됩니다.

둘째 아이는 이 책을 여러 번 읽어서 그런지, 아침에 유치원에 갈 때, 기분이 좋은 날이면 지금도 "I feel SUNNY!(햇살 같은 기분이에요!)"라고 큰 소리로 말하고 들어가곤 한답니다. 기분 좋은 감정을 기분 좋게 표현해주는 모습이 고마울 뿐입니다.

이 책과 마찬가지로 영어로 표현할 수 있는 모든 감정을 표현하는 것을 도와주는 책은 앤서니 브라운의 《기분을 말해봐(How do you feel?)》라는 책도 있습니다. 《Sometimes I Feel SUNNY》가 감정을 다양하게 표현하는 방법을 알려준다면, 《How do you feel?》은 감정을 정확하게 표현하도록 도와줍니다.

이렇게 감정을 표현하는 그림책을 보며 영어뿐만 아니라 한국어로도 더 많은 감정을 표현하는 연습을 한다면 감정 언어가 더욱 풍부해지며 마음이 건강한 아이로 자라지 않을까 기대해봅니다.

화가 날 때 읽는 책

My BIG SHOUTING DAY!
마이 빅 샤우팅 데이

Rebecca Patterson 레베카 패터슨

번역서 제목: 화가 나서 그랬어

표지에 있는 한 여자 아이가 눈길을 떼지 못하게 합니다. 왜냐고요? 그 표정이 화가 단단히 났다는 것을 보여주고 있거든요. 신발도 한쪽은 신고 한쪽은 어딘가 벗어버린 채로, 눈은 인상을 쓰고 있고 입은 크게 소리를 지르고 있습니다. 분명 뭔가가 마음에 들지 않는 것이 있습니다. 삐쭉삐쭉한 머리카락조차 화가 난 모습을 보여주는 듯합니다.

앞에 있는 토끼 인형은 이 여자 아이의 성질에 못 이겨 풀이 죽은 모습입니다. 영국에서는 《My BIG SHOUTING DAY!》라고 출간되었지만 미국에서는 《My No, No, No Day!》라고 출간된 이 책은 하루 종일 기분 나쁜 일만 있었던 벨라라는 여자 아이가 자신이 느끼는 좋지 않은 감정을 있는 그대로 솔직하게 말로 설명하는 책입니다.

그런데 그 기분 나쁜 일들이 사실 알고 보면 별 것 아닙니다. 동생이 방을 기어 다니며 자신의 액세서리를 여기저기 흘리고 다닌 것이 "싫어, 싫어"라고 하루 종일 크게 소리치는 날의 발단이 된 것이죠. 그런 동생을 보고 벨라는 큰 소리로 외칩니다. "Get out of my room!(내 방에서 나가!)" 그 상황에서 무척이나 어울리는 표현이지요.

아침 식사로 차려놓은 달걀도 마음에 안 들고, 신발도 마음에 안 들고, 마트에서 엄마가 얌전히 있으라고 하는 것도, 친구가 놀러온 것도, 발레 수업도, 이웃집 할머니가 동생이 예쁘다고 하는 것도 다 하나같이 마음에 들지 않습니다. 아침에 일어나서 잠자리에 들기까지, 벨라에게는 하루 종일 "싫어, 싫어"만 외치는 하루가 됩니다.

왜, 그런 날 있잖아요. 하는 것마다 처음부터 끝까지 마음에 안 드는 그런 날 말이에요. 벨라는 네 살 아이답게 그 감정을 숨기지 않고, 있는 그대로 표현합니다. 사실 이렇게 본인이 느끼는 감정을 있는 그대로 솔직하게 표현하는 아이야말로 내면이 건강한 아이겠죠. 그래서 이렇게 심술궂은 표정을 하고 있는 이 아이조차도 사랑스러워 보이는 것 같습니다.

어쩌면 이 책은 아직 영어가 익숙하지 않은 아이가 읽기에는 문장이나 표현이 쉽지만은 않을 수 있습니다. 그럼에도 이 책을 재미있게 읽을 수 있는 것은, 이런 감정을 느끼는 것이 벨라뿐만 아니라 모든 아이들이 다들 한 번씩은 느끼는 감정이기 때문이고, 벨라의 표정이나 행동이 남 이야기 같지 않아서입니다.

그럴 때 아이에게 살짝 이야기해도 되죠. "벨라는 별 것도 아닌 것 같고 떼를 쓴다. 벨라에 비하면 너는 정말 착한 아이네."라며, 아이를

슬쩍 띄워주면, 아이는 적어도 자신이 벨라보다는 괜찮은 아이라고는 생각하는 것 같습니다.

그렇다면 이렇게 둘째가라면 서러울 만큼 까다로운 벨라를 대하는 엄마는 어떨까요? 사실 벨라의 엄마 모습을 보면서 많이 반성하게 됩니다. 저라면 저 상황에서 저렇게 차분하지 못하고 버럭 화를 내고 말텐데 말이지요. 저도 벨라의 엄마처럼 아이의 어떤 고집에도 휘둘리지 않는 차분한 모습을 유지해야겠다며 한 수 배웁니다.

그렇게 하루 종일 엄마를 피곤하게 만들던 벨라가 "Today was a very bad day(오늘은 최악의 날이었어요)"라며 미안하다고 하자, 엄마는 자는 순간까지도 부드럽게 대하며, "I know. We all have those days sometimes(그래 알아. 누구에게나 그런 날은 있어)"라고 말합니다. 엄마의 공감 능력에 박수를 쳐주고 싶습니다.

아울러 이 책에 나오는 감정을 설명하는 표현들은 앞에서 소개된 《Sometimes I Feel SUNNY》와도 연결되는 표현이므로 다른 책에서 본 표현을 다시 한 번 되짚어볼 수도 있는 좋은 기회도 됩니다. 벨라의 엄마는 여기에서 끝나지 않고, "but perhaps you will be more cheerful tomorrow!(그렇지만 내일은 훨씬 더 기분이 좋을 거야!)"라고 다독여줍니다. 마치 예언이라도 하듯이요.

그리고 마지막 페이지에는 하루 종일 신나서 방방 뛰는 벨라가 "I was! I was!(정말 그랬어요!)"라며 소리 지르는 모습으로 마무리됩니다. 벨라는 그야말로 사랑스러운 아이 아닌가요? 가끔 엄마의 속을 뒤집어 놓긴 하지만요. 그런데 이것은 우리 모두 일상에서 겪는 일이잖아요.

슬플 때 마음을 위로해주는 책

Missing Mummy 미싱 머미
Rebecca Cobb 레베카 콥
번역서 제목: 보고 싶은 엄마

영어 그림책의 특징 중 하나는 슬픔이나 우울, 이별이나 죽음에 관한 주제를 다루는 내용도 매우 다양하다는 것입니다. 한국어 그림책도 그런 내용이 없는 것은 아니지만, 그 종류는 영어 그림책이 월등히 많은 것 같습니다.

레베카 콥Rebecca Cobb의 《보고 싶은 엄마Missing Mummy(英)/Missing Mommy(美)》는 엄마가 돌아가신 후 장례를 치르고, 나도 다른 아이들처럼 엄마가 있었으면 좋겠다고 생각하는 한 아이의 생각을 그림과 글로 표현한 책입니다. 앞표지에서부터 그 느낌이 묻어나지요. 엄마가 보고 싶어서 혼자서 엄마 그림을 끄적이며 그리고 있는 아이의 모습을 보면 옆에 가서 따뜻하게 안아주고 싶어집니다.

책은 비가 내리는 날 까만 우산과 까만 옷이 가득한 장면부터 시작합니다. 바로 장례식장이지요. 그리고는 아이는 엄마가 없는 생활을 하나씩 하나씩 현실에서 느끼게 되며, 때로는 두려움도 느끼고 feel scared, 때로는 엄마가 없다는 것에 화가 나기도 feel angry 합니다. 그러다가 내가 잘못해서 엄마가 떠난 것은 아닐까 걱정을 하기도 합니다 I am worried.

다른 아이들은 모두 엄마가 있는데 혼자만 없다는 것이 불공평하다고도 합니다 It's not fair. 때로는 무기력해보이기도 하고 혼자서 하는 짤막짤막한 그 말들이 아이의 슬픔을 고스란히 전해주며 보는 사람까지도 안쓰럽게 합니다. 아이의 마음처럼 그림은 어둡기도 하고, 쓸쓸하기도 하고, 외롭기도 하고, 두렵기도 합니다.

그런 아이에게 아빠가 위로를 해주었나봅니다. "He wishes she was here too, but we are still a family.(아빠도 엄마가 여기 있었으면 좋겠데요. 그렇지만 우리는 지금도 가족이에요.)" 그리고는 조금씩 엄마가 없는 삶에서 밝은 모습으로 씩씩하게 살아가는 모습을 보여주기 시작합니다.

얼마나 기특한가요. 우리 삶에서 절대로 일어나지 않으리라는 법도 없는 이야기라 책을 읽는 내내 마음이 뭉클합니다. 그래서 더더욱 이 책을 찾아서 아이들에게 읽어주었습니다. 그럴 일은 없겠지만, 혹시라도 그런 일이 생긴다면 이렇게 씩씩하게 살기를 바라면서 말이지요.

그런데 어린이 그림책에서 이렇게 슬픔이나 이별, 죽음 등을 다루는 것도 필요한 부분인 것 같습니다. 어린이 그림책이라고 해서 환상 속의 왕자와 공주 이야기만 있어야 할 필요는 없잖아요. 아이들도 현

실 속에서의 삶도 알아야 하고, 예기치 못한 상황도 생각해야 할 필요도 때로는 있습니다. 그런 상황들을 말로는 설명해주기 쉽지 않지만, 이렇게 그림책을 통해서 보여준다면, 여린 마음의 아이들도 조금 더 받아들이기 쉬울 것 같습니다.

이 책은 영국의 '가족과 사별한 어린이 모임Child Bereavement Charity'이라는 비영리단체의 후원으로 만들어졌습니다. 마음을 만져주는 내용과 그림 덕분에 케이트 그린어웨이 상Kate Greenaway Medal 과 피터의 올해의 책Peters Book Of the Year상 후보에 올랐습니다.

실제로 가족과 사별한 많은 어린이들이 이 책을 보며 위로를 얻었을 것이라 생각되며, 한국의 어린이 그림책도 이렇게 슬픈 마음을 위로해 주고 아이들이 슬픈 일을 겪었을 때도 한 걸음 더 성장하도록 도와주는 내용의 책들도 많아지기를 바랍니다.

자신감을 키워주는 책

MR BIG 미스터 빅
Ed Vere 에드 베레
번역서 제목: 내 친구 덩치

    책 표지 한가득 커다란, 그러나 선한 모습의 고릴라가 꽉 채워져 있고, 제목 또한 커다란 글씨로 《미스터 빅MR BIG》이라고 가득가득 채워져 있습니다. 미스터 빅은 바로 이 책의 주인공인 고릴라의 이름입니다. 너무 커서 이름도 미스터 빅인가 봅니다. 미스터 빅은 몸집은 크지만 마음은 매우 여리답니다.

    그렇지만 아무도 그런 그의 속사람은 몰라준 채, 커다란 몸집만 보고 버스에서도 피하고 수영장에서도 피합니다. 아무도 미스터 빅 옆에 오지 않습니다. 미스터 빅이 있는 곳에는 모든 사람이everyone 다른 일을 하는 척했지요. 그래서 미스터 빅은 스스로가 매우 작게small 느껴집니다.

어느 날 고릴라는 자신과 똑같아 보이는 외로운alone 피아노를 발견하고, 그 피아노를 집으로 가져갑니다. 매일 외롭게 피아노를 친구 삼아 연주를 하지요. 그 피아노 소리는 너무나도 아름답게 울려 퍼집니다. 온 동네 가득히. 사람들은 궁금해 합니다. 도대체 이렇게 아름다운 음악을 연주하는 사람은 누구일까. 분명히 멋진 사람일 것이라고 생각합니다.

이제 피아노 연주자가 누구인지는 아주 큰 미스터리big mystery가 되었습니다. 그러던 어느 날, 미스터 빅은 편지를 받게 됩니다. 연주하러 오라는 초대장이었습니다. 미스터 빅은 약속 장소로 갑니다. 그리고 매우 신나게 연주를 합니다. 큰 밴드big band에서. 그날 빅 밴드big band는 엄청난 시간을 보냈습니다hit the big time.

미스터 빅에게는 새로운 문제가 생겼습니다. 혼자 있을 수 있는 시간이 없다는 것이었습니다. 아무도 다른 곳으로 가고 싶어 하지 않았습니다nobody wanted to leave!. 모든 사람이 미스터 빅과 그의 밴드를 만나고 싶어 했기 때문입니다everyone wants to meet them.

《미스터 빅》을 읽을 때는 다른 뜻은 다 알지 못해도 크다big, 작다small, 모든 사람everyone, 아무도nobody만큼은 확실하게 배울 수 있습니다. 여러 번 반복되는 내용도 그렇고, 글자를 보면 big은 크게, small은 작게 인쇄되어 있습니다. 'big'이라는 단어가 나오면 아이들과 온갖 힘을 다해 크게 소리치며 읽습니다. 'small'이라는 단어가 나오면 아이들과 함께 들릴 듯 말 듯한 소리로 속삭입니다. 그러면서 자신감도 불어넣었다가, 다른 사람을 배려하는 연습도 합니다.

반복해서 나오는 'everyone'도 다른 단어들과 구분되도록 크게 강조되어 있습니다. 그러다가 마지막에는 그를 피하던 모든 사람

everyone들이 아무도 nobody 그를 떠나고 싶어 하지 않는다는 것을 말하며, everyone과 nobody의 차이를 알 수 있게 됩니다.

사실 많은 경우 everyone은 긍정적인 맥락에서, nobody는 부정적인 맥락에서 사용한다고 생각하기 쉬운데, 이 책은 그 반대의 경우에 각각의 단어를 사용했다는 것도 흥미롭습니다. 그리고 인생에 대해서도 배웁니다. 때로는 혼자일 때도 있지만, 그렇다고 더욱 움츠려 들지 말고 더 세상 밖으로 나오라고. 나와서 가장 잘 어울리는 모습을 찾으라고 말이지요.

아이들에게는 특히 교우관계가 매우 중요합니다. 심지어 청소년기가 되면 교우관계가 인생의 전부처럼 느껴지기도 하며, 친구 때문에 즐겁고 친구 때문에 울게 됩니다.

그렇지만 때로는 혼자일 때도 있을 수 있습니다. 그럴 때 혼자라는 것을 두려워하지 않기를, 그리고 누구나 다 외모와는 상관없이 내면에 한 가지씩은 아름다운 모습을 지니고 있음을, 아이들이 big이라고 크게 소리 지르며, 또는 small이라고 속삭이며 알 수 있기를 바라며, 오늘도 즐겁게 미스터 빅을 응원합니다.

많은 사람들의 응원 덕분인지, 미스터 빅의 이야기는 그림책으로만 끝난 것이 아니라 《재즈를 연주하는 미스터 빅 Mr Big plays Jazz》이라는 제목으로 실제로 재즈 콘서트로 열리기도 하고, 작가인 에드 베레가 공연장에서 미스터 빅의 그림을 그리는 모습을 보이기도 하며 다양한 모습으로 미스터 빅의 팬들에게 다가가고 있습니다.

미스터 빅을 보면서 생각나는 사람이 또 한 명 있습니다. 바로 린다 수 박 Linda Sue Park 이라는 작가입니다. 미국에서 출생한 한국계 미국인인 그녀는 어렸을 때 미스터 빅처럼 친구들이 없었습니다. 지금

보다 인종차별이 더 확연했던 1960~1970년대 미국에서 어린 시절을 보낸 그녀는 어렸을 때 친구가 없었다고 합니다. 백인들 사이에서 유일한 다른 모습의 동양인 소녀는 놀림감에 불과했습니다.

그렇지만 그녀는 그런 시간을 우울해 하지 않고, 말 그대로 책을 벗 삼아 지냈습니다. 미스터 빅은 피아노를 통해 자신의 속사람과 친구가 되었지만, 그녀는 책으로 그녀의 속사람과 친구가 되었습니다. 그러던 그녀도 미스터 빅처럼 세상 밖으로 나오게 됩니다.

1999년 《시소 소녀Seesaw girl》라는 소설로 등단한 그녀는 그 이후 꾸준히 작품 활동을 하는데요. 2002년 《사금파리 한 조각A Single Shard》으로 미국의 아동문학상인 뉴베리상을 수상하였으며, 2010년 출간한 《우물 파는 아이들A long walk to water》은 뉴욕타임스 베스트셀러가 됩니다. 《우물 파는 아이들》은 한창 내전 중이었던 수단에서 11살의 나이로 탈출한 살바Salvar라는 한 소년의 실화를 바탕으로 한 책입니다.

그녀가 쓴 대부분의 책은《우물 파는 아이들》과 같이 소외계층을, 그리고 미국이라는 국가에서 다른 민족을 주제로 하며 '평등'과 '인권'을 외칩니다. 그녀 자신의 어렸을 때 경험이 밑바탕이 된 것이지요. 그녀는 이제 다른 어떤 미국인 작가보다 미국인이 가장 사랑하는 작가 중 한 사람이 되었습니다.

그녀는 말합니다. 책은 인생을 살아가는 연습을 시켜준다고요books provided me with practice at life. 인생은 불공평하지만, 그녀 자신도 책을 통해서 다른 수많은 사람들이 이런 불공평한 인생을 각각의 방법으로 감사함 속에 살아가는 모습을 보고 배우게 되었고, 이제는 그런 이야기를 책으로 쓰고 있습니다.

몸집이 크다는 이유로 모두가 그를 피하는 불공평한 삶 속에서 혼자 웅크렸던 미스터 빅이 세상에 나와 아름다운 연주를 하는 것과 같이 아이들이 세상을 살아가며 불공평한 상황에 맞닥뜨리더라도 웅크리지 않고 더 큰 세상 밖으로 나오기를 바랍니다. 그리고 용기를 내어 세상 밖으로 나온 미스터 빅을 응원하는 것처럼, 혼자 외로운 시간을 견뎌낸 소녀에서 가장 영향력 있는 작가로 변한 린다 수 박을 응원합니다.

작가 소개

에드 비어 Ed Vere

굵은 선의 간결하고 선명한 색의 그림을 위주로 이야기책을 만들어 가는 에드 베레는 아이들이 내용뿐만 아니라 그림도 매우 좋아하는 작가입니다. 그의 그림책들은 그림과 이야기 모두 아이들이 빠져들 수밖에 없게 만듭니다. 런던의 캠버웰 미대 Camberwell School of Art를 졸업한 후에 《The Getaway》라는 책으로 데뷔했습니다.

2007년 하이랜드 어린이책 상 Highland Children's Book Award을 수상한 뒤, 케이트 그린어웨이 상에 후보로 오른 《바나나 Banana》, 북트러스트의 공식 책으로 추천된 《미스터 빅 MR BIG》, 북트러스트 수상작으로 선정된 팝업 책인 《삐약 Chick》, 로알드 달 유머 상 Roald Dahl Funny Prize 후보에 오른 《괴물들의 잠자리 Bedtime for Monsters》, 그리고 최근에 출간된 《용감한 맥스 Max the Brave》와 《한밤중의 맥스 Max at Night》, 《심술궂은 개구리 Grumpy Frog》, 《사자가 되는 법 How to be a lion》까지 매우 활발한 활동을 하고 있습니다.

그중 《미스터 빅》은 북트러스트를 통해 영국의 75만 명의 어린이들에게 전달되었습니다. 단행본 그림책 중에서 가장 많은 부수를 인쇄한 책입니다. 《용감한 맥스》는 12개국 언어로 번역되고 〈선데이 타임스 The Sunday Times〉에서 선정한 '현대 아동 고전 100선 100 Modern Children's Classics' 목록에도 오르게 됩니다.

이렇게 영국 어린이들에게 사랑받는 베스트셀러 그림책을 연달아 출간한 에드 베레는 그림책 집필 활동뿐만 아니라 매우 다양한 활동을 하며 그의 역량을 마음껏 펼치고 있습니다. 2009년에는 영국 '세계 책의 날World Book Day'의 공식 일러스트레이터로 활동했습니다. 브라질, 멕시코, 인도 등지의 많은 책 축제에도 활발히 참여하는 등 국경을 넘나들며 발로 뛰는 화려한 활약을 펼치고 있습니다.

그 외에도 TV 시리즈 제작에도 참여하고 있으며 영국의 예술 재단 Art Council 후원으로 '그림의 힘Power of Pictures'이라는 프로젝트 등에서도 활동하고 있습니다. 이 프로젝트는 초등학교의 시각 문해학 수업Visual Literacy을 아이들이 흥미를 느낄 수 있도록 교사를 교육시키는 활동입니다.

또 한 가지 그의 두드러진 활동은 그림책을 그림책으로만 끝내는 것이 아니라 이렇게 다양한 활동과 접목시킬 뿐 아니라 이야기를 담은 음악회를 열어 아이들이 책을 볼 때 오감을 사용해서 볼 수 있도록 하는 창작활동을 하고 있다는 것입니다. 그러니 아이들이 에드 베레를 친근하게 느끼며 좋아할 수밖에 없는 것 같습니다.

저도 《미스터 빅》이라는 책을 가족 문해학Family Literacy 수업을 들을 때 알게 되었는데요. 이 책을 읽으면서 단순히 책을 소리 내어 아이들에게 읽어주는 것이 아니라 온몸으로 책 읽는 법을 배우게 되었습니다. 그 방법을 적용했더니 아이들이 그림책을 더욱더 재미있게 봤습니다. 《미스터 빅》은 우리 아이들이 가장 좋아하는 책 중 하나가 된 것은 두말 할 필요도 없고요.

출처: http://www.edvere.com

작가 소개

레베카 콥 Rebecca Cobb

낙서한 듯하면서도 조용조용한, 연약한 듯하면서도 많은 것을 말하는 그녀의 그림을 보고 있으면 마음이 차분해집니다. 그렇습니다. 그녀의 그림은 주로 하얀 배경을 바탕으로 깔끔하면서도 얼기설기 펜으로 그린 그림이 하얀색의 적막을 깨며 이야기하고 있습니다.

레베카 콥은 줄리아 도널드슨과 함께 많은 작업을 하는 그림 작가 중 한 명입니다. 같은 줄리아 도널드슨의 이야기여도 그녀의 손을 거친 그림이 입혀지면 그 느낌이 완전히 달라집니다. 2004년 팔마우스 미대 Falmouth College of Arts를 졸업하고, 줄리아 도널드슨, 리차드 커티스 Richard Curtis 등의 그림책 작가 및 웨이트로즈 Waitrose 마트, 〈가디언 The Guardian〉지 등과 여러 공동작업을 하며 활동 범위를 넓히기 시작했습니다.

그림책 활동뿐만 아니라 이렇게 다양한 기업에서 일러스트레이터로 활동한 덕분에 그녀의 그림은 책에서만이 아닌, 일상생활 속에서도 익숙하게 볼 수 있어서 매우 반갑습니다.

이렇게 미대 졸업 후 그림책에만 한정짓지 않고 다양한 분야에서 일러스트레이터로서 활동을 하던 그녀에게 그림책 작가로서의 입지를 굳히는 계기가 드디어 생기게 됩니다. 바로 2011년 가족과 사별한 아이들 모임 The Child Bereavement Charity의 후원으로 그녀의 첫 번째 글과 그림이 실린 그림책 독립작품인 《보고 싶은 엄마 Missing Mummy》

를 출간하게 되는 것이죠.

이 책이 출간되자 비로소 그녀는 그림 작가뿐만 아니라 스토리텔링 작가로서의 능력도 인정받게 됩니다. 그녀의 글 역시 그녀의 그림만큼이나 깔끔하면서도 강인하니까요. 그리고 2년 후 2013년에는 《점심시간Lunch Time》이라는 그림책으로 신인 그림책 작가에게 주는 워터스톤즈 어린이책 상Waterstones Children's Book Prize을 수상하게 됩니다.

그 후로도 꾸준히 다른 작가들과 공동작업도 했지만 《아멜리아 이모Aunt Amelia》, 《어떤 것The Something》과 같은 독립 작품을 연이어 출간하며 많은 어린이와 부모 팬들의 지지를 받게 됩니다. 그녀의 그림은 아이들에게는 낙서처럼 보여서 친숙합니다. 그리고 말로는 설명할 수 없는 뭔지 모르는 무언가가 어른들의 마음도 만져주는 것 같습니다.

그림뿐만 아니라 그녀의 글도 마음을 따뜻하게 어루만져주는 힘이 있습니다. 그래서 그녀의 작품에 점점 더 빠져들게 됩니다. 지금은 영국 콘월Cornwall 지방에서 세 살짜리 아들과 함께 살고 있습니다.

이제 그녀는 어린이 팬들만을 위해서가 아닌, 그녀의 아들을 위한 그림책을 계속 만들겠지요. 그래서 앞으로 그녀의 작품 활동이 더욱 더 기대됩니다. 자신의 아들에게는 어떤 이야기를 들려주고, 어떤 그림을 보여줄지 말이에요.

궁금해요

질문 3. 어떤 책을 골라야 하죠?

이 세상에는 정말 많은 책이 있습니다. 아이들 책도 셀 수 없이 많이 쏟아져 나오고 있습니다. 그 많은 책들 중에서 어떤 책을 읽어야 할지 정말 어렵습니다.

"I was born with a reading list I will never finish."
(저는 절대 끝내지 못할 도서목록을 가지고 태어났습니다.)

영국의 동네 도서관 게시판에 붙어 있던 문구입니다. 누가 한 말인지 매우 공감이 가더군요. 저는 초등학교 입학 전부터도 어딜 가든 책을 옆에 끼고 살던 아이였습니다. 책이 참 재미있었습니다. 어쩌면 그 시절에는 스마트폰이 없어서 그랬을 수도 있지만요. 스마트폰이 없던 시절에 태어난 것이 때로는 정말 다행이다 싶기도 합니다. 덕분에 어린 시절에 주위 어른들에게 칭찬을 곧잘 받곤 했습니다.

이십대 시절 할 일도 많고, 하고 싶은 것도 많은데, 신간 서적은 끊임없이 나오는 것을 보며, 책을 읽고 또 읽어도 이 많은 베스트셀러들을 다 못 읽을 것 같다는 생각에 한동안 책 보는 것을 포기했었습니다. 절대 이루지 못할 꿈이라는 생각에, 오르지 못할 나무는 쳐다보지도 말자며, 한동안 책 욕심을 접어두었습니다. 그래서 저 문구를 보자마자 저는 매우 공감이 갔습니다. 그렇지만 책을 많이 본 경험은 적잖은 도움이 된 것은 사실입니다. 선생님이 시켜서 억지로 읽었던 필독서이든, 밤을 새워가며 읽던 무협지이건 말이에요.

그런데 이렇게 쏟아지는 책들 중에서 아이들에게 정말 좋은 책을 골라서 읽게 해주는 것은 매우 중요한 것 같습니다. 더군다나 남의 나라 말로 된 책이라면 더욱 신경 써야겠지요. 전집이나 꾸러미로 책을 사는 것도 방법이지만 좋은 책들 중 아이가 흥미로워하는 책을 직접 고르게 하는 것도 매우 좋은 방법이라는 것은 이미 많은 부모들이 알고 있습니다.

그러나 아이들에게 영어 책을 골라줄 때는 어떤 기준으로 골라야 할까요? 단순히 수상작이나 베스트셀러면 될까요? 아니면 아이가 좋아하는 것 위주로 보여주면 될까요? 아이들에게 어떤 영어 책을 골라주어야 하는지 고민하는 분들에게 영어 그림책 고르는 팁을 알려 드리고자 합니다.

첫 번째, 반복이 많은 책

아직 영어가 익숙하지 않은 아이들에게는 책 한 권에 다양한 표현이 있는 것보다는 같은 표현이나 문장이 여러 번 반복되는 책을 읽는 것이 좋습니다. 그리고 다행히 영어 그림책은 이렇게 같은 문장이 여러 번 반복되는 책들이 많습니다. 에릭 칼의 《브라운 베어》가 그 대표적인 예이죠. Brown bear brown bear what do you see?(갈색 곰아 갈색 곰아 무엇을 보고 있니?) / I see.. (내가 보는 것은…)의 두 문장만이 반복되며 곰이 보는 동물만 바뀌는 내용이라는 것은 너무나도 유명하지요.

영어를 좋아하지 않는다고 말하는 재우도 이 책은 수도 없이 많이 보았고, 알파벳을 읽을 줄 몰라도 제가 읽어주면 함께 문장을 따라합니다. 책이 재미있고 그림이 재미있고 엄마가 읽어주는 것이 좋아서 어느 순간부터 따라하기 시작한 것이겠지요?

에릭 칼의 그림책들과 마찬가지로 레이첼 웰즈Rachel Wells라는 그림 작가와 공동 작업을 한 피오나 와트Fiona Watt라는 작가의 그림책들도 페이지마다 같은 문장이 반복되어 영어를 처음 접하는 아이들이 부담 없이 접할 수 있는 책들입니다. 피오나 와트의 《내 곰 인형이 아니야That's not my teddy...》,《내 요정이 아니야…That's not my fairy...》, 《내 아기가 아니야…That's not my baby...》,《내 호랑이가 아니야…That's not my tiger...》 등은 모두 "It's not my…"와 "Its ___ is too ___."라는 두 문장만으로 이루어진 책들입니다.

그 외에도 수많은 영어 그림책 작가들이 이렇게 반복되는 문장을 사용하고 있습니다. 저는 영어 그림책을 아이들에게 읽어줄 때, 아이들이 책 속의 모든 문장을 다 습득하기를 기대하지는 않습니다. 대신 각각의 책마다 가장 많이 반복되거나 가장 주요하게 표현하는 문장 한두 가지만 아이가 익혀서 그것을 아이가 스스로 말할 수 있다면, 그 책의 역할은 그 정도만으로도 충분하다고 생각합니다.

아직은 어린 아이들이고 영어에 흥미를 붙여야 할 나이이지, 영어 지문을 읽고 얼마나 이해했는지를 시험하는 나이는 아니잖아요. 그렇지만 반복 학습은 중요하다는 것은 모두 알고 있습니다. 아이가 처음 한국어를 배울 때도 엄마는 알게 모르게 똑같은 말을 반복해서 알려주고, 그러면 아이는 그 말을 따라서 배우게 됩니다. 아이와 영어로 대화까지는 하지 않더라도 책을 보며 똑같은 문장을 계속해서 반복해서 읽어준다면, 어느새 아이는 그 말을 따라하게 되며, 언제 어떤 상황에서 쓰이게 되는지도 자연스럽게 알게 된답니다.

두 번째, 의성어·의태어가 많은 책

《Toddle Waddle》을 소개할 때도 설명했지만, 의성어·의태어는 아이들이 가장 부담 없이 접근할 수 있는 소재입니다. 우선 그 소리가 재미있으니까요. 한국어에도 수많은 의성어와 의태어가 있지만, 영어의 의성어와 의태어는 한국어의 의성어·의태어와는 다른 소리로 표현합니다. 한국어로 돼지는 '꿀꿀'하지만 영어로는 '오잉크oink'라고 하니 달라도 정말 다르지요. 그렇지만 그래서 아이들은 더 재미있어 합니다.

그리고 명사와 같은 단어나 문법이 아니기 때문에 아이들이 놀이처럼 배울 수 있다는 장점도 있습니다. 저희 아이들이 영국에 있을 때도 아이들이 영어에서 가장 빨리 배운 것들이 바로 이런 의성어·의태어였습니다. 기차 소리를 영어로 알려주지도 않았는데 박물관에 가서 기차 모형을 보고서는 '칙칙폭폭'이 아닌, 'Choo choo'라고 하더군요. 길거리에서 강아지를 만나도 '멍멍'이 아닌, 'woof, woof'라고 하고요.

한국에 돌아와서는 한국식 의성어·의태어로 표현하는 방법이 바뀌긴 했지만, 어려서 그렇게 배운 영어식 의성어·의태어도 잊어버리지 않고 있습니다. 이렇게 재미있는 표현이 많은 의성어·의태어를 한국어뿐만 아니라 영어로도 아이들이 동시에 표현할 수 있다면, 아이들의 표현력은 월등해지겠지요?

세 번째, 운율이 많은 책

영어 문학 작품, 특히 시(時)나 어린이 책은 운율을 빼고는 설명할 수 없을 정도로 영어에서는 운율rhyme이 중요합니다. 그리고 이런 운율로 완벽하게 조화를 이루어 수많은 그림책을 탄생시킨 줄리아 도널드슨을 두고 '언어의 마술사'라며 제가 감탄을 하는 것이고요. 줄리아 도널드슨의 그림책만 보아도 아마 영어의 운율은 별도로 공부하지 않아도 될 것 같습니다.

그렇지만 영어 그림책에서 운율을 훌륭하게 사용한 작가는 줄리아 도널드슨 외에도 수없이 많습니다. 대표적인 예로는 마가렛 와이즈 브라운Margaret Wise Brown의 《Good Night Moon》, 앨런 알버그Allan Ahlberg의 《Each Peach Pear Plum》, 린리 도드Lynley Dodd의 《Hairy Maclary》 시리즈, 그리고 그 외에도 정말 많은 영어 그림책 작가들이 운율에 매우 신경을 써서 작품을 만듭니다.

그리고 이렇게 많은 영어 운율 책을 접할수록 아이들과 더욱 쉽게 운율 게임도 할 수 있고, 아는 운율이 많아질수록 게임이 더욱 재미있어지겠지요. 그러면서 어느 순간, 아이는 운율을 통해 영어와 조금 더 친해져 있을 것입니다. 줄리아 도널드슨의 운율 마법에 빠진 저희 아이들은 똑같은 줄리아 도널드슨 책이지만 한국어로 번역된 책은 영어책보다 재미가 없다고 말합니다. 이것은 번역이 잘 되고 안 되고 문제가 아니라, 줄리아 도널드슨 책을 보며 자란 저희 아이들은 이미 그 책의 운율에 재미를 붙였는데, 한국어에서는 영어와는 다른 한국어의 특성상 영어의 운율을 그대로 살릴 수 없기 때문에 재미가 덜한 것이지요.

그렇지만 줄리아 도널드슨의 책들은 영어로 수도 없이 보아서 그런지 매우 좋아합니다. 한국어로 번역된 그녀의 책을 만나면 더할 나위 없이 반가워하며 바로 집어들곤 합니다.

네 번째, 호기심과 상상력을 자극하는 책

모든 책은 호기심과 상상력을 자극합니다. 어른들이 보는 소설도 그렇고요, 아이들 책은 더더욱 그렇습니다. 그리고 대부분의 그림책 작가들은 아이들의 호기심과 상상력을 자극하기 위해 노력을 기울여 책을 만듭니다. 책 속에서는 무엇이든 가능합니다. 동물과 이야기를 할 수도 있고 우주여행을 할 수도 있습니다. 때로는 다음 페이지에 나오는 그림이나 내용은 앞 페이지에서 상상하던 것과는 전혀 다른 반전이 나타나기도 하며 즐거움을 줍니다.

책을 통해서 우리는 살지 못하는 다른 삶을 체험하기도 합니다. 그래서 더욱더 영어 그림책을 읽어주어야 합니다. 영어 그림책이 아닌, 영어 교재로만 영어를 배우는 아이들은 따분한 문법이나 회화 위주의 수업을 하면서 영어로 이런 상상력을 자극할 기회를 많이 접할 수 없기 때문이죠. 상상력을 자극하는 책은 다음 장에서 몇 권 소개하겠습니다.

다섯 번째. 예측이 가능한 책

상상력과 호기심을 자극하는 책들을 위주로 골라야 하는데, 예측이 가능한 책이라니요. 뭔가 앞뒤가 안 맞는 것도 같지만, 예측이 가능하면서도 상상력과 호기심을 자극할 수도 있습니다. 사실 제가 아이들과 책을 볼 때 가장 유심히 보는 페이지는 바로 첫 페이지입니다. 첫 페이지의 그림을 보며 아이들과 그림에 대해서 이야기를 하고, 내용은 제가 읽더라도 제목만큼은 아이에게 읽게 하며, 그 제목이 무슨 내용을 뜻하는지, 제목을 보면 무엇이 생각나는지 등에 대하여 책을 본격적으로 읽기 전에 워밍업처럼 생각을 나눕니다.

그러면 아이들은 아무 정보 없이 책을 접하는 것이 아니라 그 책 속에 펼쳐질 이야기에 대해 예측을 하게 되는 것이지요. 아무리 반전이 있다고 하더라도, 책의 제목은 책의 내용이 어떻게 전개될지에 대해 알려주는 확실한 이정표와 같습니다. 그래서 예측이 가능한 책을 골라야 한다는 것이지요. 책 제목과 책 내용이 전혀 상관없는 책이라면, 그 책을 아이들과 함께 읽어야 할지 한번쯤은 고민해볼 일입니다.

여섯 번째. 그림이 좋은 책

아이들이 책을 고르는 기준이 무엇인지 아시나요? 아이들은 책 제목이나 책 내용을 보고 그림책을 고르는 것이 아니라, 바로 책 표지를 보고 책을 고릅니다. 그만큼 책 표지가 중요한데요. 그중에서도 그림이 중요합니다. 마찬가지로 영어 그림책들은 칼데콧 상과 같이 일러스트나 그림 상이 별도로 있을 만큼 그림을 중요하게 생각합니다.

그림책 속의 그림은 책의 글과는 별개로 또 다른 하나의 작품입니다. 그림 역시 단순한 영어 교재에서는 볼 수 없는 훌륭한 그림들을 그림책에서는 볼 수 있습니다. 그래서 다양한 화가의 그림을 쉽게 접할 수 있는 그런 그림책들을 많이 보는 것도 아이들에게는 또 다른 종류의 배움이 될 수 있습니다.

그런데 아이들마다 선호하는 그림 스타일이 다릅니다. 저는 아이들에게 책을 읽어줄 때, 내용도 중요하지만 그림도 중요하다고 생각합니다. 아이들이 책 내용을 몰라서 책을 고를 때 결정을 못한다면, 적어도 그림책의 그림을 고르는 데 있어서는 아이들의 의견을 존중해주는 것도 좋은 방법이 아닐까요?

아이들을 서점에 데리고 가서 다양한 책 중에서 책을 고르라고 한다면, 아이들의 기준은 책의 내용이 아닌, 책 겉표지의 그림이 될 것입니다. 주로 본인이 좋아하는 스타일의 그림이나 본인이 좋아하는 주제가 있는 그림이 그려진 책을 고릅니다.

어떤 아이들은 에드 베레의 굵은 선과 선명한 색상의 그림을 좋아할 것이고, 어떤 아이들은 레베카 콥의 깔끔하면서도 낙서 같은 그림을 좋아할 것입니다. 어떤 아이들은 간결한 미피의 그림을, 또 어떤 아이들은 앤서니 브라운의 사실적이면서도 곳곳에 재치가 숨어 있는 그림을 선택할 것입니다. 선택은 아이들이 하게 해준다면 아이들은 엄마가 골라준 책보다 스스로 선택한 그 책에 더욱 애착을 갖게 되겠지요.

우리 아이들은 그림책을 고르라고 하면 어떤 경우에는 아이들이 고르지 않았으면 하는 어벤져스가 그려진 그림책만 가져오기도 하지만, 그런 일이 매번 있는 것은 아니므로 그 선택을 존중해주려고 노력합니다. 이럴 때 아이들이 주도권을 갖지 않으면 또 언제 주도권을 갖겠어요. 대부분의 일상생활에서 아이들은 선택권이 없는데요. 이렇게 책을 계기로 또 서로 존중하는 연습도 하는 것이지요.

일곱 번째, 유머 또는 감동을 주는 책

책을 고를 때 가장 중요한 요소 중 하나입니다. 유머나 감동이 없는 따분한 책을 어떻게 보겠어요. 유머가 잔뜩 있는 책은 아이들과 함께 책을 보며 한없이 깔깔대며 웃을 수 있어서 참 좋습니다. 그런데 어떤 그림책들은 아이들은 볼 때 그냥 보지만 읽어주는 제가 감동에 겨워 울컥 하는 책들도 있습니다. 이렇게 아이들과 그림책을 보다 보면 제 마음 또한 힐링되는 것을 느낄 때가 종종 있습니다.

그렇다면 책을 고를 때 피해야 할 것은 무엇일까요?

책 제목과 내용이 맞지 않는 책은 고민해볼 필요가 있다고 했지만, 사실 그런 책은 그리 많지 않습니다. 그러나 영어가 모국어가 아닌 아이들이 영어 그림책을 읽어야 할 때 그다지 바람직하지 않은 책들이 있는데, 바로 합성어를 사용한 책들입니다. 예를 들면 엠마 도드 Emma Dodd라는 작가의 《신데렐레펀트 Cinderelephant》라는 책이 있습니다. 제목에서 볼 수 있듯이 코끼리가 신데렐라가 되는 내용입니다.

신데렐라Cinderela와 코끼리elephant라는 두 단어를 합성하여 새로운 단어를 만들었고, 전혀 어울리지 않는 코끼리를 신데렐라처럼 만들어 주인공으로 다루며 유머를 더하는 책입니다.

영어가 모국어인 아이들이 이 책을 읽는 것에는 전혀 문제가 없습니다. 신데렐라Cinderela와 코끼리elephant라는 두 개의 다른 단어를 합하여 전혀 존재하지 않는 하나의 단어를 만들었다는 것쯤은 영어가 모국어인 아이들은 설명하지 않아도 알 수 있습니다. 오히려 신데렐라와 코끼리가 합해졌다는 것에 더 재미있어 하지요.

그렇지만 영어가 모국어가 아닌 아이들은 'Cinderelephant'라는, 이 세상에는 존재하지 않는 단어를 아직 배울 필요는 없겠지요. 정확한 표현을 배워야 할 단계에서 헷갈리는 내용은 가급적이면 접하지 않는 것이 좋을 것 같습니다. 나중에 영어가 편해지고 나서 이런 내용을 접해도 나쁘지 않을 것입니다.

궁금해요

질문 4. 언제부터 영어 그림책을
읽어주면 될까요?

많은 부모들이 궁금해 하는 질문 중 하나입니다. 도대체 언제부터 영어 그림책을 읽어주면 되는지. 신생아 때부터 읽어주어도 되는지, 아니면 어느 정도 영어를 조금이라도 배우고 이해할 때쯤부터 읽어주는 것이 좋은지. 정답은 없습니다.

그렇지만 저의 경우에는 신생아 때부터 영어 그림책과 한국어 그림책을 같이 읽어주었고, 지금까지도 계속 해 오고 있습니다. 그런데 아기 때부터 이렇게 매일 두 가지 언어로 책을 보는 것이 습관이 되자 영어 책을 보는 것에도 전혀 거부감이 없다는 것이 가장 큰 장점입니다.

언제 시작하는지보다 더 중요한 것은 한번 시작하고 나서는 얼마나 꾸준히 지속되느냐입니다. 그렇지만 엄마와 함께 영어 그림책을 읽는 것은 우리 집에서는 매일 식사를 하고 세수를 하는 것과 같이 매우 자연스러운 일입니다. 물론 처음 시작하기는 쉽지 않을 수도 있습니다. 매일 한국어 책과 영어 책을 한 권 이상 읽어온 저희 아이들에게 가장 싫은 벌은 '자기 전에 책을 읽어주지 않는다'는 것입니다. '오늘은 책 안 읽어준다'고 하면 금세 고분고분해지고요.

심지어는 타협을 하며 어떤 약속을 지키지 않았으니 한국어 책만 읽고 영어 책은 안 읽겠다고 하면 그것도 싫어합니다. 이렇게 영어 책이 어느새 아이들의 일상생활 속에 자리 잡은 것만으로도 저는 기쁩니다.

지금까지 영어책을 읽어주지 않다가 이제부터 시작하려면 할 수도 있지만 지금까지 하던 일이 아니기 때문에 아이들이 영어 책을 매일 읽는다는 것을 처음부터 당연하게 받아들이기 쉽지 않을 수도 있습니다. 아직 습관이 되지 않은 아이들이라면 편한 한국어를 놔두고 굳이 이해 안 가는 영어 책을 보려고 하지 않을 수도 있습니다.

그렇지만 한 번 이렇게 습관으로 자리 잡고 나면, 아이들에게도 매우 당연한 일과가 됩니다. 그러면 어느 날 갑자기 영어 지문을 독해하라고 시험지를 내놓아도 당황하지 않게 되겠지요.

우리 아이가 읽은 도서목록 II: 감정이 풍부해지는 그림책 편

1
- 제목:
- 지은이:
- 날짜:
- 주인공:
- 내용:
- 가장 많이 사용된 표현:

2
- 제목:
- 지은이:
- 날짜:
- 주인공:
- 내용:
- 가장 많이 사용된 표현:

3
- 제목:
- 지은이:
- 날짜:
- 주인공:
- 내용:
- 가장 많이 사용된 표현:

4
- 제목:
- 지은이:
- 날짜:
- 주인공:
- 내용:
- 가장 많이 사용된 표현:

5
- 제목:
- 지은이:
- 날짜:
- 주인공:
- 내용:
- 가장 많이 사용된 표현:

세 번째
아이의 상상력이
커지는 그림책

과연 상어일까?
상상력을 발휘해야 하는 책

Shark in the Park! 샤크 인 더 파크
Nick Sharratt 닉 샤렛

두둥, 두둥, 두둥

표지부터 마치 영화 〈조스〉에 나오는 상어를 연상시키는 그림으로 장식되어 있습니다. 제목인 《Shark in the Park!(공원에 상어가 있어!)》도 Shark(상어)와 Park(공원)라는 글씨가 커다랗게 보이며 소리를 지르는 듯합니다. 운율을 이루는 샤크와 파크를 함께 사용했다는 것에 소리도 재미있지만, 제목 뜻을 다시 생각해 보면 어떻게 공원에 상어가 있다는 말인지 상상이 가질 않습니다. 그리고 첫 장을 열어봅니다.

티모시 포프라는 평범한 남자아이가 아빠와 공원에 갔어요. 새로 산 장난감 망원경telescope으로 하늘sky, 땅ground, 오른쪽right, 왼쪽left, 그리고 주위를 두리번거리다가he looks all around 상어 지느러미 같은 것을 발견하고 큰소리를 지릅니다. "THERE'S A SHARK IN THE PARK!(공원에 상어가 있어요!)" 어떻게 큰소리를 질렀는지 아냐고요? 바로 "THERE'S A SHARK IN THE PARK!"라는 문장이 대문자로, 그것도 아주 아주 크게 쓰여 있기 때문이지요. 티모시 포프가 발견한 이것은 과연 상어가 맞을까요? 뒷장을 넘기면 답이 있답니다.

이러한 똑같은 형식이 몇 차례 반복되는 이 이야기는 단순하면서도 아이들의 상상력을 자극합니다. 상어 지느러미 부분만 살짝 보이게 해놓고, 과연 공원에서 발견한 이것이 상어가 맞는지, 아이들은 궁금해서 어쩔 줄 모릅니다. 매번 발견한 것은 상어가 아닌, 공원에서 볼 수 있는 다른 물건입니다. 페이지를 넘길 때마다 아이들은 다음에 나오는 것이 무엇인지 이것저것 신나게 맞춰봅니다. 맞을 때도 있지만 틀릴 때도 마냥 재미있기만 합니다. 아이들이 말한 것이 정답이 아니어도 상관없으니까요. 그러면서 망원경으로 보이는 지느러미가 나올 때는 아이들도 티모시가 되어 함께 소리를 지릅니다. "THERE'S A SHARK IN THE PARK!"라고.

몇 번을 보고 또 봐도 아이들에게는 재미있기만 한 책입니다. 영어가 싫다고 하는 재우도 "THERE'S A SHARK IN THE PARK!"만큼은 신나게 소리 지릅니다. 계속해서 반복되는 문장인 "Timothy Pope is looking through his telescope(티모시 포프가 망원경으로 보고 있어요)." "He looks at the sky(하늘을 보고 있어요)." "He looks at the ground(땅을 보고 있어요)." "He looks left and right(왼쪽 오른쪽을 보고 있어요)." "He looks all around(주위를 빙 둘러보고 있어요)."라는 문장들이 페이지마다 반복되어서 여러 번 읽다보면 아이들도 언젠가부터 함께 따라하게 된답니다. 행동까지 곁들이면서요.

아이들과 이 책을 보며 단순히 읽기에서 더 나아가 아이들과 함께 우리들만의 상어를 만들어보기도 했습니다. 종이 두 장을 겹쳐 책에서 나온 것처럼 한 가운데 동그란 구멍을 뚫고 구멍에 보이는 상어 지느러미만 그려주었습니다. 그리고 아이들에게 상어 대신 생각할 수 있는 다른 것은 무엇이 있는지 마음껏 그리라고 했습니다. 마녀 모자가 나오기도 하고 순록 뿔이 그려지기도 하고 배트맨 날개가 그려지기도 합니다. 그러면서 깔깔대며, 아이들은 "THERE'S A SHARK IN THE PARK!"가 아닌, "THERE'S A WITCH IN THE PARK!", "THERE'S A BATMAN IN THE PARK!"라며 마음껏 소리를 지릅니다. 이렇게 "There's ~ in the ~."를 자연스럽게 익히고 응용하게 되는 것이지요.

《Shark in the Park》는 이 책 한 권으로 끝나는 것이 아니라 《Shark in the Park on a rainy day》, 《Shark in the dark》 등 시리즈로 있고, 시리즈별로 상어 대신 기발한 다른 아이디어를 볼 수 있습니다. 운율과 문법도 재미있게 익히며 다음 페이지가 궁금해서 못 견디게 만드는 이 책은 정말 기발한 책이 아닐 수 없습니다.

 　　　　　　　　　웃지 않을 수 없어!

STILL STUCK 스틸 스턱
Yoshitake Shinsuke 요시타케 신스케
번역서 제목: 벗지 말걸 그랬어

흔히들 외국어를 배울 때 외국어로 하는 유머를 알아들을 정도가 되면 외국어를 원어민 수준으로 습득한 것이라고 하지요. 그만큼 유머는 각 나라마다 문화마다 다릅니다. 그러나 국적이나 문화와 상관없이 전 세계에 통용되는 유머 코드도 있습니다. 그리고 그것은 어린이 그림책일수록 더더욱 잘 통하는 것 같습니다.

한국에도《벗지 말걸 그랬어》,《심심해》등의 어린이책 베스트셀러 작가로 유명한 일본인 작가 요시타게 신스케의 유머 감각은 그 어느 누구도 따라갈 수가 없는 것 같습니다. 그림책의 그림도 만화처럼 간결하고 문장도 짤막짤막하지만 웃지 않을 수 없게 만듭니다. 그의 재치 있는 이야기들은 일본을 넘어 한국뿐만 아니라 영어로도 번역되어 영어권 국가에서까지도 사랑받는 작품이 되었습니다.

그중 한국어로는 《벗지 말걸 그랬어》라는 제목으로 출간된 책은 영어로는 《STILL STUCK》이라는 제목으로 영문 번역되었고, 그 재치만점인 책은 영국의 북트러스트에도 추천목록으로 올랐을 정도이니까요.

어느 날 옷을 벗다가 옷이 머리에 걸려 옷을 벗을 수 없는 아이가 앞으로 평생 옷을 벗지 못한 상태로 살게 되면 어떻게 될지 천만 가지 상상을 하는데, 그 상상하는 내용이 너무나도 터무니없어 보는 이들로 하여금 배꼽을 잡고 웃게 만듭니다. 옷을 벗지 못해도 훌륭한 사람이 된 사람이 있을 거라는 둥, 또 다른 옷을 벗지 못한 아이를 금세 알아볼 수 있을 거라는 둥, 말도 안 되는 상상을 하는 거지요.

이 책을 처음 봤을 때, 우리 아이들은 페이지를 넘길 때마다 너무 웃기다며 떼굴떼굴 굴렀습니다. 몇 번을 보고 또 봐도 질리지 않나 봅니다. 이 책은 한국어로 먼저 접했었는데 너무 재미있게 봐서인지 영어로 번역된 책을 나중에 알게 되어 영어 번역본을 한국어 책을 본 이후에 보여주었는데도 영어로 된 이야기도 매우 유쾌하게 보면서 한 장 한 장 넘겼답니다. 아직도 머리에 옷이 걸려서 벗을 때 낑낑거리는 일은 아이들에게 종종 있는 일이니까요.

그런데 이 책은 내용도 내용이지만 번역본을 대조해보면 가장 눈에 띄는 것이 바로 제목입니다. 일본어로는 《もうぬげない》라고 해서 직역하면 '아직도 벗을 수 없어'이지만 한국어로는 《벗지 말걸 그랬어》라고, 영어로는 《STILL STUCK》, 즉 '아직도 끼었어'라고 번역되었습니다. 한국어 제목도 한국의 정서를 반영하여 매우 잘 번역되었다고 생각합니다.

　그런데 영어로는 "Still cannot take off my cloth"라든가 "Trouble with my cloth"와 같은 문장식으로 번역된 것이 아니라 매우 간결하게 "Still stuck"이라고 번역을 하며 단 두 단어만을 사용했는데, 이렇게 짧고 간결하게 번역된 것이 아이들이 볼 때도 더 쉽게 뇌리에 박혔던 것 같습니다.

　이 책을 영어로 보고 난 후, 아이들이 옷을 벗을 때 옷이 머리에 걸리면 한국어로 "벗지 말걸 그랬어!"라고 하는 것이 아니라 영어로 "still stuck"이라며 짧고 간결하게, 깔깔거리며 소리 지르곤 합니다. 원작도 매우 훌륭하지만, 영어로 된 번역본도 그 내용을 간결하면서도 강렬하게 전달하는 것 같습니다. 이렇게 국적을 초월하여 유머 코드를 전해주는 요시타케 신스케 작가의 다음 작품은 또 어떤 웃음을 선사할지 살짝 기대해봅니다.

12

책을 읽지 않는 아이를 위한 책

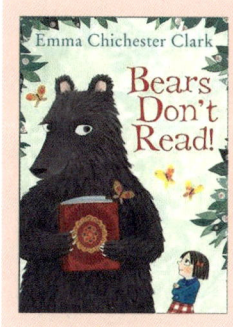

Bears Don't Read! 베어스 돈 리드
Emma Chichester Clark 에마 치체스터 클라크
번역서 제목: 책을 읽는 곰

한국에는 '소가 된 게으름뱅이' 이야기가 있습니다. 그리고 그 이야기는 누워서 밥 먹으면 소가 된다고 아이들에게 말합니다. 다시 말해 소가 되지 않으려면 밥 먹을 때 똑바로 앉아서 먹으라고 가르쳐주지요. 분명 아이들에게 좋은 습관을 들이기 위해서 동물을 등장시킨 것이겠지요.

영국에는 'Bears Don't Read!(곰들은 책을 읽지 않아!)'라는 이야기가 있습니다. 작가는 아이들에게 책을 읽지 않는 아이들은 곰 같다는 말을 하고 싶었던 것 같습니다. 그리고 곰처럼 되지 않으려면 책을 읽으라고 동기를 부여하려고 했던 것 같습니다.

책 읽기를 강조하는 책들은 이 책 외에도 굉장히 많이 있습니다. 올리버 제퍼스Oliver Jeffers의 《와작와작 꿀꺽 책 먹는 아이The Incredible Book Eating Boy》, 안나 맥퀸Anna McQuinn의 《룰루는 도서관을 사랑해Lulu Loves the Library》, 리차드 바이어른Richard Byrne의 《우리는 잘못된 책에 있어! We're In The Wrong Book!》, 엠마 야렛Emma Yarlett의 《책 괴물 니블스Nibbles: The Book Monster》 등도 이제 막 글을 배우기 시작하는 단계인 아이들에게 책을 읽는 것을 강조하는 이야기를 재미있게 풀어나갑니다.

모두 우수한 내용들이지만 곰들은 책을 읽지 않는다는 반어법의 이 제목은 유독 저의 눈길을 끌었습니다. 그런데 책장을 넘겨보니, 책을 읽지 않으면 곰처럼 된다는 이야기가 아니라, 우연히 주운 책을 너무너무 읽고 싶어 하는 특별한 곰 조지가 책을 읽기 위해 글자를 배우는 특별한 모험을 하는 이야기였답니다.

조지는 다른 곰들처럼 낚시를 하거나 똑같은 이야기로 계속 수다를 떠는 것으로 만족하지 않습니다. 이 세상에는 낚시나 수다 외에 뭔가 특별한 것이 있을 것이라고 생각합니다.

그러던 어느 날, 조지는 나무 밑에 떨어져 있는 책을 발견하고, 그 책을 읽고 싶어 글을 배우기로 결심합니다. 이런 조지에게 다른 곰들은 "곰은 책을 읽지 않는다고bears don't read" 말합니다. 그러나 조지는 "나는 책 읽기를 배우고 싶어!I want to learn to read!"라며, 다른 곰들이 말려도 아랑곳하지 않고 모험을 시작합니다. 마을로 내려가 책의 주인과 책 읽는 방법을 알려줄 사람을 찾으려고 합니다.

그런데 도움을 받고 싶어 하는 조지의 의도와는 달리, 마을 사람들은 모두 그를 무서워하며 경찰에 체포될 위기에 처합니다. 그런데 클레멘타인이라는 여자 아이가 나타나서 "저건 내 책이고… 저 곰은 내 책에 있는 곰이에요!That's my book... and that's the bear in my book!"라고 소리를 지르죠. 글을 배우고 싶다는 조지 앞에서 클레멘타인은 다른 사람처럼 무서워하지 않고 당당하게 말합니다. "저는 읽는 법을 배우고 있어요. 우리는 같이 배울 수 있을 거예요.I'm learning to read. We could learn together." 과연 조지는 책을 읽을 수 있을까요?

조지가 조금씩 글을 읽는 법을 배우는 장면에서 독자인 아이들에게는 조지가 곰이라는 것은 이제 더 이상 중요한 부분이 아닙니다. 누구나 다 책을 읽기 위해서는 글을 읽는 방법을 배운다는 것을 보게 되며, 다른 사람의 이야기가 아닌, 바로 아이들 자신의 이야기가 되어 있습니다. 그리고 조지도 처음에는 읽는 것이 쉽지 않았다고George didn't find reading easy at first. 책에서 말해줍니다. 그러면서 아이들은 알게 됩니다. 글을 배우는 것이 쉽지만은 않지만, 글을 배우고 책을 읽게 되면, 더 많은 세상이 펼쳐진다는 것을요. 그리고 이 책을 보며 조지와 함께 조금씩 읽는 법을 배워갑니다. 책을 읽을 수 있다는 것은 매우 특별한 일이라는 것을 알게 됩니다. 곰도 책을 읽는데, 우리 아이들은 더 잘 읽을 수 있겠지요?

이렇게 책을 읽는 방법에 대한 이야기가 나오기 때문에 〈북트러스트〉에서도 이 책은 글 읽기를 배우는 초기 단계 아이들과 읽기 좋은 책이라고 추천합니다. 이 책을 읽고 나면 이제 아이들에게, '누워서 밥 먹으면 소가 된다'라는 이야기만이 아니라, '책을 읽지 않으면 곰처럼 된다'든지, 아니면 '곰도 책을 읽는데 우리는 더 열심히 책을 읽어야겠다'는 이야기도 슬쩍 할 수 있게 됩니다.

책 중간 즈음, 마을로 가던 날 밤, 조지는 언덕에 앉아서 잠시 쉬며 책을 다시 한 번 펼쳐보는 장면이 나옵니다. 저는 이 부분이 재미있다고 생각했습니다. 책을 보는데 "read(읽다)" 혹은 "see/look(보다)"이 아닌, "gazed at the words"이라는 표현, 직역하자면 "책을 응시하고 있었습니다"라는 표현을 했습니다. 익숙한 표현은 아니지만 틀린 말도 아닙니다. 글을 읽을 줄 모르니 글만 뚫어져라 쳐다봤겠죠. 그걸 "gazed at"이라고 표현했습니다. 그리고 같은 페이지에 몇 가지 흥미로운 표현들이 연이어 나옵니다.

"글자들을 보았어요/응시했어요 he gazed at the words."
"멀리서 마을을 볼 수 있었어요 he could see the town in the distance."
"보기 좋았어요 it looked lovely."
"그 마을에는 글을 읽을 줄 아는 많은 사람들이 살고 있을 거예요 there must be so many people who know how to read there."

이 부분을 보며 아이들에게 '보다'라는 동사의 다양한 영어 표현(see, look, watch, gaze, stare, read 등)의 개념과 그 활용법을 다시 한 번 알려줄 수 있었습니다. 한국어로는 많은 부분, 심지어는 읽는 활동을 포함한 책 읽기, 신문 보기 등도 '보다'라는 동사를 많이 사용하기도 하고, TV나 영화를 볼 때도 일반적인 사물을 보는 것과 구분하지 않고 '보다'라는 동사를 사용합니다.

그러나 영어에서는 이러한 모든 활동에 대한 동사가 명확하게 구분되어 있습니다. 책 또는 신문을 읽는 활동은 '보다 see'가 아닌, 'read', TV나 영화를 보는 활동도 '보다 see'가 아닌, 'watch', 보여지는 모든 것들을 볼 때는 일반적인 '보다 see', 그러나 목적을 가지고 볼 때는 그냥 '보다 see'가 아닌, 'look', 한 가지에 집중해서 볼 때는

'보다see'가 아닌 'gaze at', 약간 비슷하지만 조금 더 뚫어지게 쳐다볼 때도 '보다see'가 아닌 'stare at'이라고, '보다'의 다양한 영어 표현을 같이 연습해볼 수도 있습니다. 행동까지 곁들이면 아이들은 단어를 암기하는 것이 아닌, 몸으로 배우게 됩니다. 이렇게 습득한 표현들은 배우기도 더 쉬울 뿐 아니라 쉽게 잊혀지지도 않습니다.

조지에게 한 가지 더 박수를 쳐주고 싶은 것이 있습니다. 다른 곰들처럼 평범한 일상생활에 만족하지 않고, 아무도 가지 않은 길을 가는 모험을 한 것. 다른 평범한 곰들이 봤을 때는 이해할 수 없는 것이었지만, 조지는 스스로 원하는 것이 무엇인지를 분명히 알고, 그것을 실천에 옮겼습니다. 어떻게 될지 알 수 없지만, 그럼에도 불구하고 도전을 했다는 것은 정말 대단한 일 아닌가요?

조지처럼, 우리 아이들도 모두가 불가능하다고 말할 때도 포기하지 않고 스스로를 믿고 도전하는 아이들로 자라기를, 그래서 남들은 얻을 수 없는 그런 보물을 찾을 수 있기를 바라며, 그런 훌륭한 본보기를 보여준 조지에게 격려의 박수를 보냅니다.

13

우주까지 넘치는 이야기

HERE WE ARE 히어 위 아
Oliver Jeffers 올리버 제퍼스
번역서 제목: 우리는 이 행성에 살고 있어

〈넌 어느 별에서 왔니〉라는 제목의 드라마가 수년 전 인기리에 방영되었죠. 사람들은 가끔 우리가 태어나기 전에는 어땠을지 궁금해 하기도 하며 여러 가지 상상을 하곤 합니다. 이러한 궁금증은 전 세계 어디에서나 사람들이 갖는 궁금증인 것 같습니다.

마찬가지로 모든 부모들은 아기가 태어나면 신비롭고 경이롭게 느껴집니다. 그리고 엄마 뱃속에 열 달 동안 있었다는 것을 뻔히 알면서도 어디에서 이런 아이가 나타났을지 궁금해 하곤 합니다.

올리버 제퍼스의 《HERE WE ARE》라는 책은 아빠가 된 작가가 자신의 아이를 위해서 만든 그림책입니다. 아들 할랜드Harland가 태어나고 퇴원 후 처음으로 새내기 엄마 아빠는 아기를 데리고 뉴욕 브루클린의 아파트 문 앞에 다다랐습니다. 부부는 잠시 숨을 멈추고 아이를 안고 이제는 둘이 아닌 세 식구가 살게 될 집을 바라보았습니다. 그 정적을 깬 것은 다름 아닌, 이제 막 초보 아빠가 된 올리버였습니다. "다 왔단다 Here we are"라며 아이에게 부드럽게 속삭였죠. "Here we are"는 올리버가 자란 북아일랜드 사람들이 집에 도착하거나 여러 사람이 있는 가운데 침묵이 있을 때 침묵을 깨기 위해 사람들이 흔히 쓰는 말이라고 합니다. 올리버는 아기를 데리고 집 앞에 와서 자연스럽게 이 말을 했고, 이렇게 한 첫 마디가 2년 뒤에 책 제목이 되어 출간되었습니다.

올리버는 갓 태어난 아기를 집에 안고 들어가면서 아기에게 하나하나 모든 것을 차근차근 설명해줍니다. "아까는 낮이었고, 지금은 밤이야", "사람들은 식사를 하지"와 같은 아주 사소한 것까지도 아직 옹알이도 못하는 신생아에게 세세히 알려주었지요. 아기에게는 모든 것이 새로우니 하나씩 하나씩 모두 설명을 해주어야겠다고 생각한 것입니다. 그러면서 아기의 시각으로 바라보니 이 세상 모든 것이 바뀌어 보이더래요. 아주 작은 것부터 아주 큰 것까지.

그리고 이 모든 것을 편지로 남겨놓았다가 나중에 할랜드가 커서 보면 재미있겠다는 생각이 들어 메모를 남기고 그림을 그리다가, 이것을 책으로 만들어야겠다고 다짐합니다. 먼 훗날 커서 다시 이 책을 볼 아이를 생각하며 그림책을 만들다니, 정말 멋진 아빠 아닌가요?

처음 이 책을 접하고는 아기에게 줄 선물로 만든 그림책이라고 해서 과연 어떤 내용일지 매우 궁금했답니다. 그런데 푸른 우주 그림의 책 커버에 《여기 우리가 있어요 HERE WE ARE》라는 제목 밑에 또 하나 눈에 띄는 글귀가 보였습니다. "Notes for living on planet earth"

라며, "지구별에서 살아가는 방법"이라고 적혀 있었어요. 지구별에서 살아가는 방법이라니, 도대체 뭘까요? 궁금해지지 않나요?

페이지를 넘기면 우주부터 시작해서 지구의 땅과 바다, 하늘, 온갖 사람들, 동물들에 대한 이야기, 낮과 밤, 우리 몸 등등에 대한 이야기가 하나씩 펼쳐집니다. 아빠가 된 올리버는 이제 갓 태어난 아이에게 지구에 온 것을 환영한다며, 지구에 대한 모든 것을 설명해주고 싶었나 봅니다.

이 책은 올리버가 자신의 아기에게 읽어주는 것처럼 갓 태어난 아기에게 읽어주어도 되지만 초등학생이 함께 봐도 매우 좋을 것 같습니다. 간단하지만 지구와 우주에 관한, 그리고 이 세상에 관한 모든 것들을 차근차근 설명해주고 있으니까요. 초등학생이 이 책을 영어로 본다면, 수성은 영어로 Mercury이고 대기권 밖의 우주는 outer space라고, 사람 몸을 지탱해주는 뼈는 bone, 숨을 쉬는 폐는 lung이라고, 이야기를 읽으며 자연스럽게 배울 수 있습니다.

보통 일반 책들은 주제가 우주면 우주, 인체면 인체, 이렇게 나누어져 있는데 이 책에서는 우주와 인체, 자연과 사회, 전체를 볼 수 있습니다. 저희 아이들도 그동안 다른 책들에서 보아왔던 우주 관련 단어 또는 인체 관련 용어들을 이 책을 보며 다시 한 번 확인할 수도 있었답니다. 게다가 아기에게 설명해주는 책인 만큼 문장도 매우 짧고 간결한 편이라 조금 더 수월하게 읽을 수 있습니다.

책 제목인 "Here we are"도 일상생활에서 흔히 쓸 수 있는 말이죠. 이 책에서는 아기의 '목적지'인 지구별에 도착한 것을 "Here we are"라고 표현했습니다. 마찬가지로 우리도 이제 아이들과 어딘가를 갈 때, '목적지'에 도착하면 "다 왔단다!"라는 한국어와 함께 북아일

랜드 사람들처럼 "Here we are"라는 간단한 이 한 마디를 아이들에게 해줄 수도 있겠지요.

지구별에서 살아가는 매뉴얼을 알려주는 이 책은, 중간 중간에 올리버의 재치 있는 설명도 볼 수 있습니다. 단순히 지구에 대한 개요만을 알려주는 것이 아니라, 갓 태어난 아기가 지구별에 잘 적응할 수 있도록 밤과 낮을 알려주며, 낮은 사람들이 활동을 하는 시간이고 밤은 잠을 자는 시간이라고 알려줍니다. 아마도 밤에 잠을 자지 않는 아기들이 있다면 밤에는 잠을 자라고 조용히 부탁을 하려는 것 같아요.

그리고 사람들에게 가장 중요한 것은 먹는 것과 마시는 것과 따뜻하게 유지하는 것이라고 The most important things for people to remember are to eat, drink and stay warm, 우리가 먼 길을 왔지만 아직 모든 것을 다 끝내지 않았고 아직 할 일이 많이 있다고 Though we have come a long way, we haven't quite worked everything out, so there is plenty left for you to do, 하나뿐인 지구를 잘 돌보라고 make sure you look after it, as it's all we've got, 살다가 모르는 것이 있으면 언제든지 물어보라고 if you need to know anything else, just ask, 이 세상에서 살아가는 팁을 알려줍니다. 엉

뚱하면서도 철학적이라는 생각이 듭니다.

가장 인상 깊었던 것은 세상에는 다양한 사람들이 있다고 알려주는 부분이었습니다. 페이지 하나 가득 다양한 종류의 사람들로 꽉꽉 채워 그려 넣었는데요. 스모 선수도 있고 우주인도 있고 피에로도 있고 유대인도 있고, 성직자, 군인, 에스키모, 엄마와 아이도 있으며 인종도 매우 다양하게 소개했습니다. 아마도 다른 사람이 어떠한 모습이건 겉모습과 상관없이 모두를 존중하는 아이로 자라기를 바라는 아빠의 마음이었겠죠.

아기가 태어나고 나서 올리버는 사물을 바라보는 시각이 달라졌다고 고백합니다. 아주 작은 것도 보고 아주 큰 것도 보게 되었다고 말이죠. 이 책에서도 사물을 바라보는 다양한 각도가 나옵니다. 우주에서 지구를 볼 때는 마치 우주선에 타서 지구를 내려다보는 것과 같은 그림이지요. "우주인들이 우주에 가서 지구를 바라보며 제일 처음 찾는 것은 본인의 집이라고 합니다. 그 다음 서로 상대방의 나라를 찾는다고 해요. 그러다가 어느 순간 다 같이 지구를 가리키고 있데요. 그곳이야말로 우리의 집인 셈이죠."라고 말하는 초보 아빠 올리버는 지구별에 태어난 아기에게 얼마나 많은 것을 알려주고 싶었던 걸까요?

우주 같이 신비로운 채색에, 지구 전체를 보여주는 그림과 지구별에 대한 소개와 그곳에서 살아가는 재치 있는 팁을 보고 있노라면, 초보 아빠가 아기를 맞이하는 신비로움과 설렘이 고스란히 전해지는 듯합니다. 그래서 더더욱 이 책을 보고 또 보게 되는 것 같습니다.

14

외계인이 속옷을 좋아한다고?

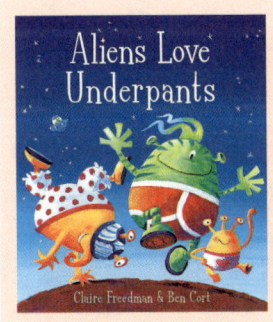

Aliens Love Underpants
에일리언스 러브 언더팬츠

Claire Freedman 클레어 프리드맨

올리버 제퍼스의 《HERE WE ARE》는 우주에서 지구별로 온 아기에게 지구에서 살아가는 방법을 알려주는 지침서였다면, 이번 이야기는 지구별로 찾아오는 또 다른 종류의 등장인물이 나타납니다. 바로 외계인들aliens이지요.

그런데 그 외계인들이 지구에 오는 이유가 엉뚱합니다. 속옷을 가지러 오는 거예요. 외계인들은 속옷을 좋아하는데 우주에는 속옷이 없다나요!? 그래서 속옷을 가지러 지구에 온다니… 정말 말도 안 되죠. 그렇지만 아이들은 이 책을 보며 너무너무 좋아하고 깔깔대며 웃습니다.

이 책은 둘째 아이 재우가 영국에서 어린이집nursery에 다닐 때, 어린이집에서 한 주 동안 빌려왔던 책이었습니다. 괴상망측하게 생긴 외계인 모습도 너무너무 좋아하고 속옷이 종류별로 나오니 더더욱 재미있어 했어요. 속옷을 좋아하는 외계인들이 속옷을 가지러 지구에 왔는데 속옷을 제대로 입지 못하고 머리에 쓰거나 엉뚱하게 입은 모습을 보며 까르르 넘어갑니다. 그래서 이 책을 빌려온 일주일 동안, 글도 읽을 줄 모르면서 제가 읽어주지 않을 때도 혼자서 수도 없이 보고 또 보고 했답니다.

영국은 만 3세 이상부터 정부에서 보육비가 지원되기 때문에 재우는 만 3세 생일이 지나고 나서 어린이집에 다니기 시작했습니다. 그런데 선생님들이 만 3세 어린이 교실에 이 책을 가져다 놓고 집에도 빌려가게 하는 이유가 있는 것 같다는 생각이 들었어요. 마침 그 시기가 기저귀 떼는 연습을 하고 있을 때였고, 속옷 입는 연습을 시작할 때였는데, 속옷에 대해서 이렇게 재미있는 이야기를 들려주니, 3세 아이는 시키지 않아도 속옷을 입고 싶어 하겠죠.

이 책 덕분인지 아니면 아이 성향상 그랬던 것인지는 잘 모르겠지만, 그래도 기저귀를 떼고 속옷을 입는 연습을 하는 매우 중요한 전환기를 아이는 쉽게 넘길 수 있었답니다.

더불어 '외계인'은 영어로 'alien', '속옷'은 영어로 'underpants'라는 것, 그리고 한 명 이상 있을 때는 'they'라는 인칭대명사를 쓴다는 것만큼은 이 책을 보며 확실히 알았습니다. 왜냐하면 속옷을 훔치러 지구에 온 외계인은 한 명이 아닌, 여러 명이 같이 다녔고, 그래서 책 속에서는 외계인들을 계속해서 'they'라고 알려주었거든요. 또 다양한 모양의 속옷들을 구경하며 색깔과 모양과 숫자 세기 등도 연습할 수 있었어요.

　속옷 모양이 이렇게 다양하다는 사실을 이 책을 보며 처음 알았답니다. 이렇게 다양한 모습을 한 외계인과 다양한 종류의 속옷을 보며 아이들과 상상놀이를 했습니다. 아이들이 생각하는 외계인과 속옷을 마음껏 그려보라고요. 당연히 저는 상상할 수도 없는 신기하고 요상하게 생긴 외계인들과 속옷을 그리며 또 한바탕 크게 웃어버렸답니다.

　외계인에게 속옷 입는 법도 배우고, 영어 표현도 배우고… 이 책은 정말로 유쾌하면서도 유용한 책 아닌가요?

15

열대지방으로 간 펭귄

Blown away 블로운 어웨이
Rob Biddulph 롭 비덜프
번역서 제목: 날라갔어

군더더기 없는 깔끔한 그림에, 단 두 단어로 되어 있는 깔끔한 제목의 책《Blown away》는 표지에 나타난 것처럼 펭귄이 날아가는 이야기입니다.

펭귄은 못 나는데 어떻게 날까요? 펭귄 블루Penguin Blue는 날고 있지만, 사실은 날지 않는 펭귄이지요. 그래서 펭귄 블루가 날 때 '날다'라는 뜻의 'fly'를 쓰지 않고 '날려 보내다'라는 뜻의 'blown away'를 사용했습니다. 어떻게 날라가냐 하면 표지에 있는 빨간색 연을 붙잡고 바람이 날려준답니다. 얼떨결에 연을 타고 날라가게 된 펭귄 블루와 그의 북극 친구들이 도착한 곳은, 다름 아닌 정글! 일 년 내내 주위가 얼음으로 가득 찬 곳만 보다가 열대 나무가 있고 형형색색의 자연이 있는 열대지방은 분명 새로운 곳이지만, 추운 곳에서 살아야 하는 친구들이 정글에서는 도저히 살 수가 없겠죠? 이 친구들은 과연 어떻게 북극으로 돌아갈까요? 그 모든 예상 밖의 여정을 유머를 곁들인 매우 깔끔한 문체와 그림으로 살펴볼 수 있답니다.

영국에서 큰 아이가 학교를 다니던 어느 날, 학교에서 공지사항이 왔습니다. 롭 비덜프Rob Biddulph라는 작가가 직접 학교에 방문하여 본인의 책을 읽어주는데, 책을 구입하고 싶으면 신청하라는 내용이었습니다. 사실 저는 그때까지만 해도 롭 비덜프라는 작가가 누구인지 알지도 못했지만, 어쨌든 작가가 학교를 방문해서 직접 본인의 책을 읽어준다니, 그런 경험을 한 책을 구입해 놓으면 의미가 있겠다 싶어서 구입 신청을 했었습니다. 그리고 받아 온 책 중 하나가 이 책이었어요.

이 책을 받아 온 날, 현우는 마치 연예인 사인이라도 받은 듯 매우 들떠했답니다. 우리가 보는 책을 실제로 만드는 사람이 있다는 것을 알게 되었고, 또 그런 작가가 학교로 직접 와서 본인의 책을 읽어준 것은 아이에게도 매우 특별한 경험이었나 봅니다. 게다가 책에 있는 그림까지 똑같이 아이들 앞에서 그려주기도 하며 책을 읽어주었으니 아이들은 매우 신기해 할 뿐이었지요. 나중에 학교 홈페이지에 올라온 사진을 보니 롭의 이야기를 듣고 있는 아이들 눈이 반짝반짝 빛나고 있었습니다.

그런데 제가 더 감동했던 것은, 작가가 책 표지에 직접 아이들 이름을 하나하나 써 가며 서명을 해주었던 것이에요. 그 많은 아이들 한 명 한 명과 모두 악수를 나누며 말이지요. 그러니 아이들에게는 매우 특별한 경험일 수밖에 없었겠지요. 지금도 이 책의 첫 장을 펼치면 롭 비덜프가 "To Penguin Markus(현우의 영어 이름)"라고 시작하여 "Happy Reading!"이라고 자필로 쓴 글귀를 볼 수 있습니다. 그래서인지 현우는 이 책을 지금까지도 매우 애지중지한답니다. 이렇게 유명 그림책 작가를 초빙해주고, 아이가 책을 좋아하도록 분위기를 만들어주는 학교가 고마웠습니다.

간결한 그림과 문장으로 승부하는 작가인 롭 비덜프는 이 책에서 그의 매력을 한껏 뽐냅니다. 이 책은 특별히 영어를 유창하게 하지 않아도 매우 읽기 쉽게 되어 있습니다. 책 속의 한 줄 한 줄이 평균 3~4개의 단어로 이루어져 있거든요.

이 책은 작가를 직접 만난 경험 때문인지, 저희 아이들이 매우 좋아하는 책 중 하나인데요. 저도 수도 없이 읽어주기도 했지만, 문장이 짧고 간결해서인지 현우는 이 책을 달달 외울 정도까지 되었답니다. 외우지 않더라도 파닉스를 배운 아이들이라면 웬만해서는 읽기에 크게 무리가 되지 않는 문장들이어서 아이들이 파닉스 용 책 말고 처음으로 혼자서 읽는 영어책으로 선정해도 크게 무리가 되지 않습니다.

엄마나 다른 누군가가 읽어주는 책이 아닌, 혼자서 영어로 책을 끝까지 읽을 수 있게 된다는 것은 아이들에게 매우 중요합니다. 책 한 권을 스스로 읽었을 때, 아이들이 얻게 되는 자신감. 그것도 얇은 파닉스 용 책이 아닌, 한 권의 단행본을 스스로 읽을 수 있다는 것을 알게 되면, 영어에 대한 자신감이 붙기 시작합니다. 걸음마를 떼고, 기저귀를 떼는 것처럼 책 한 권을, 그것도 영어로 된 책을 혼자 읽을 수 있다는 것은, 아이들에게 매우 중요한 전환점이 된다고 생각합니다.

그렇지만 처음부터 모르는 책을 가져다주고 읽어보라고 하는 것

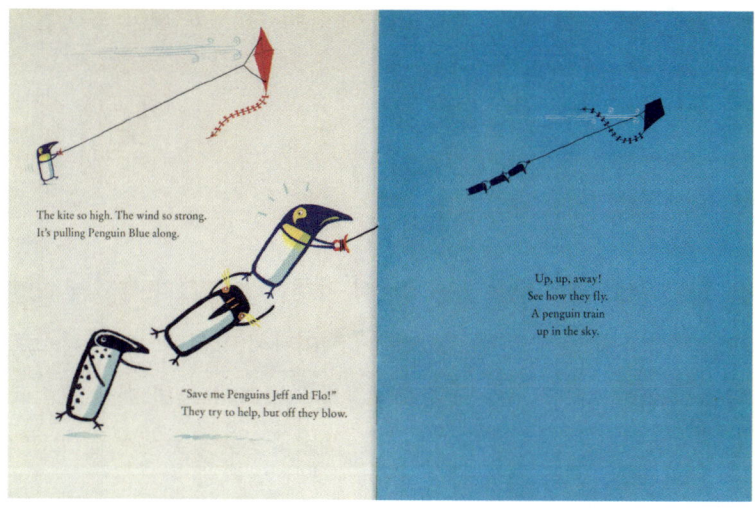

은 바람직하지 않다고 생각합니다. 저는 이 책을 아이들과 수십 번씩 읽고 또 읽은 다음, 아이들이 이 책 내용이 너무너무 익숙해졌을 때, 어느 순간 아이들이 알게 모르게 소리 내어 따라 읽기 시작할 때, "한 번 스스로 읽어보지 않겠니?"라고 제안해보았습니다.

이미 너무 많이 들어서 귀에 익숙한 문장들이므로 읽다가 잘 모르는 단어에 부딪혀도 아이 스스로 읽으려고 노력했던 것이지요. 이처럼 아이와 함께 충분히 책을 소화시킨 다음, 스스로 책을 읽을 수 있도록 조금씩 연습을 시켜보시기 바랍니다.

작가 소개

올리버 제퍼스 Oliver Jeffers

올리버 제퍼스의 그림은 친근하면서 따뜻합니다. 그리고 그의 이야기들은 상상을 뛰어넘지요. 호주에서 태어나서 아일랜드의 벨파스트에서 자라고 지금은 뉴욕의 브루클린에 거주하며 15년 이상 그림책 작가로 활동하고 있는 올리버는 그의 배경만큼이나 국경을 넘나드는 작품 활동을 하고 있습니다.

그의 책 16권이 이미 여러 나라 언어로 번역되어 베스트셀러로 자리 잡고 있습니다. 뉴욕타임스 베스트셀러 작가이며, 이미 한국에도 《와작와작 꿀꺽 책 먹는 아이 The Incredible Book Eating Boy》, 《마음이 아플까봐 Heart and the Bottle Mini》, 《다 붙어 버렸어! Stuck》 등 많은 그림책들이 번역되어 한국에서도 아주 낯설지만은 않은 작가이지요.

그림책 작가이기 전에 일러스트레이터로 스스로를 소개하는 올리버는 뉴욕 브루클린에 있는 자신의 작업실에서 동영상을 찍어서 작업하는 모습도 공개하고 있습니다. 정돈되지 않은 것 같은 속에서도 나름대로의 규칙이 있을 법하게 보이는 그의 작업실을 엿보고 있노라면 왠지 모르게 마음이 차분해지며, 그의 물감과 붓으로 그림을 그려보고 싶어집니다.

아일랜드의 벨파스트에서 네 명의 형제들과 함께 자란 올리버는 사실 어려서는 책과 그다지 친하지 않았다고 해요. 그런 올리버가 그림책 작가가 되다니, 아이러니하죠? 어린 시절 올리버는 책을 보기보다는 주로 길거리에서 뛰어다니며 땀 흘리며 놀고 나무에 오르고 땅을 파고 노는 등 자연 속에서 뒹구는 평범한 동네 개구쟁이였다고 합니다. 항상 흙먼지 가득 뒤집어쓰고 말이지요.

그렇지만 항상 가장 좋아했던 것은 그림 그리는 것이었다고 합니다. 모든 가족이 TV를 보고 있을 때도 올리버는 혼자서 조용히 그림을 그렸습니다. 그리고 무엇보다 올리버가 그림을 그렸던 이유는 오랫동안 아팠던 어머니에게 보여주기 위해서였어요. 다발성 경화증을 오랫동안 앓고 있던 어머니는 항상 침대에 누워 계셨습니다.

그래서 4형제가 있는 집인데도 불구하고 집 안의 분위기는 시끌벅적하지 않았습니다. 그렇다고 가족이 그런 상황을 힘들게 받아들이거나 슬퍼하는 것이 아니라 다른 집과는 다소 환경만 다를 뿐, 그의 가족은 행복한 시절을 보냈다고 해요.

항상 침대에 누워 있어야 하는 어머니에게 올리버는 세상의 모든 것을 그림으로 그려서 보여주곤 했습니다. 부엌도, 방도, 동네도, 그가 보는 모든 것을요. 그렇게 해서 그는 자연스럽게 일러스트레이터로, 그리고 그의 그림에 이야기를 입힌 그림책 작가로 준비되어가고 있었죠. 지금은 아들을 위해서 그림을 그립니다. 아직 아무것도 모르는 작은 아기에게 세상의 모든 것을 하나씩 하나씩 보여주기 위해서요. 그만의 색깔과 그만의 말투를 담아서 말이지요.

두 살짜리 아들은 신기하게도 그의 책을 보면 책 속에서 아빠를 금세 찾아낸다고 합니다. 아빠라고 알려주지도 않고, 아빠와 전혀 똑같이 그리지 않았는데도, 무슨 이유에서인지 그림책을 손가락으로 가리키며 이 사람이 아빠라고 한데요. 사진처럼 똑같이 그리지 않더라도, 그림 속에 담긴 영혼을 아이는 알아보나 봅니다. 이처럼 그의 그림이 보는 사람으로 하여금 평안함을 느끼게 하는 이유는 가족에 대한 사랑으로 그림을 그렸기 때문인가 봅니다.

얼마 전에 둘째 아이가 태어나서 행복의 영역이 더욱 넓어진 올리버는, 그러나 한 가지 궁금한 것이 있다고 합니다. 과연 그의 아내 수잔이 자신의 책을 읽기는 했는지 궁금하다나요.

왜냐하면 그의 베스트셀러 그림책 중 하나인 《크레용이 되지 않기로 한 날 The Day The Crayons Quit》의 2주년 출간 기념회에서 아내가 다른 사람과 하는 이야기를 엿듣게 되었는데, 그때 아내가 했던 말은 "벌써 2년이나 되었다니, 저도 이제 한번 읽어봐야겠어요!"였다고 합니다. 과연 그의 아내는 그의 책들을 읽었을까요?

출처: www.oliverjeffers.com

작가 소개

롭 비덜프 Rob Biddulph

롭 비덜프는 짧고 간결한 문장으로도, 할 말을 다 전달합니다. 그의 그림 역시 깔끔하고요. 롭이 그림책 작가로 활동한지는 그리 오래되지 않았지만 그의 경력은 그 누구에게도 뒤지지 않을 만큼 화려합니다.

이전에는 주로 일러스트레이터로 활동하다가 2014년 출간한 그의 첫 책 《날라갔어 Blown Away》는 워터스톤 어린이책 상 Waterstones Children's Book Prize 의 수상작이 되었고, 그의 두 번째 책 《으르렁 으르렁 GRRRRR!》은 케이트 그린어웨이 상 Kate Greenaway medal 의 후보작에 올랐습니다. 그의 세 번째 책인 《왜 나만 달라? Odd Dog Out》는 8개 상의 후보에 올랐으며 BSC 그림책 문학상 BSC Festival of Literature Picture Book Award 등에서 수상하였습니다.

그 외에도 출간되는 책들마다 여러 상의 후보작에 오르거나 수상했습니다. 영국의 어린이 방송국인 CBeebies의 〈베드타임 스토리 Bedtime Story〉라는 프로그램에서 읽어주는 책으로 선정되기도 했습니다. 이미 한국에도 여러 권 번역되어 소개되었고요. 한국의 서점에서 만난 그의 책은 왠지 모르게 더더욱 반가웠답니다.

그가 2014년 본격적인 그림책 작가로 등단하게 된 이유도 올리버 제퍼스와 마찬가지로 그의 아이 때문이었습니다. 롭은 현재 세 딸의 아빠입니다.

그중 첫째 딸이 2013년에 학교에 입학하게 됩니다. 매일 싸가는 도시락을 조금 더 특별하게 해줄 수는 없을까 고민하던 아빠는 도시락통에 매일매일 그림을 그려서 넣어주기로 합니다. 백설공주와 곰돌이 푸, 달마시안 강아지들 등 디즈니 그림부터 스타워즈의 스톰트루퍼와 요다까지, 그가 딸의 도시락통에 넣어주는 그림은 수많은 장르를 넘나들며 매일매일 일상이 되어 딸이 도시락통을 열 때 기대를 가득 품고 열게 만드는 선물이 되었습니다.

영국은 학교 점심을 학교에서 주는 급식과 직접 싸가는 도시락 중 본인이 선택할 수 있는데 편하게 제공되는 급식이 아닌, 매일 도시락 싸가는 것을 선택했다는 것도 대단한데, 도시락에다가 그림 편지까지 매일 곁들이다니요! 정말 훌륭한 아빠가 아닐 수 없습니다.

그러다가 드디어 2014년 롭은 본인만의 그림과 이야기로 《날라갔어 Blown Away》라는 책을 출간하게 됩니다. 아직 어린 딸이 읽기 쉽도록 문장도 매우 쉽고 짧게 만들었습니다. 그리고 계속해서 출간하는 책들도 딸들이 읽기 쉽게 아이들의 시각에서 만들어서인지 출간 즉시 어린이들의 베스트셀러가 되었습니다.

롭의 그림책들은 모두 이야기와 그림이 경쾌한 분위기이지만 우정과 다른 사람들을 위한 배려와 존중, 도덕적 가치 등을 유머와 함께 곁들여 더더욱 여운과 감동이 길게 남는 이야기들로 마음속에 자리잡습니다.

이렇게 아이들을 위해서 하루도 빠짐없이 열심히 그림을 그려서 그 마음을 도시락통에 담아주고 아이들을 위해 그림책을 만드는 아빠의 사랑을 듬뿍 받은 세 명의 공주님들은 나중에 어떤 모습으로 자랄까요? 궁금하지 않나요?

그런데 런던에 살고 있는 세 딸의 아빠인 롭의 대답은 의외입니다. "지금도 제 딸 중 한 명은 저와 함께 아스널팀의 축구 경기를 보러 갈 거라고 믿어요"라며 소박한 꿈을 꾸고 있답니다. 여자 아이들이라고 해서 축구 경기 관람을 가는 것이 불가능한 일은 아니겠지요?

올리버 제퍼스와 롭 비덜프. 이 두 작가는 참으로 공통점이 많습니다. 둘 다 아이들의 아빠이고 자신의 아이들을 위해서 그림을 그리고 이야기를 만듭니다. 자신들의 아이들에게 매일 이야기해주는 일상, 매일 그려주는 그림으로 그림책을 만듭니다. 그런데 그런 책들이 그냥 지나쳐가는 책들이 아니라 나오는 족족 베스트셀러가 됩니다.

그리고 그들은 또 아이들을 위해서 책을 읽어주는 봉사활동도 마다하지 않고 부르는 곳이라면 어디든지 달려갑니다. 이 두 작가를 보며, 그들의 원동력은 가족에 대한 사랑이라는 것을 알게 되었습니다. 가족, 특히 자녀들에 대한 사랑이 아니었다면 지금 같은 작품을 만들 수 없었겠지요. 그렇다면 우리 한 사람 한 사람에게 가족은 어떤 의미일까요?

출처: http://www.robbiddulph.com

궁금해요

질문 5. 아이가 영어를 싫어해요.

영어를 배우는 것이 재미있다고 하는 아이들도 종종 있지만, 아이들이 영어를 좋아하지 않는 것도 당연한 일이라고 생각합니다. 영국에서 영유아 시절을 보내며 TV나 주위에서 들리는 말이라고는 온통 영어인 곳에서 생활하던 재우도, 심지어는 영어로 학교 수업을 받으며 신나게 학교를 다니고 영국인 친구들과 거침없이 놀던 현우도 영어가 아직도 불편하다고 솔직히 말하는걸요.

영어를 불편하다고 고백하는 아이들일수록 더더욱 학원에서 학습을 하는 것보다 부모가 함께 영어 그림책을 읽어주는 방법이 영어를 긍정적으로 받아들일 수 있는 방법이라고 생각합니다. 학원에서 아무리 놀이식으로 영어를 가르친다고 해도 학원은 학원입니다. 게다가 영어를 좋아하지 않는 아이들이라면 학원에서 영어를 배우는 시간은 스트레스가 되기도 합니다.

그렇지만 《아이와 다투지 않는 영국 육아》에서도 설명했듯이, 아이들에게 항상 필요한 것은 부모와 함께 하는 시간인데, 이 시간을 활용하여 아이에게 영어를 재미있게 접할 수 있도록 기회를 만들어 보는 것은 어떨까요? 아이와 함께 시간을 보낸다고 하면서도 사실은 그 시간에 TV를 보거나 스마트폰을 하는 수동적인 양육 태도를 보이는 부모들이 생각보다 많습니다. 실은 저도 때때로 그럴 때도 있음을 고백합니다.

그렇지만 아이와 시간을 보낼 때를 영어를 친숙하게 하는 방법으로 적극 사용해보세요. 아이와 함께 상호교류할 수 있는 활동을 활용하며 아이를 영어에 노출시키는 방법은 일찍이 학원에서 영어를 배우게 하는 것보다 아이가 즐겁게 영어를 접할 수 있는 방법입니다.

그 중 하나의 방법이 함께 책을 읽는 것인데요. 아이가 책을 재미있게 접하는데 가장 좋은 방법은 단순히 책을 읽어주기만 하는 것이 아니라 책과 함께 다양한 활동을 접목시켜서 하는 것이지요. 물론 영어 책뿐만 아니라 한국어 책도 그렇게 한다면 더없이 좋겠지요.

그렇지만 이때 영어 그림책을 적극 활용해야 하는 이유가 있습니다. 영어가 익숙하지 않은 아이는 영어를 싫어할 수도 있지만, 엄마가 놀이에 조금씩 '영어'라는 양념을 떨어뜨려준다면 '엄마와 함께 한다는 것' 때문에라도 영어에 조금씩 마음을 열 수 있습니다.

한 가지만 약속해주세요. 절대로 아이를 다그치거나, "넌 왜 그것밖에 못 하니"와 같은 말은 삼가 주세요. 무엇보다 아이를 재미있게 해주세요. Remember to have fun 사업가에게 가장 중요한 것은 이것이 '돈'이 되느냐 안 되느냐이고 아이에게 가장 중요한 것은 '재미'가 있느냐 없느냐라는 것을 꼭 기억하세요.

영어가 싫다고 할 때도 있는 저희 아이들도 엄마와 함께 영어 그림책을 본다는 것이 아이들에게는 좋은 느낌으로 남아 있어서 그런지, 함께 영어 그림책을 보는 것만큼은, 다시 말해 함께 읽기 shared reading 를 하는 것만큼은 즐거워하니 다행이다 싶습니다. 며칠 전에는 아직 영어 문장도 다 읽을 줄 모르면서 잠자리에서 혼자 영어로 된《스타워즈》책을 꺼내서 보고 있던 재우가 기특하게 보였거든요.

어쩌면《스타워즈》책이었기 때문에 그랬을지도 모르지만, 영어로 된 책이라고 해서 부담을 가지고 멀리 하지 않고, 영어 책도 한국어 책처럼 그렇게 자연스럽게 집어들 수 있다는 것만으로도 나쁜 시작은 아닌 것 같습니다.

궁금해요

질문 6. 어떻게 읽어주면 좋을까요?

영어 그림책을 어떻게 읽어 주어야 아이들이 조금이라도 흥미를 느낄까요? 솔직히 아이들에게 영어로 책을 읽어주라고 하면 부담되는 것은 사실입니다. 발음도 그렇고 어떻게 읽어주어야 할지 익숙하지 않을 때가 많습니다.

그런데 생각해 보세요. 한국어 책은 어떻게 읽어주시나요? 요즘에는 다양한 독서활동 방법이 매우 많이 소개되고 있고 책과 연계하는 독후활동도 무궁무진합니다. 이렇게 독후활동을 하는 이유는 책을 글로만 읽지 않고, 머리로만 읽지 않고, 몸으로 읽고 가슴으로 느끼기 위함 아닐까요? 영어 책도 마찬가지랍니다. 아이들과 영어 그림책을 그냥 읽는 것보다는 두 배로 더 재미있게 읽을 수 있는 방법을 몇 가지 공유합니다.

첫째, 목소리를 바꿔가며 읽어주세요.

우선 한국어 책을 읽어줄 때도 그냥 밋밋하게 읽지 않고 목소리를 바꿔가며 재미있게 스토리텔링을 하며 읽어주라는 것은 이미 많이 들어서 알고 계실 거예요. 한국어 책도 그렇게 재미있게 읽어주려고 노력하는데, 아직 한국어만큼 익숙하지 않은 영어 책이라면 더더욱 아이들의 흥미를 끌어줘야겠지요? 등장인물마다 목소리를 바꿔가며 읽어주는 것은 물론, 어떨 때는 크게 어떨 때는 작은 소리로 소곤소곤 읽는 것은 기본입니다.

목소리의 볼륨에 다양한 변화를 주며 읽어주기 가장 좋은 책 중 하나는 앞에서 소개한 에드 베레의 《MR BIG》이 아닐까 생각합니다. 영국에서 가족 문해학family literacy 수업을 들을 때도 《MR BIG》을 가지고 책 읽어주기 실습을 했는데, 이렇게 읽는 방법이야말로 살아있는 책 읽기 방법이구나라는 것을 알게 되었습니다. 《MR BIG》에는 Big이란 단어가 수없이 많이 나옵니다. 그리고 small이라는 단어도요. 영국의 부모들도 제대로 읽는 방법을 배우기 전에는 밋밋하게 읽기는 매한가지였습니다.

수업의 의도를 알아서인지, 물론 Big이 나오면 큰 소리로, small이 나오면 작은 소리로 읽기는 했지만, 이 수업을 진행하는 선생님은 그 정도로는 성에 안 찼나봅니다. 그 수업을 수강하는 부모들이 아무리 크게 'Big'이라고 큰 소리로 소리쳐도, 더 크게 하라고 몇 번이나 연습시켰습니다. 고래고래 소리를 지를 때까지요. 그리고 다른 문장들은 보통 크기의 목소리로 읽다가 'small'이라는 단어가 나오면 아주 조그맣게 속삭이라며, 연습을 시키고 또 시켰습니다.

그런데 이렇게 목소리의 크기만 변화시키는 것으로 끝난 것이 아니었습니다. 책을 읽어주다가 big과 small이 나오는 부분은 아이들에게 읽어주지 말고 멈추라는 거예요. 그리고 아이들이 그 부분을 아주 크게, 또는 아주 작게 말할 수 있도록 말이에요. 그리고 'big'이라고 아주 크게 소리 지르는 부분에서는 목소리만 크게 소리 지르는 것이 아니라 동작을 크게 하며 높이 뛰어보거나 소파를 아주 세게 두드

리거나 하면서 커다란 소리가 나는 동작을 함께 해보라는 것입니다. 반대로 'small'이라고 작게 소리 내어 읽어야 하는 부분에서는 누구 소리가 더 작은지 시합해보라는 것이에요.

집에 와서 아이들에게 이 책을 읽어주며 그대로 했더니 두 말할 필요 없이 big과 small을 읽을 때마다 경쟁이 붙었습니다. 아주 크게, 또는 아주 작게 말이에요. 여기에 덧붙여, 의도적으로 big과 small을 바꾸어서 읽어주기도 했어요. big이라고 쓰여 있는 부분은 작은 소리로, small이라고 쓰여 있는 부분은 큰 소리로 읽어준 것이지요. 그랬더니 아이들이 그렇게 읽는 방법은 틀렸다며, 먼저 나서서 big은 크게, small은 작은 목소리로 저에게 다시 알려주었답니다.

이렇게 목소리의 크기나 동작을 이용해서 읽어줄 수 있는 책들은 반대어가 나오는 형용사들이 있는 책이면 좋은 것 같습니다. big, small과 마찬가지로 long 또는 tall과 short, dark와 bright, quiet와 loud, fast와 slow 등과 같이 말이에요. 그리고 이런 형용사들을 주제로 한 영어 그림책들도 심심치 않게 찾아볼 수 있으니 그리 어려운 일은 아니랍니다.

둘째. 책에 나온 것을 응용하여 만들기나 그림을 그려요.

저는 아이들과 영어 그림책을 볼 때, 그림책에 나온 많은 것들을 함께 만들어보려고 노력하는 편입니다. 책과 접목하여 정말로 다양한 활동을 할 수 있습니다. 예를 들면 앞으로 소개할 책인 팀 홉굿Tim Hopgood의 《와~! 놀라운 세상WOW, SAID THE OWL》이라는 책은 세상의 색깔을 보고 놀라는 아기 부엉이 이야기인데 이 책이나 로이스 에 흐러트 Loise Ehlert의《무지개를 심어요 Planting a Rainbow》라는 다양한 꽃의 종류와 색깔을 보여주는 책을 보고나서는 색깔 찾기 놀이를 합니다. 물감을 색깔별로 종이에 짜놓고 한국어와 영어로 색깔 이름을 아이와 함께 말하며 같은 색깔의 물건을 찾아서 그 주위에 함께 모아놓습니다.

특히 다양한 꽃이 나오는《무지개를 심어요 Planting a Rainbow》책은 꽃이 많이 피는 봄에 야외에서 활동하기에 매우 좋답니다. 물감 색깔과 같은 색깔의 꽃을 찾을 때는 일반 사물이 아닌, 살아 있는 꽃을 찾는 것이고, 아이들이 영어뿐만 아니라 자연과도 한걸음 더 친해질 수 있는 계기가 됩니다. 물감과 같은 색깔의 꽃을 찾으러 여기저기 뛰어다니는 모습의 아이들을 보면, 정말로 봄이 왔구나 하고 느낍니다. 더불어 아이들이 이런 자연을 더더욱 마음껏 즐길 수 있기를 바랍니다.

롭 비덜프의《날라갔어 Blown away》책을 읽던 어느 겨울날에는 밖이 북극처럼 추웠습니다. 쌓인 눈으로 북극에 있는 것처럼 놀이를 해도 되겠지만 그러기엔 너무 추웠습니다.

그러던 어느 날, 이제는 너무나도 익숙한《날라갔어 Blown away》책을 읽다가 문득 바로 며칠 전 택배가 올 때 포장되어 왔던 스티로폼 상자가 눈에 띄었습니다. 스티로폼 상자 하나 가득 물을 붓고 파란 물감을 풀어 바다색을 만들었습니다. 그리고 스티로폼 뚜껑을 여러 조각으로 잘라 빙하도 만들고 이것저것 넣어서 펭귄 플로와 친구들이 타고 가는 뗏목도 만들었습니다.

여러 동물 친구들 대신 집 여기저기에서 집히는 레고 피규어를 스티로폼 얼음 위에 올려놓고 우리만의《Blown away》이야기를 만들었답니다. 그렇게 우리가 만든 스티로폼 북극은 그 겨우내 우리 집 한켠에서 아이들의 실내용 놀잇감이 되었습니다.

그 외에도 앞에서 소개했던 책들인《Shark in the Park》나《The Paper Dolls》,《Aliens Love Underpants》처럼 직접 그림을 그려 만들어보기, 줄리아 도널드슨의《Dinosaur Drip》과 같이 알에서 부화하는 책을 보며 직접 달걀 껍질을 부셔보거나 같은 작가의《Giant George》책을 보며 거인 조지가 걸친 옷을 하나씩 다른 동물 친구들에게 벗어주며 도움을 줄 때, 아이에게도 조지처럼 옷을 입히고 하나씩 벗는 흉내도 내는 등 수도 없이 많은 활동을 했습니다.

가끔 그런 아이디어가 어디에서 나오냐고 저에게 묻는 분들도 계십니다. 그렇지만 아이디어는 생각하면 생각할수록 더욱 많이 생기는 것 같습니다. 무심코 보기에는 쓰레기처럼 보이는 것도 조금만 바꿔 생각해보면 아이들과 함께 신나는 만들기를 할 수 있습니다. 그냥 읽기만 했던 책들도 몇 번 이런 활동을 하다보면 그림과 이야기를 보며 접목된 활동으로 뭐가 좋을지 떠오르기도 합니다.

그리고 한 가지 팁을 알려드리면, 영어권에서도 이런 영어 그림책을 활용하여 학교나 유치원에서 직접 수업을 하는 경우도 많기 때문에 인터넷으로 책 제목과 함께 활동 내용 activity 을 검색하면 영어권 학교나 유치원 또는 홈스쿨용으로 사용하는 다양한 수업 자료를 무료로 다운로드 받아서 활용할 수 있는 사이트도 꽤 많습니다. 그런 자료들을 활용하는 것도 매우 좋은 방법입니다.

셋째. 짧고 간단한 단어는 아이들이 읽을 수 있도록 기회를 주세요.

여러 권의 책을 많이 읽는 것도 매우 중요하지만, 여러 번 같은 책을 읽을 때 생기는 장점도 있습니다. 무엇보다 이미 스토리를 다 알고 있는 아이들은 언제 어떤 단어가 나올지 예상할 수 있게 됩니다. 그리고 연령이 낮은 어린이용 영어 그림책일수록 하나의 책마다 강조되는 단어나 문장이 한두 가지씩 있습니다. 여러 번 반복되어 나오는 단어(문장)가 바로 그 책의 키워드인 셈이지요.

아이들이 책의 모든 단어를 다 읽지 못한다고 해도, 그리고 아직 영어 알파벳을 읽지 못한다고 해도, 엄마와 함께 재미있게 여러 번 읽었던 책이라면, 그 책에서 여러 번 반복되는 그 단어(문장)만큼은 그 단어(문장)가 나올 때가 되면 큰소리로 외칠 줄 알게 됩니다. 그때만큼은 읽어주지 말고 아이에게 기회를 주세요. 그 말을 할 수 있는 기회를. 그렇게 하다보면 영어로 말할 수 있는 단어가 하나씩, 둘씩, 그리고 한 문장씩 한 문장씩 자연스럽게 아이들 머릿속에 마음속에 자리 잡게 됩니다.

이렇게 해서 저희 아이들도 《MR BIG》의 Big이라는 단어부터, 《No, David!》의 No, David, 《Dogs》의 I love dogs, 《Brown Bear》의 What do you see?, 《Shark in the Park》의 There's a shark in the park! 등 책 한 권마다 가장 좋아하는 구절이 생겼고, 그 구절이 책 어디쯤 읽을 때 나오는지 다 꿰뚫어보고 있답니다. 그리고 그 구절이 나올 때가 되면 그 말을 하고 싶어서 근질근질해 합니다. 그때 기회를 주는 거지요. 이렇게 해서 영어를 한 마디라도 더 자연스럽게 입 밖으로 낼 수 있는 연습을 합니다.

넷째. 유튜브를 활용해보세요.

유튜브는 때로는 좋지 않은 영향을 주기도 하지만, 교육적으로 매우 유용하게 사용할 수 있는 것도 사실입니다. 요즘에는 뮤직비디오뿐만 아니라 다양한 기계 조작법부터 화장하는 법까지, 거의 모든 것을 유튜브로 배우기도 하는 만큼 유튜브의 영향력은 날이 갈수록 커지고 있습니다. 마찬가지로 영어 그림책도 유튜브에서 쉽게 접할 수 있습니다.

책 제목을 유튜브에서 검색하면 작가가 직접 책을 읽어주기도 하고 스토리텔러가 읽어주는 영상도 종종 볼 수 있습니다. 저는 가능하면 원작가가 직접 읽어주는 것을 주로 찾아서 보여주려고 합니다. 원작가만이 들려주는 맛이 있거든요. 좋은 스토리텔러들도 많지만 어떤 스토리텔러들은 유튜브 조회수를 높이기 위해 본질을 다루지 않는 경우도 더러 있는 것 같습니다.

그렇지만 원작가가 직접 책을 읽어주지 않는 책들도 많이 있어서 그럴 때는 가급적이면 다른 설명 없이 책만 읽어주는 영상을 선택합니다. 이건 개인적인 생각이지만 다른 여러 가지 설명이 있는 것보다는 설명 없이 책 내용에 충실하게 읽어주는 것이 좋은 것 같습니다.

이렇게 유튜브로 영어 그림책을 읽어주는 영상을 보고 있으면, 영국에 있을 때 동네 도서관에서 유아들에게 사서가 책을 읽어주던 장면이 다시 떠오릅니다. 동네 도서관에 가면 일주일에 한 번씩 사서가 미취학 아동들을 대상으로 그림책을 읽어줍니다.

그때에도 다른 어떠한 추가 설명도 없이, 사서는 오로지 책 내용에만 충실하게 읽어줍니다. 엄마 아빠들과 아장아장 손잡고 모여든 아기들은 집에서도 부모님들이 책을 읽어주지만, 도서관이라는 장소에서 사서가 읽어주는 새로운 환경에서 더더욱 눈을 반짝이며 이야기에 몰입합니다.

저희 아이들도 영국에서 어린이집이나 학교에 다니기 전에, 매주 정기적으로 이와 같은 동네 도서관의 스토리텔링 프로그램에 가서 사서가 읽어주는 그림책을 열심히 보았답니다. 그때는 아직 영어도 모를 때였지만, 뭐가 그리 재미있었는지 그 시간만큼은 아이들이 매우 집중해서 그림책 이야기를 들었습니다.

지금은 영국과 같은 그런 환경이 쉽지 않으므로, 동네 도서관을 유튜브가 대신 하는 셈입니다. 이렇게 유튜브를 좋은 방향으로 적극 활용하는 것도 한 가지 방법이라고 생각합니다.

유튜브 외에도 각 작가마다 홈페이지를 찾아가보시면 작가가 집필한 그림책들의 무료 교육용 자료도 다운로드 받을 수 있기도 하답니다.

우리 아이가 읽은 도서목록 III: 아이의 상상력이 커지는 그림책 편

1
- 제목: 지은이: 날짜:
- 주인공:
- 내용:
- 가장 많이 사용된 표현:

2
- 제목: 지은이: 날짜:
- 주인공:
- 내용:
- 가장 많이 사용된 표현:

3
- 제목: 지은이: 날짜:
- 주인공:
- 내용:
- 가장 많이 사용된 표현:

4
- 제목: 지은이: 날짜:
- 주인공:
- 내용:
- 가장 많이 사용된 표현:

5
- 제목: 지은이: 날짜:
- 주인공:
- 내용:
- 가장 많이 사용된 표현:

네 번째
아이와 다양한 주제로 이야기할 수 있는 그림책

자연 속에
숨은 색깔

WOW! SAID THE OWL
와우! 새드 더 아울

Tim Hopgood 팀 홉굿

우리가 보는 모든 것은 색으로 이루어졌습니다. 그래서 올리버 제퍼스도 《HERE WE ARE》의 그림에 최대한 다양한 자연의 색깔들을 사용하여 그림을 그리려고 했습니다. 그리고 그렇게 다양한 색깔을 조화롭게 잘 사용하는 것이 올리버의 특징이기도 합니다.

그렇지만 자연 속에서 색 전체의 조화를 보는 것도 중요하지만 각각의 색깔마다 다른 개성이 있고 그런 색깔을 하나하나 자세히 알아가는 것도 글자를 하나씩 하나씩 배워가는 것만큼 중요합니다. 이렇게 아이들에게 색깔을 알려주는 좋은 책들은 매우 많습니다. 그런 책들 모두 재미있는 소재를 다루고 있고요.

《WOW! SAID THE OWL》은 밤에만 활동하고 낮에는 잠을 자야 하는 올빼미 중 아기 올빼미가 도대체 낮 세상은 어떤지 궁금해서 잠을 자지 않고 세상을 바라보는 이야기입니다. 사실 이미 많은 이야기들이 비슷한 소재를 다루고 있어요. 하지만 이 책은 보는 아이들마다 모두 좋아합니다.

각각의 페이지마다 한 가지 색으로 선명하게 가득 채우고 있고, 역시나 짧고 간결한 문장으로 모든 것을 설명해주고 있습니다. 각 페이지마다 "와! 올빼미가 말했어요!WOW! SAID THE OWL"라는 말도 빠지지 않고요.

이 책을 보는 독자도 마치 올빼미가 보는 것처럼 새로운 색깔을 책장을 넘길 때마다 접하게 되고, 그때마다 페이지 하나 가득 채운 색깔을 보며 자연 속에 숨은 색의 경이로움을 느끼게 됩니다. 그래서 이 책의 부제는 '색깔에 관한 책A book about colours!'이랍니다.

무엇보다 이 책의 작가인 팀 홉굿은 강렬한 색으로 활동하는 작가로 유명합니다. 그래픽 디자이너로 일하다가 45세가 되어서야 그림책 작가로 등단하였지만, 그의 책들은 모두 화려하고 선명한 색들을 사용하고 있고, 그래서 보는 아이들마다 그의 신비로운 색깔의 세계에 빠져들게 됩니다. 그런 그림의 그림책들을 보면서, 아이들은 각 색깔을 영어로도 배울 수 있게 되죠.

《WOW! SAID THE OWL》을 수도 없이 보며 아이들은 이 책에 나오는 색깔의 이름이 한국어로 말하는 색인지 영어로 말하는 색인지 구분하지 않을 정도로 익숙해지며, 나중에는 색깔을 영어로 말해주지 않더라도 책장을 넘길 때마다 먼저 색깔 이름을 소리치며 봅니다. 더불어 이렇게 화려한 색깔의 책을 본 날에는 다채로운 물감을 사용하여 물감놀이도 함께 하면 아이들은 더더욱 좋아하지요.

　영국의 어떤 아빠도 이 책이 아이가 가장 좋아하는 베드타임 스토리 책이라며, 매일 밤 자기 전에 이 책을 몇 번씩 보고 또 보고 그러면서 잔다고 하더군요. 뭐가 그렇게 아이들이 팀의 그림을 좋아하게 만드는지 모르겠지만, 이 책을 보는 아이들마다 그렇게 좋아하는 것을 보면, 팀의 그림은 분명 매력적인가 봅니다.

　전 세계 20개국 언어로도 번역되어 이 세상 모든 어린이들에게 사랑받는 책이 되었답니다.

　이렇게 화려한 색들을 모두 구경한 아기 올빼미가 가장 좋아하는 색은 무엇이었을까요?

17

지렁이로 배우는 숫자라니!

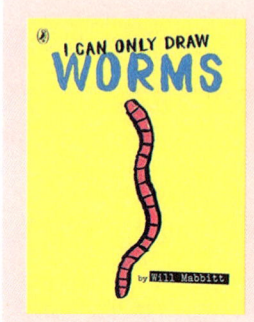

I CAN ONLY DRAW WORMS
아이 캔 온리 드로 웜즈

Will Mabbit 윌 마빗

이 세상의 모든 엄마들이 싫어하는 것이 있습니다. 그런데 이것을 이 세상 모든 아이들은 웅크리고 앉아 뚫어져라 쳐다보지요. 그것은 바로 다름 아닌 '지렁이!'

그렇습니다. 지렁이를 보는 아이들은 전 세계 어디든 쭈그리고 앉아서 꾸불꾸불한 지렁이를 관찰합니다. 때로는 만져보기도 합니다. 으~~~ 징그럽지도 않나 봐요.

그런데 참 이상하지요? 국적을 불문하고, 아이들이 좋아하는 것들은 모두 같습니다. 지렁이, 코딱지, 똥… 왜 그럴까요? 본능일까요?

지렁이 한 마리만 그려져 있는《I CAN ONLY DRAW WORMS》라는 이 책은 제목처럼 지렁이만 한 마리 덩그러니 그려져 있습니다.

이 책도 역시 다른 아무 설명 없이도 보는 아이들마다 너무너무 좋아하는 책이랍니다.

영국에서 재우를 어린이집에 데려다 주던 어느 날 아침, 책 코너의 책상에 이 책이 여러 권 놓여 있었습니다. 그 주의 학습 주제가 아마 '자연'이나 '봄' 이런 것이었겠지요. 선생님들은 의도적으로 이 책들을 꺼내놓았고, 다른 날과는 다르게 아이들도 이 책으로 몰려듭니다. 평소에는 책 코너는 들리지도 않던 아이들도 한 번씩 슬쩍 훔쳐보고 가더군요. 책 표지의 그림만 봐도 재미있나 봅니다.

책 표지를 넘기면 짧은 한 문장이 나옵니다. "이 책은 지렁이에 관한 책입니다 This book is about worms." 라고요. 그렇겠지요. 표지에도 지렁이만 한 마리 있는데, 무슨 설명이 더 필요하겠어요? 그런데 아래쪽 괄호 안에 또 작은 설명이 있습니다. "저는 지렁이만 그릴 수 있습니다 I can only draw worms." 라고 말이에요. 이 부분에서 벌써부터 아이들은 뭔지 모를 자신감을 갖게 됩니다. 적어도 스스로 지렁이보다는 많은 것을 그릴 수 있다고 생각하는 것 같아요.

그리고 첫 페이지를 넘기면 아니나 다를까, 텅 빈 공간에 지렁이 한 마리만 그려져 있습니다. 그리고 설명하지요. "여기 지렁이 하나가 있습니다 Here's worm ONE." 도대체 그걸 누가 모른다고 설명을 하는 걸까요.

그렇지만 신기하게도 아이들은 이렇게 짧은 한 문장과 지렁이 하나밖에 없는 그림에도 이미 몰두해 있습니다. 정말 신기하지요. 아이들의 주목을 끄는 방법을 작가는 알고 있나 봅니다. 그림만 보면 다음 페이지에도, 그 다음 페이지에도, 처음부터 끝까지 정말로 지렁이 그림밖에 없습니다. 어떤 때는 어느 지렁이가 어느 지렁이인지 구분이 안 간다며 지렁이 한 마리에 안경을 씌워주기도 하고요. 한 마리는 색깔을 다르게 하기도 하고, 그러면서 지렁이 열 마리까지 그립니다. 그리고 이 책은 끝이 납니다.

허무한 것 같기도 하지만, 지렁이 열 마리를 그리며, 한 마리 한 마리 소개할 때마다 또 각각의 이야기가 담겨 있습니다. 어떤 페이지에서는 다음 페이지에 하늘을 나는 유니콘을 탄 지렁이를 그린다고 기대하라고 했다가 다시 지렁이만 한 마리 그려놓고는 "저는 나는 유니콘을 그릴 수 없어요 I can't draw flying unicorns."라고 말합니다. 처음에 "저는 지렁이만 그릴 수 있습니다 I can only draw worms"라고 말한 것이 거짓말은 아닌가 봅니다.

그런데 정말 신기한 것은 아이들은 이런 것을 너무너무 좋아한다는 것이에요. 잔뜩 유니콘을 기대하고 있다가, 다시 지렁이만 그린 그림을 보여주며 "저는 지렁이만 그릴 수 있습니다 I can only draw worms."라고 말하면, 깔깔대며 웃습니다. 여덟 번째 지렁이를 소개할 때는 지렁이가 반으로 잘라지면 cut in half 지렁이 두 마리가 된다는 것은 말도 안 된다고 합니다. 지렁이가 잘라져서 지렁이 두 마리가 되었지만, 여기에서는 여덟 번째 지렁이, 아홉 번째 지렁이가 아닌, 여덟 번째 지렁이 worm eight 와 여덟 번째 반 지렁이 worm eight and a half 라고 우깁니다. 참 내, 정말 기가 막히지요.

책 설명과 달리 재우처럼 여덟 번째 반 지렁이가 아니라 끝까지 아홉 번째 지렁이라고, 그래서 모두 지렁이가 열 마리가 아니라 열한 마리 있다고, 영어로 "worm eleven"이라고 우기는 아이들도 있긴 하더군요.

여하간 우여곡절 끝에 잃어버린 지렁이도 찾고, 지렁이 열 마리가

모두 한 자리에 모입니다. 열 번째 지렁이나 첫 번째 지렁이나 다 거기서 거기처럼 보이지만, 작가 말대로 자세히 보면 조금씩은 뭔가 달라 보입니다. 정말로 우리가 길에서 보는 지렁이도 아무리 많아도 다 거기서 거기처럼 보이잖아요.

그런데 이 책에서는 열 마리 모두 모아놓고 뭔가 엄청난 것을 한 것처럼 보여줍니다. 그리고 마지막 장에서 다시 첫 번째 페이지가 반복됩니다. "이 책은 지렁이에 관한 책이었습니다This book was about worms. 저는 지렁이만 그릴 수 있습니다I can only draw worms."라고요. 쳇, 그게 뭐 대수인가요.

그러나 혹시 눈치 채셨나요? 첫 페이지의 첫 문장과 마지막 페이지의 문장은 같은 문장이지만 다르다는 것을요. 지렁이가 다 똑같이 생겨 보이지만 아주 조금씩은 다른 것처럼. 그렇습니다. 첫 페이지에는 "이 책은 지렁이에 관한 책입니다This book is about worms"라는 현재형, 마지막 페이지는 이미 책 읽기를 끝낸 상태이므로 "이 책은 지렁이에 관한 책이었습니다This book was about worms"라는 과거형으로 바꾸었지요.

이렇게 이 책을 보며 아이들은 지렁이로 하나부터 열까지, 게다가 하나 반one and a half, 둘 반two and a half, 이렇게 영어로 숫자를 셀 수 있게 됩니다. 나중에는 "Here's worm ONE", "Here's worm TWO" 같은 말은 누가 읽을 기회도 안 주고 먼저 말해버리지요. 그리고 무엇보다 "I can only draw worms"라는 말은 확실히 배웁니다. 그러면서 정말로 종이에 같이 그림을 그려봅니다. 그러면 아이들은 적어도, 본인이 그린 지렁이는 이 책의 지렁이보다 더 잘 그렸다고 생각하며 의기양양해합니다. 그러면서 또 다시 하나씩 하나씩 세어보곤 합니다.

지렁이는 클레이도 만들기 쉽고 2차원으로만 그리던 것을 3차원으로 만들며 여덟 번째 지렁이는 잘라 보기도 하며 더욱 실제 같이 느끼며 만들 수도 있습니다. "Here's worm ONE, here's worm TWO"라며. 꼬물꼬물 지렁이를 그리는 손과 오물오물 짧은 발음으로 영어로 말하는 아이의 입술을 보고 있으면, 땅 위에서 꿈틀거리는 지렁이를 쳐다보는 것보다는 훨씬 행복하답니다. 그렇지 않나요?

"I can only draw worms"라는 말이 익숙해지면 아이들은 페이지를 넘길 때마다 "I can only draw worms"라고 소리를 지르곤 하지요. 그리고 거기에 다른 사물을 넣어서 말해보기도 합니다. "I can only draw dots", "I can only draw circles", "I can only draw butterflies", "I can only draw boxes", "I can only draw trees" 이런 식으로 말이에요.

그냥 제 생각이지만, 지렁이 한 마리로 이렇게 아이들 마음을 사로잡은 윌 마빗Will Mabbit은 혹시 진정한 천재가 아닐까 생각해 봅니다.

 반대는 뭘까?

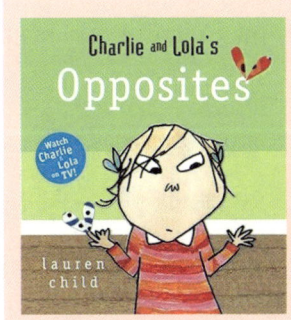

Charlie and Lola's: Opposites
찰리 앤 롤라: 아퍼짓

Lauren Child 로렌 차일드

번역서 제목: 찰리와 롤라, 반대말 놀이

  뭔가 항상 조금은 불만스러운 표정, 까칠해서 쉽게 다가갈 수 없을 것 같은 표정이지만 매력이 넘치는 찰리와 롤라 이야기는 이미 한국어로도 여러 시리즈가 번역되었고, 한국에서도 가장 많이 읽히는 원서 시리즈 중 하나이기도 합니다.

  찰리와 롤라는 우리가 일상생활에서 흔히 접하는 이야기들을 소재로 다루며 여러 가지 에피소드들을 책으로 출간하였죠. 그런데 아이들의 눈높이에 딱 맞추어서 그런지, 아니면 아이들의 심리를 잘 파악해서 그런지, 모든 시리즈가 베스트셀러입니다. 그 인기에 힘입어 영국에서는 TV에서도 인기리에 방영되고 있습니다.

  그렇다면 이 까칠한 아이들이 《반대Opposites》라는 책에서는 어떤 이야기를 들려줄까요? 사실 별거 없어요. 책 제목 그대로 반대되는 사물들을 보여주며 반대어를 알려준답니다. 한 페이지에 한 단어씩 알려주면서 말이에요. '많다many'와 '적다few', '크다big'와 '작다small', '같다same'와 '다르다different'와 같이 말이에요.

사실 반대어를 알려주는 책들은 수도 없이 많이 있습니다. 그런데 이 책을 소개하는 이유는 바로 찰리와 롤라 시리즈의 입문 단계이기 때문입니다. 수많은 찰리와 롤라 시리즈들이 있는데 쉬운 책들도 있지만 책들이 점점 더 수준이 높아지며 어려운 표현들도 나오게 됩니다.

그런데 다른 영어 책들은 보지 않더라도 찰리, 롤라 시리즈만 다 보아도 웬만한 영어 표현은 무리 없이 할 수 있다는 것, 아시나요? 그러기 위해서는 우선 찰리, 롤라와 친해지는 것이 급선무이겠지요. 그래서 찰리, 롤라 시리즈 중 가장 쉬운 단어들로 이루어진 책 중 하나인 이 책으로 반대어를 공부해보길 추천합니다.

아시잖아요. 아이들은 모두 캐릭터에 빠진다는 것을. 찰리, 롤라와 함께 시작할 수 있는 다른 쉬운 책들은 숫자를 다루는《Charlie and Lola's: Numbers》, 다양한 모양을 알려주는《Charlie and Lola's: Shapes》, 물건들을 알려주는《Charlie and Lola's: Things》등이 있지요.

아이들이 좋아하는 다른 여러 캐릭터들도 있지만, 신비 아파트나 포켓몬뿐만 아니라 찰리, 롤라와도 친숙하게 만들어주는 것은 어떨까요? 그러면 찰리와 롤라와 함께 자라면서 영어의 깊이도 더해갈 수 있답니다. 일단 어려서부터 익숙하면 거부감이 덜하니까요.

찰리, 롤라와 친해진다면, 서점에 가서 여러 가지 책들이 있더라도

 자연스럽게 찰리와 롤라의 다른 시리즈 책에도 손이 가겠지요? 저희 아이들도 그렇답니다. 물론 마인크래프트나 포켓몬 책도 고르지만, 집에서 익숙한 찰리와 롤라도 빠지지는 않거든요.
 영국 아이들도 어려서부터 찰리, 롤라와 함께 자란 아이들은 중고등학생이 되어서도 여전히 찰리, 롤라의 팬이라며 다음 이야기를 기다리고 있답니다.

19

너와 나와 같은 아이야

Susan Laughs 수잔 래프
Jeanne Willis 진 윌리스
번역서 제목: 수잔이 웃어요

수잔이 웃습니다 Susan Laughs.

수잔이 노래합니다 Susan Sings.

수잔은 행복하고, 수잔은 슬픕니다 Susan's happy, Susan's sad.

수잔은 수영합니다 Susan swims.

수잔은 부끄럽고, 수잔은 시끄럽습니다 Susan's shy, Susan's loud.

수잔은 약하고, 수잔은 강합니다 Susan's weak, Susan's strong.

수잔은 안아주고, 수잔은 듣습니다 Susan hugs, Susan hears.

그 외에도 수잔은 다른 많은 것들을 합니다.

마치 다른 모든 아이들이 그런 것처럼요.

나처럼, 그리고 당신처럼 말이에요 Just like me, just like you.

이 책의 마지막 장을 보기 전까지는 그냥 평범한 그림책인 줄 알았습니다. 한 페이지마다 한 가지씩 수잔이라는 주인공 아이의 행동이나 기분을 그리고, 그 밑에 한 줄 설명으로 동사를 배울 수 있겠다 싶었지요. 그리고 실제로 그렇게 하기에 매우 유용한 책입니다.

저는 아이들과 이 책을 읽으며 'Susan'이라는 이름 대신 아이들의 이름으로 바꾸어 읽어주곤 합니다. 그리고 이야기에 나온 동사를 아이들과 함께 그대로 행동으로 표현하기도 하지요. 'Swim'이 나오면 수영하는 흉내를 하고 'hug'가 나오면 정말로 아이들을 안아줍니다. 그렇게 하면서 아이들과 함께 읽기에 무엇보다 좋은 책입니다.

그러나 이 책의 가장 감동적인 부분은 바로 휠체어에 앉아서도 밝은 표정으로 독자를 쳐다보고 있는 수잔이 있는 마지막 페이지입니다. 책에서는 수잔이 장애인이라는 것을 문장으로는 한 번도 나타내지 않았습니다. 가장 마지막 페이지의 그림을 보고서야 수잔은 일반 아이들과 다르다는 것을 알 수 있지요. 그러나 그녀는 세상 그 어느 누구보다 행복한 표정을 하고 있습니다.

영국의 BBC 방송에 한 번은 의족을 찬 어린 여자 아이가 학교에 오랫동안 가지 못하다가 오랜만에 등교를 하는 모습이 나왔습니다. 오랜만에 그 아이를 본 친구들은 하나같이 아이에게로 뛰어와 아이를 안아주고 반가워해 주며 함께 놀자고 손을 잡고 어디론가 갑니다. 그 아이의 의족은 친구들과의 사이에서 아무런 장애물이 되지 않았습니다.

그 아이의 친구들에게는 의족을 하고 있어서 나와는 다른 아이가 아니라, 의족과는 상관없이 그저 나와 같은 아이이며 함께 놀고 싶은 친구일 뿐입니다. 짧은 그 장면을 보며 가슴이 뭉클해졌습니다.

Susan rides,

Susan spins,

　겉모습이 어떻든 상관없이 나와 다르다고 색안경을 끼고 보는 것이 아니라, 있는 그대로를 받아들이는 그 아이들이야말로 정말 아름다운 마음을 가진 아이들이겠지요. 그런데 이런 모습은 그 학교만 특별히 있는 것이 아니랍니다. 영국의 아이들은 장애인이건 피부색이 다르건 크게 신경 쓰지 않는 것 같습니다.

　그러니 저희 아이도 처음 영국에 가서 영어 한 마디도 못하고 동양인이라고는 다섯 손가락 안에 꼽을 정도로 영국인들만 가득한 학교에 다니면서도 한 번도 차별을 받은 경험이 없었습니다.

　오히려 영국인 친구들이 영어를 가르쳐주겠다며 다가와서 재미있게 놀 수 있었습니다. 휠체어를 타고 다니는 아이들도, 다운증후군 아이들도 마찬가지로 아이들과 모두 함께 어울립니다.

　그런데 몇몇 사람만이 그런 것도 아니고, 또 어느 날 갑자기 하루아침에 차별을 하지 않기로 했다고 해서 이루어지는 것도 아닙니다. 겉모습으로 차별을 하지 않는 그 비결은 바로 이와 같은 그림책에,

또 장애인 진행자가 진행하고 다운증후군 아이들이 출연하는 어린이 방송에, 겉모습이 다르더라도 똑같이 대하는 교사들의 교육 철학에 의해 오랫동안 잠재되어 있던 것이겠지요.

서울의 어느 지역에 장애인 학교를 세운다고 주변의 몇몇 학부모들이 반대한다는 기사를 본 적이 있습니다. 학교에서 다문화 체험을 한다고 다문화 가정 어머님들이 열심히 그 나라 문화를 알리기 위해서 준비했는데, 다음 날 아이가 학교에서 돌아와서 친구들이 지금까지는 몰랐었는데 다문화 가정 출신이라는 것을 알게 되어 오히려 놀렸다며 펑펑 울었다는 이야기 등도 듣게 됩니다. 우리나라에서도 나와 다르다고 차별하거나 오히려 놀려대는 시선이 사라지기를 간절히 바랍니다.

숨은 보석 같은 고전 그림책

Mog the Forgetful Cat 모그 더 포겟풀 캣
Judith Kerr 주디스 커
번역서 제목: 깜박깜박 잘 잊어버리는 고양이 모그

    100년이 넘은 피터 래빗과 친구들은 20세기 최고의 아동문학으로 손꼽히는 작품입니다. 전 세계 24개 언어로 출간되었고 1억 부 이상 팔린 고전 그림책입니다. 피터 래빗의 배경이 된 영국의 호수 지방 Lake District에 가면 작가 비아트릭스 포터 Beatrix Potter와 피터 래빗의 흔적들을 볼 수 있습니다. 그만큼 널리 알려져 있지요.

    그런데 여기 또 다른 숨어 있는 고전 그림책이 있습니다. 피터 래빗보다는 덜 오래되었지만, 고양이 모그 Mog 시리즈 역시 50년 가까이 영국 어린이들의 사랑을 받고 있는 숨은 보석 같은 책이랍니다. 23권으로 이루어진 피터 래빗과 친구들 이야기처럼, 모그 시리즈는 17권으로 이루어져 있습니다. 각각의 책마다 다른 에피소드를 담고 있지만, 그중 《깜빡깜박하는 잘 잊어버리는 고양이 모그Mog the Forgetful Cat》가 가장 첫 번째 작품입니다. 영국 아이들이 모그 시리즈 중 다른 책들은 보지 않더라도 이 책만큼은 한 번씩은 다 볼 정도로 아이들에게 매우 사랑받는 책이랍니다. 실제로 주인공 모그를 진짜 고양이처럼 만든 인형도 벌써 수년째 책과 함께 인기리에 팔리고 있습니다.

피터 래빗과 친구들은 여러 동물들을 사람 같은 캐릭터로 만들어 이야기하며 잔잔한 영국의 시골 마을 풍경을 그림 속에 담아냅니다. 모그 시리즈에서 모그는 의인화된 캐릭터가 아닌, 정말 말 그대로 집에서 키우는 애완 고양이이고, 평범한 영국인 토마스 가족의 일상, 평범한 영국의 마을 풍경을 고양이의 시각으로 보여줍니다. 그리고 아이들은 그런 모그를 마치 자신의 애완 고양이인 것처럼 매우 사랑합니다. 북트러스트에서도 유머를 곁들인 따뜻한 그림과 이야기가 있는 이 책을 미취학 아동들에게 적극 추천하고 있답니다.

고양이가 하는 행동 하나하나를 재미있게 묘사하는 이 책은 이야기 구성도 탄탄합니다. 모그는 제목 그대로 고양이이지만 깜빡 잊어버리기를 잘 하는 고양이the forgetful cat입니다. 때로는 저녁 먹은 것을 깜빡합니다she forgot that she's eaten it. 어떤 날은 고양이는 날 수 없다는 것을 깜빡합니다Once she forgot that cats can't fly. 무엇보다 모그는 말썽꾸러기입니다. 가는 곳곳마다 사고를 쳐서 토마스 가족을 난처하게 합니다. 사실 모그의 진심은 그렇지 않은데요.

그러던 어느 날 모그는 집 밖으로 나왔다가 집 안으로 들어가지 못하는 사고를 치는데, 그 순간 역시나 의도하지 않았지만 토마스 가족을 위기에서 구해줍니다. 그리고 영웅super star이 되지요. 과연 이 말

썽꾸러기 고양이 모그는 토마스 가족을 어떻게 위기에서 도와주었을까요?

   모그 책을 다 보고나서는 한동안 제가 뭔가 깜빡한 일이 있으면 아이들은 저 보고 모그 같다며 놀리곤 했습니다. 그럼 저는 모그처럼 "I forgot…"이라며 책 속에서 반복된 "…을 깜빡했습니다"라는 표현을 사용하여 말해주었죠. 그러면 현우는 "remember to…"라며 제가 잊어버린 것을 기억하라고 이야기해주곤 했습니다. 모그는 비록 책 속의 고양이이지만 저희 아이들도 매우 좋아하는 친구였습니다.

   우리나라에서 모그가 피터 래빗보다 아직 덜 알려진 것이 아쉬울 뿐입니다. 아이들에게 영어 그림책을 보여준다면, 지금까지 소개한 현대 아동문학뿐만 아니라, 모그와 같은 숨어 있는 고전 그림책을 보여주는 것도 좋지 않을까 생각합니다. 오랫동안 영국 아이들에게 사랑받아온 이유가 있을 테니까요.

작가 소개

로렌 차일드 Lauren Child

북트러스트에서는 우수한 작품 활동을 하는 우수 작가를 선정하여 2년마다 우수 작가상 Children's Laureate Award을 수여합니다. 찰리와 롤라의 작가인 로렌 차일드 Lauren Child가 바로 2017~2019년의 수상자입니다.

1967년 윌트셔어 Wiltshire 지역에서 태어난 차일드는 맨체스터 폴리테크닉 Manchester Polytechnic과 런던 미술 학교 London Art School에서 미술을 전공한 후 다양한 일에 종사해왔습니다. '사람들을 위한 샹들리에 Chandeliers for the People'라는 이국적인 조명을 판매하는 사업도 했었지요. 그러다가 1999년도에 《나도 애완동물을 갖고 싶어! I Want a Pet!》와 《클라리스 빈, 그게 바로 나에요 Clarice Bean, That's Me》라는 두 권의 책을 출간하고, 본격적인 그림책 작가로서 활동을 하게 됩니다.

그중 이후에도 시리즈로 계속 출간되는 클라리스 빈의 첫 번째 이야기는 네슬레 상 Nestle Smarties Book Prize 후보에 오르게 되고, 2000년에 출간된 《나는 절대로 절대로 토마토를 먹지 않을 거에요 I will Not Ever, Never Eat a Tomato》와 2002년 출간된 《요런 고얀 놈의 생쥐 That Pesky Rat》가 연이어 케이트 그린어웨이 상 Kate Greenaway Medal 수상작으로 선정되며 계속해서 우수한 작품 활동을 이어갑니다.

그리고 그녀의 《찰리와 롤라》 시리즈는 2005년부터 영국의 어린이 방송국인 CBBC에서 애니메이션 시리즈로 제작되어 방영되며,

그녀의 인기는 날로 높아집니다. 이 시리즈는 영국뿐만 아니라 전 세계 34개국에서도 방영되었습니다. 2015년 찰리와 롤라의 15주년과 이 시리즈의 TV 프로그램 방송 10주년을 맞이하며 로렌 차일드는 2017~2019년의 북트러스트 우수 작가상으로 선정되는 영예를 안게 됩니다.

찰리와 롤라 시리즈의 최근작으로는 2017년에 출간된《찰리와 롤라: 멋진 귀를 가진 개를 키우고 싶어 Charlie and Lola: A Dong with Nice Ears》 등이 있습니다. 또한 북트러스트의 우수 작가로 선정되기에 앞서 2008년에는 유네스코가 지정한 평화 예술가로 선정되기도 합니다.《클라리스 빈》은 어린 연령의 아이들을 위해 제작되기 시작했지만 그 후 청소년기 아이들이 읽을 수 있는 소설로도 출간되며 그녀의 캐릭터들은 아주 어린 아이부터 청소년까지 다양한 연령대를 걸쳐 두루 사랑을 받고 있습니다.

그녀의 작품은 그림 자체도 재미있지만 다양한 재료를 사용한다는 특징이 있습니다. 잡지를 자르거나 다양한 재료의 콜라주, 사진 등을 전형적인 수채화 그림에 함께 접목하는 것이 그녀만의 특징입니다. 그녀의 그림은 어른들의 평범한 행동을 관찰하며 영감을 얻거나 자신의 어린 시절 기억에서 영감을 얻는다고 합니다.

일간지 〈데일리 텔레그래프〉와의 인터뷰에서 그녀는 어려서 우디 앨런의 작품을 보며 어떻게 하면 인물을 그릴지 배웠다고 밝힌 적이 있습니다. 지금은 현실 속에서 사람들이 실제로 하는 행동을 관찰하며 그림에 대한 영감을 얻습니다.

예를 들면 슈퍼마켓에서 장을 볼 때, 정장을 입은 남자가 장바구니에 물건을 담고 있는 모습을 보면 저녁으로 무엇을 먹을지 상상해보곤 한답니다. 그러면서 그림의 소재를 얻게 되는 것이지요.

또한 그녀는 말합니다. 어른들도 때로는 매우 어린 아이처럼 보일 정도로 연약한 존재라고요. 그녀는 그녀가 탄생시킨 캐릭터를 통해서 모든 사람들에게 공통적으로 보여지는 그러한 모습을 전달하고자 합니다.

그러나 처음부터 이렇게 승승장구를 했던 것은 아니라고 해요. 그녀의 첫 번째 책인 《클라리스 빈》이야기는 출간되자마자 곧바로 베스트셀러가 되며 네슬레 상 후보작에도 올랐지만, 사실은 수많은 출판사에서 거절당해 책으로 출간되기까지 5년이란 시간이 걸렸습니다. 많은 작가들이 그랬던 것처럼, 로렌 차일드라는 옥석이 가려지는 데는 오랫동안 연단의 시간을 지나야 했나 봅니다.

출처: https://literature.britishcouncil.org/writer/lauren-child

작가 소개

주디스 커 Judith Kerr

1923년 독일 베를린에서 태어난 주디스 커는 히틀러 정권을 피해 그녀가 아홉 살이던 1933년 부모님과 오빠와 함께 독일을 탈출합니다. 그녀의 아버지 알프레드 커(Alfred Kerr, 1867~1948)는 독일에서 널리 알려진 작가였는데 나치 정권에 반대하는 이야기를 썼다가 그의 책들이 나치에 의해서 모두 불태워지기까지 했습니다. 게다가 그는 유대인이자 그의 아내, 즉 주디스의 어머니인 줄리아 와이즈만(Julia Weismann, 1898~1965)은 프러시아 정치인의 딸이었으므로 그 시절에 그의 가족은 독일에 있을 수가 없는 상황이었습니다.

그의 가족은 그렇게 독일을 탈출하여 스위스를 거쳐 프랑스를 지나 1936년 드디어 영국에 도착합니다. 나치 정권을 피해 온 가족이 독일을 탈출하는 이런 드라마 같은 그녀의 어린 시절 삶 이야기를 들으면 영화 〈사운드 오브 뮤직〉이 단지 영화 속 이야기만은 아니구나 하고 깨닫게 됩니다. 실제로 주디스는 자신의 아들이 여덟 살 때 영화 〈사운드 오브 뮤직〉을 처음으로 함께 보았는데, 이 영화를 보며 아들에게 "엄마가 어렸을 때는 저런 시절을 보냈단다"라며 설명했다고 합니다. 그때 아들이 그런 전쟁 시절을 더욱 잘 이해할 수 있도록 알려주고 싶어서 쓴 책이 《히틀러가 분홍 토끼를 훔쳤을 때 When Hitler Stole Pink Rabbit》입니다.

주디스는 어려서부터 우수한 학생이었고, 1945년에는 중앙 미술

학교Central School of Arts & Crafts에 장학생으로 입학합니다. 어려서부터 작가가 되고 싶었지만, 전쟁 중에는 적십자에서 군인들 간호하는 일을 하기도 했고 그 이후에는 주로 BBC 방송 작가로 일했습니다.

그녀가 그림책 작가로 활동하게 된 것은 그녀의 아이들이 글을 읽기 시작할 때쯤부터였다고 합니다. 앞에서 소개한 다른 몇몇 작가들처럼 자신의 아이들을 위해서 직접 그림책을 만들기 시작한 것이지요. 그녀의 대표작인 《모그Mog》 시리즈는 영국 어린이들에게 가장 오랫동안 사랑받는 책 중 하나이며 《차 마시러 온 호랑이The Tiger Who Came to Tea》는 영국 아이들이 반드시 한 번쯤은 꼭 읽는 고전 그림책이 되었습니다.

뿐만 아니라 그녀는 어린이 및 청소년을 대상으로 한 소설책도 여러 권 출간하였는데, 주로 그녀가 어린 시절 겪었던 전쟁 이야기를 책으로 엮어 그녀가 전쟁을 겪던 나이대의 아이들에게 전쟁 이야기를 생생하게 들려주고자 노력을 기울였습니다. 《히틀러가 분홍색 토끼를 훔쳤을 때When Hitler Stole Pink Rabbit》, 《데인티 이모에게 떨어진 폭탄Bombs on Aunt Dainty》, 《멀리 간 작은 아이A Small Person Far Away》 등 세 권의 히틀러 시절 시리즈는 그녀 스스로의 자서전이기도 합니다. 1930년대 독일의 나치 정권과 난민으로서의 그녀의 삶, 2차 세계대전 중 영국에서의 삶, 그리고 전쟁 이후와 냉전 시대의 삶까지, 어린 아이의 시각으로 그려내는 이야기입니다. 매우 훌륭한 작품성과 생생한 역사적 이야기 덕분에 영국 청소년들에게 어느새 고전문학처럼 자리 잡았습니다.

그녀는 백세가 가까운 지금까지도 작품 활동을 쉬지 않고 있습니다. 1954년 나이젤 닐Nigel Kneale과 결혼한 그녀는 1962년부터 지금까지 계속 런던의 한 집에서 살고 있는데, 평생을 같이 해온 남편이 2006년 타계한 이후 그녀에게 작품 활동은 더더욱 중요한 일이 되었다고 합니다. 가장 최근 대표작 중 하나로는 2009년의 《동물원에서의 하룻밤One Night in the Zoo》이 있습니다.

《히틀러가 분홍색 토끼를 훔쳤을 때When Hitler Stole Pink Rabbit》로 1974년 독일 어린이 문학상Deutscher Jugendliteraturpreis을 수상한 것을 비롯하여 2016년 공로상Lifetime Achievement Award을 수상하기까지 그녀의 수상 경력도 화려합니다. 뿐만 아니라 2013년 설립된 영국의 첫 번째 영어-독일어 이중언어 학교인 주디스 커 초등학교Judith Kerr Primary School도 그녀의 이름을 따서 설립되었지요.

그녀의 영향을 받은 자녀들도 역시 그녀만큼 영향력 있는 삶을 살아가고 있습니다. 딸인 테시 닐Tecy Kneale은 특수효과 분야에서 디자이너로 활동하는데 〈해리포터〉 영화 제작에도 참여하였고, 아들 매튜 닐Matthew Kneale은 영국의 윗브레드Whitbread Book Awards 상을 수상한 《영국인 승객English Passengers》이라는 소설로 유명한 소설가로 활동하고 있습니다. 백년 가까운 인생을 산전수전 다 겪으며 살아온 그녀의 발자취를 따라가 보면 그녀야말로 정말 꽉 찬 인생을 살아온 것 같습니다.

《안네 프랑크의 일기》를 쓴 안네와 동시대를 살아간 그녀. 꽃다운 나이에 죽었지만 훗날 출판된 일기로 인하여 나치 정권 시절의 이야기를 전달한 안네와 달리, 그녀는 2019년 96세의 나이로 세상을 뜨기까지 활발히 활동하며 그 시절의 이야기를 생생히 전해주었습니다. 역사를 잊어서는 안 된다고, 그녀는 작품들을 통해 어린 세대들에게 말하였지요.

국적을 불문하고 1920~1930년대에 출생한 분들은 그야말로 역사를 살아오신 분들입니다. 1920년대에 태어나서 지금까지 백세 가까이 살아오신 저희 할머니를 보아도 그렇습니다. 한국이 일제 치하에 있을 때 출생하여 독립운동 시기와 해방을 겪고 곧바로 한국전쟁을 겪으며 가족들과 생이별을 할 수밖에 없었던, 본인의 의지가 아닌, 역사 속의 운명을 살아갈 수밖에 없었던 그 시대 분들을 생각하면, 그리고 지금까지 한 세기 가까운 삶을 살고 계시는 그분들을 보면, 삶의 무게가 결코 가볍지 않음을 알기에 가슴이 절로 뭉클해집니다.

그 이후에도 그분들은 가난한 1960년대를 지나 한국 경제의 성장 시기이지만 민주화 운동이 한창이던 1980년대, 그리고 1990년대 말 IMF 경제위기를 거쳐, 이제는 한 세기를 지나 21세기에 살며 그분들이 어렸을 때는 생각도 못했던, 심지어는 우리 세대가 어렸을 때도 생각도 못했던 어마어마한 기술이 발전한 시대에 살고 계시죠. 말 그대로 그분들의 삶 자체가 역사인 것 같습니다.

이제 그분들은 점점 나이가 들어 역사와 함께 사라지고 계시는데, 그 시절의 이야기를 우리 아이들 세대에게도 겸허한 마음으로 전달해줄 수 있으면 좋겠습니다. 아울러 우리가 그렇게 한 세대를 살고 나이가 들면, 이 세상은 또 어떤 세상이 되어 있을지, 우리의 후손들은 우리가 살아온 이 시대를 어떻게 알고 싶어 하게 될지 궁금해집니다. 아마 그래서 더욱 잘 살아야겠다고 다짐하게 되는 것 같습니다.

출처: https://www.booktrust.org.uk

> 궁금해요

질문 7. 영어 그림책이 한국어로 번역되어 있으면 어떤 것을 보여주는 것이 좋을까요?

많은 영어 그림책들이 이미 한국어로 번역되어 출판되고 있습니다. 우리나라 작가들의 그림책도 물론 매우 훌륭한 작품들이 많습니다. 그렇지만 번역된 좋은 해외 서적들도 많이 접하면 아이들이 책을 통해 접하는 세상이 더욱 다양해지겠지요.

그렇다면 같은 내용의 영어 그림책과 한국어 그림책이 있다면 어떤 것을 보여주는 것이 좋을지 고민하는 분들도 계시더군요. 저의 대답은 같은 책이 있다면 "번역본을 먼저 보여주지 말고 원서를 먼저 보여주세요"였답니다.

왜냐하면 한국어로 먼저 책을 접하고 그 다음에 영어로 된 책을 보여주면, 이미 한국어로 된 똑같은 책이 있다는 것을 알기 때문에 영어가 익숙하지 않으면 영어 책은 안 보려고 하는 아이들이 많거든요. 쉬운 한국어 책을 놔두고 왜 굳이 이해 안 가는 영어 책을 보려 하겠어요.

그렇지만 영어 원서로 먼저 여러 번 반복해서 본 책을 나중에 한국어로 번역된 것을 보면 아이들도 왠지 모르게 더 반가워하는 것 같습니다. 영어로 보면서 조금은 불편했던 것도 편한 한국어로 볼 수 있다는 것에 부담이 덜 되는 것 같습니다. 그래서 저희 집에는 아이들이 이미 영국에서부터 모두 섭렵한 줄리아 도널드슨의 영어 책들이 하나 가득 있는데, 한국에 와서 한국어 번역본도 있다는 것을 알게 된 후 똑같은 책들의 한국어 번역본들도 사놓게 되었답니다.

물론 서점에 가서 이미 너무나도 익숙한 그림들의 책들이 한국어로 있다는 것을 보고는 아이들이 우리 집에는 영어로 된 책들만 있는데 한국어 책도 사겠다며 직접 고른 것들이기도 하지요. 그렇게 해서 영어 원서와 한국어 번역본들을 대조하며 읽기도 합니다.

그런데 많은 번역본 책들이 매우 훌륭하지만, 어쩔 수 없이 아쉬운 것들이 더러 있는 것도 사실입니다. 특히 운율이 생명인 줄리아 도널드슨의 작품 같은 경우는 한국어로는 그런 운율을 똑같이 번역할 수 없는 것이지요.

예를 들면 그녀의 대표작인 《괴물 그루팔로 The Gruffalo》의 원작에는 "… he has terrible claws … and terrible jaws"라며 'claws'와 운율을 이룬 'jaws'가 바로 뒤이어 나옵니다. 작가가 의도적으로 운율을 살리려고 단어 선택에 고민을 한 것이 느껴집니다.

그렇다면 한국어로 된 번역은 어떤지 살펴볼까요? "… 날카로운 발톱과 … 무시무시한 이빨이 있어요"라고 번역되었어요. 우선 영어로는 반복되어 나타나는 'terrible'이라는 단어가 주는 느낌을 더 살리기 위해 '끔찍한'이나 '무시무시한'으로 번역하여 연속으로 반복하여 사용하는 대신 앞에 나오는 'terrible'은 '날카로운'으로, 뒤에 나오는 'terrible'은 '무시무시한'으로 다양한 어휘를 사용하여 번역했다는 것은 매우 훌륭한 점입니다. 번역 작가의 고민과 노력을 볼 수 있는 부분이었죠.

그러나 운율을 맞춘 두 단어인 'claws'와 'jaws'는 아쉽게도 한국어로는 그 운율을 절대로 살릴 수가 없는 단어입니다. 번역된 '발톱'과 '이빨'이 가장 정확하게 사용된 단어이며 그 외에는 다른 단어를 사용할 수 없으니까요. 그렇다면 한국어 번역본만 본 아이는 영어 원서의 운율 느낌을 알지 못한 채, 한국어 느낌만 알 수 있을 거예요.

그렇지만 영어 원서를 함께 본 아이는 원서의 느낌과 번역본의 느낌을 더욱 풍부하게 느낄 수 있답니다. 그래서 저는 무조건 "원서만 보여주세요"라고는 하지 않습니다.

많은 경우 이처럼 원서를 읽지 않으면 그 본래의 맛을 알 수가 없어요. 아무리 훌륭하게 번역된 책들이라도 그런 부분이 아쉬울 때가 종종 있습니다. 한국어 번역본을 보여주는 것이 잘못됐다는 것은 절대 아니지만, 그리고 그렇게 좋은 작품들을 그 뜻을 잘 살리며 훌륭하게 번역해주신 번역 작가님들의 수고도 그 누구보다도 잘 알지만, 가급적이면 영어 원서로 된 책들도 아이들에게 같이 보여주는 것도 좋을 것 같아요. 그러면 아이들은 두 언어의 세계를 넘나들며 언어의 세계가 두 배는 더 풍부해질 테니까요.

덧붙이자면 앞서서 "번역본을 먼저 보여주시지 말고 원서를 먼저 보여주세요."라고 말씀드리기는 했는데, 아무래도 한국에 돌아오니 영어로 된 책을 먼저 접할 기회보다 한국어 번역본을 먼저 접할 기회가 더 많습니다.

그런데 저희 아이들은 워낙 어려서부터 영어 책과 한국어 책을 함께 보며 자랐기 때문인지, 한국어 번역본을 먼저 보고 나중에 똑같은 내용의 영어 책을 보면 영어 책은 안 보려고 하는 것은 아닐까 하는 저의 우려와는 달리 한국어 책을 먼저 본 뒤 영어 책을 보게 되어도 그다지 거부감이 없었습니다. 어쩌면 그래서 어릴 때부터 자연스럽게 두 가지 언어로 된 책을 함께 보아야 하는 것 같습니다.

그중 가장 기억에 남는 것은 단연 요시타케 신스케의 《벗지 말걸 그랬어》랍니다. 한국어 번역본을 먼저 접하고 나중에 영어 번역본을 보았지만 언어에 상관없이 깔깔거리며 볼 수 있었던 책, 그래서 이 책에 저는 별 다섯 개 점수를 주고 싶답니다.

이렇게 내용이 재미있다면 아이들은 한국어 번역 책을 먼저 보았다고 해서 똑같은 내용의 영어 책을 안 보려 하는 것 같지는 않아서요. 그만큼 아이들이 좋아하는 책을 잘 선정해야 하겠지만요.

궁금해요

질문 8. 영어로 읽어주면 한국어로 해석해 달라고 해요.

아이들과 영어 책을 읽다보면 많은 아이들이 뜻을 알 수 없어서 답답해 하며 한국어로도 말해 달라고 합니다. 이럴 때는 어떻게 하는 것이 좋을까요? 참 어렵습니다. 이해가 안 가면 못 넘어가는 아이들은 특히 더욱 그렇죠.

그렇지만 말 그대로 한 줄 한 줄 한국어로 설명해주는 것, 즉 line by line을 한국어로 설명해주는 것이야말로 바람직하지 않습니다. 자칫하면 지겨워지며 흥미를 떨어뜨리기도 하고, 아이가 한국어 설명에만 의존하게 되어 영어는 들어오지 않습니다.

계속 말씀드리지만 저 같은 경우는 아기 때부터 영어 책과 한국어 책을 항상 매일매일 아이들과 함께 읽었기 때문에, 갓난아기 때는 영어 책과 한국어 책 둘 다 이해를 못 하는 것은 마찬가지였어요. 그래서 굳이 영어로 책을 읽어주며 한국어로 해석해줄 필요가 없었지요.

그리고 지금도 마찬가지에요. 영어책을 읽어주면서 한국어로 반드시 해석을 해주지 않습니다. 아이들이 알아듣건 못 알아듣건, 저는 단지 영어로 열심히 구연동화를 합니다. 아이들이 한국어 책을 볼 때도 모든 단어를 반드시 다 이해하는 것은 아니잖아요.

대부분의 경우 저희 아이들은 정확히 모르더라도 큰 어려움 없이 제가 책을 읽어주는 것을 듣습니다. 아마도 오랫동안 그렇게 습관이들기도 했고, 또 그림과 함께 볼 수 있기 때문에 한 문장 한 문장 정확히 다는 이해하지 못하더라도 전반적인 이야기의 흐름을 알 수 있는 것 같습니다. 그래서 그림책이 좋은 것이고요.

물론 아이가 정말 무슨 뜻인지 궁금해 할 때도 있지요. 그럴 때는 바로 한국어로 해석해주기보다는 아이에게 질문을 하며 그 뜻이 무엇일지 맞춰보도록 유도를 합니다. 예를 들면, 어벤져스 책을 보는데 'evil'이라는 단어가 나왔어요. 아이가 'evil'이 무슨 뜻인지 물어봅니다. 그러면 바로 한국어로 '사악하다'라는 뜻이라고 알려주는 것이 아니라, "'evil'의 반대말은 'good'이고 비슷한 말은 'bad'라고 할 수 있어. 어벤져스에서 캡틴 아메리카는 좋은 사람 good person 일까 나쁜 사람 evil person 일까?"라고 질문하면 아이는 "아하~!" 하고 이해를 합니다.

거기서 끝이 아닙니다. 저는 며칠 후 뜬금없이 아이가 그 뜻을 아직도 기억하고 있는지, 일상생활 속에서 장난삼아 물어보곤 합니다. 청소를 하다가 갑자기 아이에게 "근데 캡틴 아메리카는 good person이었나? 아니면 evil person이었나?" 하고 묻는 것이지요. 그럼 또 아이는 곰곰이 생각해봅니다. 답을 맞추기도 하고 틀리기도 하지만, 그렇게 몇 번 하다보면 그 단어는 어느 새 아이의 것이 되어 있습니다.

요즘 공룡에 한창 빠져 있는 큰 아이는 공룡과 관련된 책을 즐겨보는데, 마찬가지로 한국어 책도 보고 영어 책도 봅니다. 그런데 그건 제가 한국어 책과 영어 책으로 둘 다 보라고 시켜서 하는 것이 아닙니다. 이 아이에게는 이미 한국어 책이든, 영어 책이든, 책이 어떤 언어를 사용하는지는 중요하지 않은 것이지요. 책에서 사용한 언어를 떠나, 그 책의 내용을 보고자 하는 것입니다. 공룡 이름은 이미 저보다 수백 가지는 더 알고 있는 아이인만큼 공룡 이름이 영어이든 한국어이든 상관없이 잘 봅니다.

더욱이 공룡 이름은 거의 대부분 영어에서 온 이름이므로 영어 책을 보며 어려운 공룡 이름을 보는 것에는 큰 문제가 없습니다. 어린이들 대상으로 한 내용이라 공룡에 대한 설명도 영어로 되어 있어도 그리 어렵지 않습니다.

그런데 읽다가 'endangered species'라는 단어를 보게 되었어요. 아직 초등학교 저학년인 아이에게 이 영어 단어는 쉬운 단어는 아니지요. 그때 바로 한국어로 '멸종위기 동물'이라고 알려주는 것이 아니라, "polar bears are endangered species(북극곰은 멸종 위기 동물이야)"라고 쉬운 영어로 예시를 들어주며, 그리고 한국어로도 설명하며 아이가 뜻을 유추할 수 있도록 도와줍니다. 그러면 아이는 이것저것 생각하다가 결국에는 그 뜻을 알아내게 됩니다.

그렇게 그 날 한 단어를 새로 배웠지만, 다들 아시잖아요. 기억력은 그리 오래 가지 않는다는 것을. 특히 외국어로 된 어려운 단어일수록 더더욱 쉽게 잊혀지지요. 그러면 저는 며칠 후 뜬금없이 그냥 물어봅니다. "endangered species가 뭐였더라?"라고요. 그러면 아이는 이리저리 궁리를 합니다. 답을 잘 생각 못할 때, 예시로 들었던 "polar bears are endangered species"라는 문장을 다시 설명해줍니다. 그러면 아이는 polar bear와 연관 지어 다시 기억을 하고, '멸종위기 동물!'이라고 외칩니다.

이렇게 새로 알게 된 단어로 몇 번 반복하며 연습하다보니, 어느새 이 단어는 아이의 머릿속에 각인되어 있습니다. 저도 학창 시절 영어 단어를 공책에 수십 번씩 써 가며 외웠지만 그런 암기식 방법보다 스스로 답을 찾아가는 방법이 더 오래 기억에 남는 것 같습니다.

더불어 같은 책을 여러 번 반복해서 읽어주다 보면, 어느새 아이가 지난번보다 더 많은 단어를 알고 있음을 깨닫게 됩니다. 여러 번 들어 본인이 알고 있는 단어는 제가 읽을 때 아이도 무심코 소리 내어 말하곤 하거든요. 그럼 그 단어도 이미 아이의 것이 된 것이지요.

한 줄 한 줄마다 다 해석해달라는 아이도 분명 있습니다. 그런 아이에게는 억지로 제가 저희 아이들과 하는 방법대로만 한다면 곧 흥미를 잃고 영어 책이 보기 싫어질 수 있습니다.

그렇다면 어떻게 해야 할까요? 아이들의 성향에 맞추어 책을 읽어주며 아이가 흥미를 느낄 수 있도록 하는 것이 가장 중요하잖아요. 그럴 때는 처음부터 한 줄 한 줄 다 해석하며 읽어주기보다는 처음에는 아이가 그림을 보며 스스로 뜻을 상상해볼 수 있도록 시간을 주고, 책을 다 읽은 다음에 아이가 추측한 것과 실제 내용이 얼마나 비슷한지, 또는 얼마나 다른지 맞추어보자며 아이의 흥미를 붙잡을 수 있겠지요.

거듭 말씀드리지만, 그렇기 때문에 더더욱 영어 교재가 아닌 영어 그림책을 활용해야 하는 것이고요.

우리 아이가 읽은 도서목록 IV: 다양한 주제의 그림책 편

1
- 제목:
- 지은이:
- 날짜:
- 주인공:
- 내용:
- 가장 많이 사용된 표현:

2
- 제목:
- 지은이:
- 날짜:
- 주인공:
- 내용:
- 가장 많이 사용된 표현:

3
- 제목:
- 지은이:
- 날짜:
- 주인공:
- 내용:
- 가장 많이 사용된 표현:

4
- 제목:
- 지은이:
- 날짜:
- 주인공:
- 내용:
- 가장 많이 사용된 표현:

5
- 제목:
- 지은이:
- 날짜:
- 주인공:
- 내용:
- 가장 많이 사용된 표현:

다섯 번째 ———————————
일상생활이
더 재밌어지는
그림책

크리스마스 이야기

Jesus' Christmas Party
지저스 크리스마스 파티

Nicholas Allan 니콜라스 앨런

해마다 연말이 되면 곳곳에서 캐롤이 울려 퍼집니다. 여기저기에서 들려오는 캐롤과 거리마다 화려하게 장식된 크리스마스 트리를 보면 벌써 또 한 해가 마무리되어가는 것을 느끼며 더욱 분주해집니다.

영국 학교에서도 해마다 연말이면 학예회를 합니다. 노래 선정이나 공연 내용은 조금씩은 다르지만, 어느 곳이든 어느 해이든 항상 빠지지 않는 것이 바로 성탄 이야기 The Nativity Story 입니다. 해마다 반복되는, 누구나 다 알고 있는 이야기입니다. 요셉과 마리아가 마굿간에서 아기 예수를 낳고 양치기와 동방박사들이 경배하러 오는 뻔한 이야기요. 하지만 자신들의 아이들이 하나씩 역할을 맡아 출연하는 하나뿐인 공연에 부모들의 눈은 더더욱 반짝입니다.

저희 아이들도 어떤 해에는 나귀를, 어떤 해에는 동방박사 역할을 하기도 했습니다. 어린 아이들이 하는 공연일수록 대사는 없고 그냥 한 번씩 무대 위에 올라갔다 내려오는 것뿐이지요. 그리고 어떤 때는 그렇게 작은 무대 위에 잠시 올라갔다 내려오는 것도 긴장되어 올라갔다 울음을 터뜨리는 아이도 반드시 있습니다. 그럴수록 부모들은 더욱 사랑스럽게 아이들을 바라보며 여기저기에서 카메라 셔터 누르는 소리가 납니다.

고학년일수록 대사도 많아지고 아이들도 더욱 노련해집니다. 아마 몇 년째 같은 이야기를 공연해서 조금은 편안해졌나 봅니다. 그렇게 능숙해진 아이들을 바라보는 부모들은 더더욱 감동에 젖습니다. 정말로 남들이 보기엔 별것 아닌 것 같이 보이고 실수투성이일지라도, 자신의 아이가 무대에 서 있는 것을 보는 것만으로도 부모에게는 감격 그 자체인 것 같습니다.

저도 부모가 되기 전에는 아이들 학예회는 단지 귀엽다고만 생각했는데, 부모가 되고 나서 보니 게다가 낯선 땅에서 그곳 아이들과 섞여서도 열심히 연습했을 아이를 생각하니 더욱 감동이었습니다.

이렇게 한 해 동안 선생님과 학생들이 함께 연습하여 연말에 부모님에게 선물하는 공연 때문에 종교와 인종을 떠나 성탄 이야기 The Nativity Story는 영국의 모든 부모들에게 감동으로 다가옵니다. 아무래도 영국의 국교가 오랫동안 기독교였기 때문에, 지금까지도 그렇게 성탄 이야기가 공교육 속에 포함되어 있나 봅니다.

그런데 성탄 이야기를 우리가 알고 있는 동방박사나 요셉과 마리아의 시각이 아닌, 다른 시각으로 그려낸 이야기가 있습니다. 누구나 다 알고 있는 뻔한 식상한 이야기이지만, 그 식상함을 조금은 다른 각도로 풀어내서 신선함을 더해줍니다. 그래서 니콜라스 앨런Nicholas Allen의 《예수의 크리스마스 파티Jesus' Christmas Party》가 더욱 특별한 것 같습니다. 니콜라스 앨런은 이전에도 성탄 이야기를 소재로 그림책들을 출간하였답니다. 그래서 그의 책들은 해마다 성탄절이 가까워오면 더욱 많이 접하게 됩니다.

《예수의 크리스마스 파티》이야기는 요셉과 마리아가 아닌, 한 여인숙의 주인이 잠을 청하려고 누워 있는 것부터 시작합니다. 그때 밖에서 똑똑똑 노크knock하는 소리가 들리지요. 그리고 누군가가 찾아옵니다. 귀찮아서 마지못해 뒤에 있는 마굿간으로 퉁명스럽게 안내해주고 여인숙 주인은 다시 잠자리에 듭니다. 그러나 얼마 안 있어서 또 노크 소리가 납니다But then, later, there was another knock at the door. 또 다시 뒤로 가라고Round the back! 안내해주고, 또 다시 잠자리에 들려고 하자 또 다른 노크 소리가 나고there was another knock at the door, 여인숙 주인은 몇 번이나 계단을 올라갔다 내려갔다를 반복합니다.

어느새 아이들은 방문객이 되어 똑똑똑 함께 문을 두들기기도 하고, 여인숙 주인이 되어 "뒤돌아 가시오Round the back!" 하고 퉁명스럽게 말을 하기도 합니다. 잠도 못 자고 오르락내리락 하는 여인숙 주인 모습을 보며, 별것 아닌 것 같아도 배꼽을 잡고 웃습니다. 이렇게 밤새도록 잠을 설친 여인숙 주인은 너무 화가 난 나머지 마굿간으로 달려갑니다. 그때 모두가 그를 보고 조용히 하라고 합니다. "쉿!" 방금 아기가 태어났거든요.

그런데 조금 전까지도 화가 잔뜩 나 있던 여인숙 주인은 방금 막 태어난 아기를 바라보고, 그 아이가 너무나도 특별해서special 다른 모든 투숙객들을 깨워서 아기를 보여준다는 이야기입니다.

반복되는 손님들의 출연으로 여인숙 주인은 반복하여 일어나고, 그래서 이 책에 나오는 문장들도 반복됩니다. 2~3페이지마다 한 번씩 "그리고 그는 문을 닫고 계단을 올라가서 침대에 들어가 잠을 잡니다Then he shut the door, climbed the stairs, got into bed, and went to sleep."라는 문장과 뒤이어 "그런데 잠시 뒤 또 다른 노크 소리가 들립니다 But then, later, there was another knock at the door."라는 문장이 계속 반복됩니다.

이쯤되면 아이들은 이 문장은 이미 다 외울 정도가 되고,《미스터 빅MR BIG》을 읽을 때 'big'이라는 단어가 나오면 온몸으로 크게 소리를 냈던 것처럼, 'knock'라는 단어가 나오면 정말로 문으로 달려가 똑똑똑 두들깁니다. 그 외 다른 문장도 짧고 쉬워서 몇 번 읽어주다 보면 어느새 아이들은 한 문장씩 한 문장씩 따라 하기도 합니다.

그러면 저는 아이들에게 이야기합니다. "너도 매우 특별한 아기였어. 그래서 모두들 너를 보러왔지 You were very special too so everyone came to look at you when you were born."라고.

　매년 듣게 되는 누구나 다 아는 똑같은 이야기라도, 똑같은 사물이라도, 이렇게 다른 각도로 접해보는 연습을, 이 책을 통해서 할 수 있답니다. 주연이 되어야 할 인물이 주연이 아니고, 조연이 주연이 되는 이야기.

　우리도 그렇잖아요. 삶 속에서 우리는 주인공이 되기도 하고 주인공이 아니기도 합니다. 주인공과 주인공이 아닌 사람을 바꾸어서 보여주는 이 이야기는 그래서 조금은 더 특별한 것 같습니다. 그래서 아이들이 더더욱 좋아하는 것일지도 모르겠습니다.

가족이 최고야

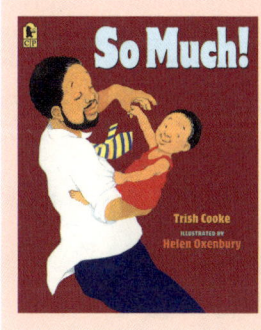

So Much! 소 머치
Trish Cooke 트리시 쿠크
번역서 제목: **아주아주 많이**

한 가정에 아기가 태어난다는 것은 그 무엇보다 가장 큰 선물이자 축복입니다. 때로는 밤에 잠도 못 자고 몇 번씩이나 깨기도 하고 때로는 울기만 하는 아기를 어떻게 달래야 할지 몰라 힘이 들 때도 있습니다. 하지만 그럼에도 아기가 태어나면 가정에 웃음꽃이 피고 모든 사람들이 사랑으로 아기를 바라봅니다. 그렇게 온 가족에게 사랑을 받으며 자라는 아기는 어떤 기분일까요?

한국어로도 《아주아주 많이》라는 제목으로 번역되어 출판된 트리시 쿠크Trish Cooke의 《So Much!》라는 책은 처음에는 한 아기와 엄마가 조용히 집 안에 있는 그림으로 시작됩니다. 그런데 초인종이 한 번 울릴 때마다 아기의 가족이나 친척이 한 명씩 집 안으로 들어옵니다. 초인종이 울릴 때마다 집 안에 있는 사람과 엄마, 아기는 밖에 있는 사람이 누구일지 궁금해 합니다. 문을 열면 아기를 사랑하는 이모가, 아기를 사랑하는 사촌 형들이, 아기를 사랑하는 할머니들이 한 명씩 한 명씩 들어오고, 아기를 안아주고 놀아주며 마음껏 사랑을 표현합니다.

　이 책 역시 같은 줄거리가 반복되는 만큼 같은 문장이 계속 반복되지만, 한 줄씩 늘어나며 반복됩니다. 처음에 초인종이 '딩동' 울렸을 때는 엄마는 문을 바라보고 mum looked at the door 아기는 엄마를 바라보다가 the baby looked at mum, 이모 auntie 가 오고 나서는 초인종이 '딩동' 울리자 엄마는 문을 바라보고 mum looked at the door, 이모는 아기를 바라보고 Auntie Bibba looked at the baby 아기는 엄마를 바라봅니다 the baby looked at mum. 삼촌 uncle 이 오고, 할머니들 nannie, gran-gran 이 오고, 사촌 cousin 형들이 올 때마다 같은 동작이 반복되며 한 명씩 추가됩니다.

　그러나 가장 첫 줄은 "엄마는 문을 바라보고 mum looked at the door" 가장 마지막 줄은 "아기는 엄마를 바라보는 것 the baby looked at mum" 입니다. 책을 보는 아이들은 이 문장이 익숙해질 수밖에 없지요. 게다가 아기의 온 가족과 친척이 집 안에 모여들기 때문에 가족과 친척을 영어로 어떻게 표현하는지 책을 보며 금세 배울 수 있습니다. 페이지마다 반복되는 '딩~동!' 하는 벨 소리는 따라 하지 말라고 해도 아이들은 누구보다 큰 소리로 따라 합니다.

　책에 나오는 이모나 할머니들이 아기를 예뻐하는 행동을 할 때면, 똑같은 행동을 하며 책을 읽어줍니다. '아주아주 많이 so much' 꽉 안아주기도 하고 squeeze, '아주아주 많이 so much' 뽀뽀해 주기도 하고

kiss, '아주아주 많이so much' 레슬링을 해주기도 합니다wrestling. 그러면 아이들은 그런 표현을 몸으로 익히며 배우게 되지요. '아주아주 많이so much' 말이에요.

그리고는 책에서 아기가 잠자리에 들면서 그날 모두들 아기를 얼마나 사랑했는지를 기억하는 것처럼, 아이들도 지금 얼마나 사랑받고 있는지를 책을 통해서 다시 한 번 알게 되는 것 같습니다.

아이들은 어느새 저에게 자연스럽게 말합니다. "I love you so much"라고. "I love you too"라는 저의 대답에, 장난기 가득한 저희 아이들은 "I love you three", "I love you four"라고 깔깔거리며, 문법적으로는 틀린 것을 알면서도 일부러 장난스럽게 대답하기도 하지만, 이렇게 영어로 장난도 치는 여유가 일상생활에 어느새 스며들어 있습니다.

이 책은 저희 아이들이 아기였을 때 한국에서 먼저 구했던 책이라 한국어로도 수도 없이 많이 보았답니다. 한국어로 읽을 때도 이 책에 나오는 표현을 행동으로 그대로 따라하며 읽어주곤 했는데요. 그래서 그런지 아이들은 이 책을 읽을 때면 무척이나 재미있어 했습니다. 그러다가 영국 도서관에서 영어로 된 이 책을 우연히 발견했는데, 한국어로도 이미 수십 번도 더 보며 재미있게 보던 책이라 그런지 매우 좋아하면서 망설임 없이 집어 들더군요.

이렇게 익숙한 책, 그리고 마음을 따뜻하게 하는 책은 아이들이 어떤 언어로 책을 보든 반가운 책인가 봅니다.

입맛을
돋구는 책

Can I Eat That? 캔 아이 잇 댓
Joshua David Stein 조슈아 데이비드 스타인

이 세상에는 두 종류의 아이들이 있습니다. 음식을 잘 먹는 아이와 잘 먹지 않는 아이. 잘 먹는 아이들은 칭찬을 받지만 잘 먹지 않는 아이들은 부모의 걱정거리입니다. 그렇지만 아이가 음식을 잘 먹든, 잘 먹지 않든 상관없이, 모든 부모들은 어떻게 하면 아이가 편식하지 않고 잘 먹게 할 수 있을까 끊임없이 고민합니다. 그런 부모들의 고민을 조금이라도 덜어주고 아이들에게는 음식과 친해질 수 있도록 하기 위해 음식과 관련된 수많은 책들이 있는 것 아닐까요?

　음식평론가인 한 아빠가 있습니다. 그는 아이가 태어나기 전에는 세상의 모든 음식점들을 돌아다니며 어른들을 위해 음식에 대한 이야기를 써 내려갔죠. 그런데 음식평론가인 아빠의 아들이기 때문인지 음식에 대해서만큼은 매우 까다로운 아이가 태어났습니다. 아이에게 무엇보다 살면서 음식을 먹는 즐거움을 알려주고 싶은 아빠는 이제는 그런 그의 아이들을 위해서 음식에 대한 그림책을 씁니다.

이 세상에는 아이들이 음식과 친숙해지게 하기 위해서인지 수많은 음식 관련 그림책이 있습니다. 때로는 아이들이 좋아하는 고전인 《진저브레드 맨Gingerbread Man》과 같이 음식들이 살아 있는 주인공이 되기도 하고, 음식에 재미있는 주제를 더하여 아이들의 흥미를 돋구려 하는 이야기들이 많이 있습니다. 그렇다면 음식평론가 아빠가 쓴 책은 어떨까요?

어느 날 조슈아는 아이들을 재우면서 여느 날처럼 음식에 관한 이야기를 하다가 아이들에게 질문을 시작합니다. "감자는 먹어도 돼요?Can I eat a potato?" 아이들이 대답합니다. "네yes!"라고요. 아빠가 또 질문합니다. "토마토는 먹어도 돼요?Can I eat a tomato?" "네yes!" 다음 번 질문입니다. "토네이도는 먹어도 돼요?Can I eat a tornado?" "아니오!" 그건 바람으로 만들어졌어요!No, it's made of wind!"라는 대답과 함께 아이들은 배꼽을 잡고 웃었다고 합니다. 그 순간 조슈아는 이 이야기를 그림책으로 만들기로 결심합니다.

이런 조슈아의 이야기를 줄리아 로스맨Julia Rothman이 그림으로 표현하며 드디어 2016년 이 책이 출간됩니다. 첫 페이지를 열면 빈 접시 위에 "먹어도 되나요?Can I eat..."라고 크게 쓰여진 글자가 보입니다. 마치 푸드스타일리스트 잡지를 보는 듯한 그림을 연상시킵니다. 옆 페이지에는 오렌지an orange와 올리브an olive와 성게a sea urchin가 그려져 있습니다. 과연 이것들은 먹어도 될까요? 이 질문에 대한 대답은 아이가 할 수 있겠죠. 조슈아가 그랬던 것처럼 아이들과 그렇게 재미있게 대화를 하며 볼 수 있습니다.

그리고 다음 페이지로 넘기면 "네! 셋 다 먹을 수 있어요!^{Yes! You can eat all three!}"라는 대답과 함께 음식에 관한 정확한 정보가 나옵니다. 다음 페이지에는 똑같이 빈 그릇 위에 "Can I eat…"이라 적혀 있고 감자^{potato}와 토마토^{tomato}, 토네이도^{tornado}가 있습니다. 과연 이것을 다 먹을 수 있을까요?(이 페이지에서는 세 가지 모두 같은 운율이 있다는 것도 놓치지 마세요!)

언젠가는 피클을 따러 가도 되는지^{can we go pickle picking some time?} 궁금해 하기도 하고요, 젤리^{jelly}와 생선^{fish}을 먹으면 해파리^{jellyfish}도 먹어도 되는 것인지 엉뚱한 상상을 하며 질문을 합니다. 이런 비슷한 흐름으로 사실적이면서도 엉뚱하게 이야기가 진행됩니다. 그때마다 아이들은 책을 보며, 과연 이것은 먹어도 될지 말지 곰곰이 생각해 보게 되지요.

아이들의 시각으로 질문을 하며 이야기를 풀어나간 이 책은 사실 조슈아가 그의 아들과 일상 속에서 하는 대화를 그대로 옮겨놓은 것입니다. 그런데 이런 질문은 아들이 아빠에게 한 질문이 아닌, 잘 먹지 않는 아이에게 먹는 즐거움을 가르쳐주기 위해서 아빠가 사실적이면서도 유머를 곁들여 만든 그림책이라니, 아빠의 노력이 눈물겹지 않나요.

이 책을 보면 세 가지만큼은 확실하게 얻을 수 있습니다. 이 책에 나온 음식 이름들을 영어로 알 수 있고요, 무엇인가 허락을 구할 때는 영어로 "Can I…?"라고 질문한다는 것을 반복되는 표현을 통해서 알 수 있습니다.

처음에는 책에 나온 대로 "Can I eat…?(…은 먹어도 되나요?)"을 사용하여 음식을 먹을 때 허락받는 표현을 연습할 수 있지요. 반복되어 나오는 표현 때문에 "Can I eat…?" 정도는 금세 입에서 익숙해집니다. 그러면 뒤에 나오는 동사를 'eat' 대신 다른 것을 사용해볼 수 있습니다. 무엇보다 아이들이 쉽게 알 수 있는 'jump'나 'run' 등과 같이 익숙한 동사들, 그리고 먹는 것과 구분하여 'drink', 가장 많이 쓰이는 'have' 등 이렇게 조금씩 다른 단어들을 넣어가며 응용할 수 있습니다.

이 세상에서 물이 가장 맛있다고 하는 재우는 물을 굉장히 많이 마시는 아이입니다. 영국에 있을 때도 어린이집 다닌 지 며칠 안 되었을 때 다른 말은 잘 못해도 물 마시는 것만큼은 선생님께 반드시 이야기하고 싶었는지, 어느 날 집에 오더니 "water please"라고 연습을 하더군요. 그 후로도 오랫동안 물을 달라고 할 때면 "water please"라는 말만 했는데 이 책을 보며 자연스럽게 연습이 되었는지 "Can I have water please"라고 문장이 조금 더 길어졌답니다. "Can I…?"가 익숙해지자, 그 다음에는 "Can I…?" 대신 "May I…?"로 바꿔서 연습하기도 하며 새로운 문형을 배워갔습니다.

그런데 이 책에서 가장 놓치지 말아야 할 것이 또 하나 있습니다. 아이들만 부모에게 "Can I…?"라고 질문하는 것이 아니라, 반대로 조슈아처럼 부모가 아이들에게 "Can I eat…?"이라고 질문하며 아이의 허락을 받는 질문을 해보는 것입니다. 그리고 아이들이 "Yes" "No"라고 말할 수 있게 주도권을 주는 것이지요.

대부분의 생활 속에서는 아이들이 부모의 허락을 받아야 합니다. 그리고 아이들은 부모의 결정에 따라야 하는 경우가 많습니다. 그렇지만 조슈아처럼 아이에게 가서 먼저 허락을 받아보는 것은 어떨까

요? 가끔은 토네이도같이 엉뚱한 것도 넣어가면서요. 그러면 아이는 자신만 부모의 허락을 받아야 하는 존재가 아닌, 부모도 아이에게 허락을 받아야 하는 경우도 있다는 것을 경험하며 한층 더 스스로를 중요한 존재로 느끼게 됩니다. 어른의 의견만이 존중받아야 하는 것이 아닌, 아이들의 작은 의견도 존중받아야 한다는 것을 조슈아는 음식을 통해 재미있게 다시 한 번 일깨워줍니다.

저도 가끔 아이들에게 "Can I…?" 또는 "May I…?"라고 뭔가 허락을 구하곤 합니다. 그럴 때마다 아이들은 매우 단호하게 답합니다. "Yes you can!" "Yes you may!"라며, 아주 씩씩하게 답하며 제게 허락을 해주지요. 항상 허락만 받는 위치에 있다가, 엄마에게 허락해주는 역할을 해서인지 그때만큼은 아이들의 목소리가 더욱 크게 들린답니다.

24 쿨쿨쿨

Zzzz: A Book of Sleep
쿨쿨쿨: 어 북 어브 슬립

Il Sung Na 나일성

번역서 제목: 쿨쿨쿨

낮에는 잠을 자고 밤에는 활동하는 올빼미를 소재로 한 아이들 이야기는 굉장히 많이 있습니다. 그만큼 밤의 세계가 신기한 것이겠지요?

앞서 소개한 팀 호프굿의 《WOW! SAID THE OWL》은 이 세상의 모든 색을 구경하는 아기 올빼미 이야기입니다. 마찬가지로 《Zzzz: A Book of Sleep》에도 아기 올빼미가 나옵니다. 하늘이 어두워지고 달이 빛나면 모두가 잠자리에 듭니다 everyone goes to sleep. 올빼미 한 마리만 빼고요. 그렇다면 《WOW! SAID THE OWL》의 올빼미와 달리 이 책의 올빼미는 무엇을 볼까요?

《WOW! SAID THE OWL》의 올빼미는 낮에 잠을 자야 하는데 자지 않고 낮의 색깔들을 보지요. 《Zzzz: A Book of Sleep》의 올빼미는 다른 모든 올빼미들처럼 밤에 일어나서 밤 세상을 봅니다. 세상 다른 누구도 보지 못하는 밤의 세상을 보는 올빼미는 과연 어떤 것을 볼까요? 바로 다른 동물 친구들이 자는 모습이랍니다. 어떤 친구들은 평화롭고 조용히 자고요 some sleep in peace and quiet 어떤 친구들은 시끄러운 소리를 내면서 잡니다 some make lots of noise when they sleep. 어떤 친구들은 서서 자기도 하고 some sleep standing up, 어떤 친구들은 눈을 뜨고 잡니다 some sleep with eyes open.

이렇게 다양한 동물 친구들의 자는 모습을 올빼미의 시각으로 관찰합니다. 그런데 흥미로운 것은 이 책에는 다양한 동물의 그림이 예쁘고 재미있게 그려져 있지만 동물의 이름은 올빼미owl 외에는 하나도 나오지 않는다는 것입니다. 모두 '어떤some'으로만 표기했지요. 그렇지만 시끄러운 소리를 내면서 자는 친구가 누구인지, 눈을 뜨고 자는 친구가 누구인지 그림을 보면서 알 수 있습니다.

이 책에는 나와 있지 않지만, 책 내용을 아이와 함께 읽고 아이에게 질문할 수 있습니다. "And who are they?(그럼 그 친구들은 누구일까?)"라고 질문하면서 동물 이름을 익힐 수도 있고, 이미 동물 이름이 영어로 익숙한 아이들은 질문이 끝나기가 무섭게 소리 지르며 답합니다. 그러면서 서서 자는 sleep standing up 친구는 말horses이라는 것, 서로 모여서 자는 huddled together 친구는 펭귄penguins이라는 것을 알게 됩니다. 자연스럽게 각각 동물들의 잠자는 모습도 알게 됩니다.

이러한 표현은 생활 속에서도 바로 적용이 가능하더군요. 코 골며 자는 아빠를 보고 아이들과 함께 "dad make lots of noise when he sleeps"라고 말해보기도 하고, 또 저희 큰 아이는 잘 때 마치 눈을 뜨고 자는 것처럼 잠을 자서 "you sleep with eyes open"이라고

바로 적용해 보기도 합니다. 잠을 잘 때 영어로 "Good night" 또는 "Sweet dreams"라는 식상한 표현 말고도 이 책에 나온 "Sleep in peace"라고 해보기도 하고요. 쉽고 재미있으면서도 잠자는 이야기여서 아이들이 잠자리에서 보면 더욱 좋아하는 책입니다.

그런데 이 책의 작가가 한국인이라는 사실 혹시 눈치 채셨나요? 이 책을 쓴 나일성 작가도 어느 날 잠자리에서 뒤척이다가 다른 동물들은 어떻게 자는지 궁금해졌다고 합니다. 그래서 인터넷으로 검색도 하고 여기저기 알아보다가 이 그림책을 만들게 되었답니다.

이 책은 2007년 영국에서 출간되자마자 각종 매체에서 우수 어린이 도서로 찬사를 받으며 여러 상의 후보에 올랐습니다. 이렇게 멋진 한국인 작가가 출간한 영어 그림책이라니 한 번 더 눈길이 가지 않나요?

작가 소개

조슈아 데이비드 스타인 Joshua David Stein

〈뉴욕 오브저버 New York Observer〉의 음식평론가이자 아빠 육아 정보 사이트인 〈Fatherly〉라는 웹사이트를 운영하며 다양한 방면에 걸쳐 활동하고 있는 조슈아 데이비드 스타인도 결국엔 아이를 키우는 우리와 같은 부모입니다. 세상의 좋은 음식들은 다 먹어보며 사람들에게 소개하는 그는 자신의 아이도 음식을 좋아하고, 음식 먹는 재미를 알아가기를 바랐지요.

아빠는 유명한 음식평론가인데, 아이가 음식을 잘 먹지 않는다니… 말이 안 되잖아요! 그렇지만 조슈아의 아들은 식성이 매우 까다로운 아이였다고 합니다.

어느 인터뷰에서 그가 고백합니다. 사랑이 전쟁터가 아니라 저녁 식사가 전쟁터라고 Love isn't a battlefield. Dinner is. 조슈아도 처음에는 다른 많은 부모들처럼 아이에게 음식과 관련된 책을 읽어주었죠. 그런데 음식과 관련된 책들은 《하늘에서 음식이 내린다면 Cloudy with a Chance of Meatballs》처럼 판타지 같은 이야기이거나 《도망가는 저녁식사 The Runaway Dinner》와 같이 음식을 의인화한 이야기들이 대부분이었습니다.

또 대부분의 음식 관련된 그림책들의 결론은 아이들이 음식을 잘 먹도록 유도하는 것을 목적으로 하는 것에 한계를 느꼈다고 합니다. 도서관에 가서 책을 찾아봐도 음식 그 자체에 관한 어린이용 책은 찾아볼 수 없었다고 합니다. 그래서 음식평론가 아빠인 조슈아는 아이들에게 직접 본인이 책을 만들어주기로 결심했습니다. 판타지나 의인화된 음식 이야기가 아닌, 진솔한 음식 그 자체를 알려주기 위해서였습니다.

다른 어떠한 상상도 가미되지 않은 매우 사실적이고, 음식에 관련된 정보를 알려주면서도 아이들의 귀를 솔깃하게 하는 그림책을 만들기로 했답니다. 이렇게 부모가 되면 지금까지는 매우 당연했던 것들도 바라보는 시각이 달라지나 봅니다. 저도 부끄럽지만 아기가 태어나고 유모차를 끌고 다니면서 비로소 길거리에 계단이 많다는 것을 알게 되었어요. 그제야 휠체어를 탄 장애인이나 다리가 불편하신 분들이 얼마나 불편하실지 조금은 공감할 수 있었습니다.

이렇게 아들에게 음식 먹는 즐거움을 알려주고자 온갖 노력을 하는 조슈아의 아들은 그럼 지금은 어떨까요? 아직도 음식에 있어서는 매우 까다로운 아이라고 조슈아는 솔직하게 답합니다. 지금도 버터 바른 토스트만 먹고 한 시간 거리의 식당에서 사오는 치킨 커리만 먹는 등, 그의 아들이 먹는 음식은 손에 꼽을 정도이고 지금도 안 먹는 음식이 더 많다고 합니다.

음식평론가인 아빠에게는 아들이 잘 먹지 않는다는 것이 큰 스트레스입니다. 그렇지만 그는 말합니다. "아이는 고작 네 살이고 저는 서른네 살이에요. 그럼 제가 조금 더 감정을 잘 조절해야겠지요."라고. 그리고 지금도 밤마다 아이들과 음식에 관한 이야기를 하며 새로운 책을 쓰고 있습니다.

2016년에 출간된 《저것 먹어도 돼요?Can I eat that?》는 많은 호응을 얻으며 부모와 아이들에게 사랑받는 책이 되었습니다. 그리고 뒤이어 2017년에는 《요리는 무엇인가요? What's cooking?》와 2018년 《브릭 Brick》이라는 책들을 줄리아 로스만과 공동 작업으로 출간합니다.

솔직담백한 그의 음식에 관한 그림책들을 통해 아이들이 음식과 요리에 대한 정보도 알고 세상의 모든 음식과 친해지며, 무엇보다 음식을 먹을 때는 먹을 수 있다는 것에 감사하는 아이로 자라는 것이 그가 원하는 바랍니다. 다른 모든 부모들처럼 말이에요.

출처: http://time.com/4410605/how-i-tried-to-get-my-son-to-eat-his-dinner-by-writing-a-childrens-book/

작가 소개

나일성 Il Sung Na

북트러스트의 추천도서들을 보고 있던 어느 날, 깔끔하면서도 예쁜 색감의 따스한 그림책이 눈길을 끌었습니다. 그런데 그림보다 더욱 제 눈길을 끈 것은 책 위에 쓰여 있는 작가의 이름이었습니다. 'Il Sung Na'라고 영문으로 쓰여 있지만, 영어 이름이 아닌 왠지 모르게 익숙하게 들리는 이름이었죠. 곧바로 검색을 해보았습니다. 'Il Sung Na'라는 사람이 매우 궁금해졌거든요. 아니나 다를까 반가웠던 그 이름은 다름 아닌 한국인 작가였습니다.

제가 잘 몰라서인지는 모르지만, 한국에서는 아직 들어본 적 없던 이름인 것 같은데, 북트러스트 목록에서 한국인 이름을 찾다니 그렇게 반가울 수가 없었습니다. 일본인인 요시타케 신스케의 그림책이 북트러스트 목록에 오른 것을 보며 왜 한국인 작가의 그림책은 없을까 하며 혼자 서운해 하고 있던 차였거든요.

그렇다면 도대체 어떤 한국인이기에 영어 그림책 작가가 되었을까요? 앞서 소개했던 린다 수 박처럼 외국에서 태어난 한국인일까요? 놀랍게도 나일성 작가는 서울에서 태어난 토종 한국인이라고 합니다. 그것도 한국에서는 미술이 아닌 산업공학을 전공한 공학도였고, 가장 첫 번째 아르바이트로 집 근처 파파이스 매장에서 일을 했다고 하니 왠지 더욱 익숙하게 들립니다.

그러다가 2001년에야 그는 런던 킹스톤 대학교에서 일러스트레이

선과 애니메이션을 전공하게 됩니다. 그 와중에 서점에서 숀 탠Shaun Tan의《토끼들The Rabbits》, 알렉시스 디콘Alexis Deacon의《느림보 로리스Slow Loris》등을 접하며 어린이 그림책을 새롭게 발견하고 스스로의 그림책을 만들게 된 것이지요. 그 후 색연필, 아크릴, 파스텔 등 다양한 재료와 기법을 사용하여 그림을 그리며《쿨쿨쿨A Book of Sleep》,《꼭꼭꼭Hide & Seek》,《쉬이잇A book of Babies》등 여러 권의 책들을 꾸준히 출간하게 됩니다.

깔끔하면서도 포근한 그림과 간결한 이야기로 구성된 그의 그림책들은 이미 아마존에서 베스트셀러에 올랐을 뿐만 아니라 한국어와 스페인어를 비롯하여 다양한 언어로 번역되어 출간되기도 했습니다. 또한 2008년에 출간된 그의 첫 번째 책인《쿨쿨쿨A Book of Sleep》은 영국 도서 디자인 및 출판 상British Book Design and Production Awards, 최고 신인 일러스트레이터 상The Big Picture Best New Illustrator Award 등에 최종 후보로 올랐습니다.

영국 현대 일러스트레이션 중 가장 권위 있고 종합적인 일러스트레이션 상으로 알려진 AOI(영국일러스트레이터협회) 주관 New Talent 부문 IMAGE 31에 선정되었으며, 북트러스트의 추천도서로도 선정되었습니다.

그 이후에도 출간되는 책마다 작품성을 인정받아 훌륭한 활동을 하게 됩니다. 2011년에 출간된 두 번째 책인《겨울의 책A Book of Winter》은 커커스 책 리뷰Kirkus Book Reviews 최고의 어린이 책 목록에 오르기도 합니다. 《쉬이잇A Book of Babies》은 2014년 보스톤 글로브The Boston Globe에서 최고의 그림책으로 선정되기도 하였으며, 2015년과 2016년에는《곰아, 집으로 돌아온 것을 환영해Welcome Home,

Bear》와 《반대 동물원The Opposite Zoo》으로 각각 아마존에서 선정한 최고의 어린이 그림책 목록에 오르기도 하는 등 뛰어난 활약을 하고 있습니다.

여기서 끝이 아닙니다. 킹스톤 대학교 졸업 후에는 주로 한국과 영국에서 활동을 하며 한국의 한겨레 교육, 계원예술대 등에서 강사로 활동하다가 그의 작품 세계를 더욱 다양화시키고자 2015년 미국의 메릴랜드 미술학교Maryland Institute College of Art에서 MFA과정을 마칩니다.

지금은 캔사스 시립 예술 대학Kansas City Art Institute에서 조교수로 재직하며 책 일러스트레이션 및 워크숍 등 많은 세미나와 강연을 하는 등 활발한 활동을 하고 있지요. 뿐만 아니라 최근에는 세라믹에도 관심을 가지고 자신만의 색깔을 담은 세라믹 작품들을 만들고 있습니다. 한국보다는 영미권에서 더욱 인정받고 더 널리 알려진 나일성 작가. 그래서 더더욱 멋있지 않나요?

사람으로 표현하기보다는 동물들로 표현하는 것이 더 편하다고 고백하는 그는, 2017년에 출간된 그의 작품《새, 풍선, 곰Bird, Balloon, Bear》은 그의 자전적인 이야기가 담겨 있다며 수줍게 밝힙니다. 이렇게 국제 무대에서 활발한 활동을 하는 나일성 작가에게 그 누구보다 응원의 박수를 보내며, 앞으로도 나일성 작가와 같이 세계적으로 영향력 있는 많은 한국인 작가들이 탄생하기를 기대해봅니다.

출처: http://www.ilsungna.com
http://joannamarple.com/2016/09/13/il-sung-na-illustrator-interview/

궁금해요

질문 9. 하루에 몇 권씩 읽어야 하나요?
 & 다독과 반복 어떻게 해야 할까요?

많은 부모들이 질문합니다. 하루에 몇 권씩 아이와 함께 책을 읽어야 할까요? 글쎄요. 이것 역시 정해진 답은 없겠지요. 항상 그렇듯이 이것 역시 '아이의 성향에 따라' 하는 것이 가장 좋을 것입니다. 모든 부모의 바람은 아이들이 책을 많이 읽고 지혜와 지식을 쌓는 것이겠지만, 현실은 그렇지 않을 때가 많습니다.

우리 집도 책을 매일 읽기는 하지만, 사실 큰 아이는 집에서 스스로 책을 보는 일은 그리 많지 않습니다. 스스로 책을 본다고 해도 만화로 된 책들인 경우가 대부분이고요.

그러나 작은 아이는 글을 읽을 줄 몰라도 혼자서 책을 보는 모습을 종종 목격하게 됩니다. 글도 모르는 이 아이가 책을 보며 내용을 이해하는지 못 하는지 모르지만, 혼자서 책을 보고 있을 때면 방해하지 않고 조용히 책을 보게 놔둡니다. 재우는 책을 저렇게 많이 보는데, 너는 왜 책도 안 보냐라며 현우를 나무라지도 않습니다.

반면 조카는 정말로 혼자서 책을 많이 보는 아이입니다. 그래서인지 어휘가 또래에 비해 상당히 수준이 높고 표현력도 남다릅니다. 이렇게 아이들마다 책을 좋아하는 정도가 다 다른데, 모두에게 똑같이 하루에 몇 권씩 보라고 강요할 수는 없겠지요.

조카는 정말로 책을 많이 보는 아이이므로 하루 종일 보고 싶은 만큼 책을 보게 놔두어도 되지만, 책보다 다른 것들이 더 재미있는 큰 아이 현우에게 조카랑 똑같은 양의 책을 하루 동안에 똑같이 다 보라고 한다면, 그런 방법이야말로 아이가 책을 멀리하게 만드는 원인이 되지 않을까요?

그렇지만 저는 이것만큼은 반드시 지킵니다. 최소 하루에 책 한 권씩. 아니 책 두 권씩이지요. 한국어 책 한 권, 영어 책 한 권씩. 아무리 책 보는 것을 좋아하지 않는 아이라 해도 하루에 그림책 한 권씩 보는 것을 싫어하는 아이는 거의 없는 것 같습니다. 그것도 엄마나 아빠가 읽어준다면 더더욱 마다할 아이는 없습니다.

아이가 독서하는 습관을 갖기 원한다면, 혼자서 보라고 책을 아이에게 쥐어주는 것이 아니라, 그리고 흔히들 부모가 책 보는 모습을 보인다면 아이는 따라서 하게 된다고 말하는 것처럼 부모만 책 읽는 모습을 보이는 것이 아니라, 함께 책 읽는 활동shared reading을 하는 것이 가장 좋은 것이 아닐까 생각합니다.

더불어 책의 마지막 페이지를 덮고 "끝!" 하는 것이 아니라, 마지막 페이지를 덮고 나서는 책 내용에 관한 이야기도 하고 관련 활동도 아이와 함께 한다면 아이에게 책 읽는 즐거움을 더해주겠지요. 저는 보통 하루에 한국어 책과 영어 책을 한 권에서 세 권 사이로 읽어주는 정도로 그치지만, 이렇게 함께 책을 읽으면 책벌레가 아닌 현우도 책을 더 읽자고 조르곤 합니다.

반드시 책을 무조건 많이 읽게 만드는 것보다 아이가 스스로 책을 더 읽을지 말지 결정하도록 하되, 책을 좋아할 수 있도록 환경을 만들어주는 것이지요. 독서량을 정해진 기간 동안 몇 권씩 정해놓고 숙제처럼 읽는 것도 분명 어느 시점부터 필요하기는 합니다. 그렇지만 아직 학교 들어가기 전이나 저학년이라면, 그것보다는 먼저 책을 편하게 느끼는 것이 더 중요한 것 같습니다.

또 많은 부모님들이 다독과 반복 독서에 대해 고민을 합니다. 과연 무엇이 좋을까요?

제가 자주 가는 어린이 독서 관련 영문 웹사이트가 있습니다. 그 사이트에는 하루 한 권씩만 아이와 책을 보면 1년이면 365권, 10년이면 3,650권이라며 1일 1독을 권장하고 있습니다.

그런데 어느 날은 다른 메시지가 올라오더군요. 확인해 보았더니, 계획대로라면 1년이면 약 360권을 읽어야 하는데, 실제로는 1년 중 에릭 칼의 《배고픈 애벌레》를 보자고 하는 날이 60일, 앤서니 브라운의 《우리 엄마》를 보자고 하는 날이 50일, 알버그Ahlberg의 《Each Peach Pear Plum》을 보자고 하는 날이 50일 등 이렇게 해서 1년 동안 볼 수 있는 책은 실제로는 360권이 아니라 채 30여 권도 되지 않는다고.

이 내용을 보고 웃지 않을 수 없었습니다. 사실이니까요. 그리고 이렇게 매번 같은 책을 가지고 와서 읽어달라는 아이들이 때로는 성가실 때도 있으니까요. 그렇지만 많은 양의 책을 보는 것도 중요하지만, 한 권의 책을 여러 번 반복해서 읽는 것도 많은 책을 보는 것 못지않게 중요하다는 것 아시죠?

우선 반복해서 책을 읽으면 아이의 어휘와 이해력이 향상됩니다. 반복해서 읽을수록 책에 나온 단어들이 아이의 귀에 익숙해지는 것은 당연한 일이지요. 읽어주는 부모는 이미 수십 번도 더 읽어서 내용을 다 외울 정도가 되지 않았나요? 그렇다면 마찬가지로 아이도 어느새 책의 내용과 단어들을 모두 기억하게 된답니다.

영어 그림책을 볼 때도 마찬가지입니다. 제가 앞에서 나열했던 책들은 제가 아이들과 수년째 읽고 또 읽은 책들이 대부분입니다. 그 책들에 나오는 문장들, 단어들을 아이들도 어느새 알고 있더군요.

이렇게 책을 반복해서 읽다보면, 아이들은 그 특정 책은 달달 외울 정도까지 됩니다. 아이들이 자연스럽게 책 하나의 내용을 외우게 된다면 다른 책을 외우는 것도 그리 어렵지 않게 느껴집니다. 또 책들은 볼 때마다 내용이 새롭게 느껴지지 않나요? 분명 지난번에 보았던 책인데 두 번째, 세 번째 볼 때는 지난번에는 보지 못했던 내용을 발견하게 됩니다.

책뿐만 아니라 신문 기사를 볼 때도 그렇지요. 시험 문제를 풀 때 누구나 다 하는 경험이겠지만, 어떤 때는 이해가 안 가는 부분은 반복해서 읽다보면 저절로 이해가 됩니다. 아이들도 마찬가지입니다. 똑같은 책을 여러 번 보면, 여러 번 볼 때마다 새로운 것들을 이해하게 됩니다.

영어로 된 책도 여러 번 반복해서 보면, 어느 순간 아이도 조금씩 더 이해하고 있음을 깨닫게 됩니다. 작년에는 이해하지 못했던 "there are scratch, grumpy, yucky days like eating slugs and snails(민달팽이와 달팽이를 먹는 것처럼 가렵고 기분이 나쁘고 더러운 날)"을 지금은 설명하지 않아도 이해하고 있기도 합니다. 이렇게 아이가 좋아하는 책을 수십 번 반복해서 함께 읽으면 아이가 단어나 문장을 외우기도 하고 지문 이해력도 더 높아집니다.

그렇게 반복되다 보면 어느 순간 책을 읽는 것에 자신감이 생깁니다. 뿐만 아니라 아이가 몇 번이고 읽어달라고 가져오는 책을 그때마다 반복해서 읽어주면 아이는 부모에게 사랑받고 있다고 느낀다고 합니다. 영어책도 마찬가지이고요. 어쩌면 그래서 저희 아이들이 영어 그림책을 보는 것에 거부감이 없는 것인지도 모르겠어요. 몇 번씩 보고 또 봐서 너무나도 익숙해졌고, 부모와의 정서적 유대관계가 한국어 책뿐만 아니라 영어 책을 통해서도 생겼을 테니까요.

개인적인 의견이지만 아이들이 더 잘 이해하는 한국어 책은 다독이 좋고, 한국어보다는 아무래도 이해력이 떨어질 수밖에 없는 영어 책은 반복 독서가 좋은 것 같습니다. 한국어 책은 최대한 다양한 책들을 보게 하며 지식의 넓이를 넓혀주고, 영어 책은 여러 번 반복해서 보며 영어의 기초를 다지는 것이지요.

그렇지만 이것은 저의 방법일 뿐입니다. 아이와 함께 여러 가지 방법을 시도하며 아이에게 가장 알맞은 방법을 찾으시기 바랍니다.

> 궁금해요

질문 10 '해리포터'와 '허클베리 핀': 영국 책 vs 미국 책

영국 일간지 〈텔레그래프 The Telegraph〉에서 밝힌 바로는 전 세계에서 영어를 공식적으로 쓰는 나라는 45개국이 넘습니다. 영국과 미국, 캐나다, 호주, 뉴질랜드뿐만 아니라 몰타, 필리핀과 남아프리카공화국, 시에라리온에 이르기까지 실제로 많은 나라들이 영어를 모국어 또는 공용어로 사용하고 있습니다. 때문에 영어로 의사소통이 가능한 것이 매우 중요합니다.

이렇게 영어를 사용하는 각 나라마다 영어로 된 많은 문학 작품들도 다양하게 소개되고 있습니다. 남아프리카공화국은 그 나라만의 문학 작품, 뉴질랜드는 뉴질랜드만의 문학 작품이 있으며, 그들만의 색깔을 입혀 그들 나라의 문화와 역사를 잘 보여주곤 합니다.

그러나 영어의 본 고장인 영국과 미국이 영문학 및 영어 아동문학에서 양대 산맥을 이루는 것은 기정사실입니다. 영어의 본 고장인 두 나라. 그런데 이 두 나라에서 탄생되는 작품들이 같은 '영어'라는 도구를 사용했다고 해서 같을까요? 만약에 두 나라의 작품들에 차이가 있다면 어떤 차이가 있을까요? 이것은 영국인들과 미국인들도 종종 궁금해 하는 것이기도 하답니다.

〈아틀란틱 The Atlantic〉지에서는 이를 《해리포터》와 《허클베리핀》으로 대표하여 대조해 보기도 하였습니다. 영국 그림책에서 조금 더 나아가 이번에는 영미권 아동문학의 탄생 배경에 대해서 간단히 살펴보고 영국 아동문학과 미국 아동문학의 차이를 알아보도록 하겠습니다.

〈아틀란틱〉지에서 비교한대로《해리포터》와《허클베리핀》은 둘 다 부모를 여의고 모험을 하는 이야기이지만, 두 주인공의 배경부터 다릅니다. 해리포터는 영국 스코틀랜드의 전형적인 기숙학교에서 살고 허클베리핀은 미시시피 강가를 맨발로 뛰어다니며 자연 속에서 살고 있습니다. 해리포터는 마술봉을 사용하여 악을 이기고 허클베리핀은 사회의 부조리에 저항을 합니다. 두 이야기 모두 영어권의 아동문학에 있어서는 한 획을 긋지만, 둘은 비슷하면서도 다릅니다.

《해리포터》와《허클베리핀》으로 대표되기는 하지만 조금 더 자세히 비교해보면 이는 전반적인 영국의 아동문학과 미국의 아동문학의 차이이기도 합니다. 영국에서 탄생된 대표적인 아동문학은《해리포터》외에도《호빗》,《이상한 나라의 앨리스》,《피터팬》,《아기 곰 푸》 등이 있습니다.《허클베리핀》외의 미국의 아동문학으로는《작은아씨들》,《톰소여의 모험》 등이 있습니다. 이렇게 두 부류로 나누어서 비교해 보면 어떤 차이가 있을까요?

영국의 아동문학은 주로 판타지 같은 상상의 세계 속에서 펼쳐지는 모험인 반면, 미국의 아동문학은 주로 시골마을의 일상생활 속에서 겪는 사실적인 일들을 바탕으로 하고 있습니다.

영국 어린이들이 등불을 켜고 부엌에 옹기종기 모여 앉아 창문 밖의 숲속을 뒤로한 채 엄마가 들려주는 마법 주문과 말하는 곰 이야기를 듣고 상상을 펼치며 자란다면, 미국 어린이들은 엄마의 무릎에 앉아 힘든 세상을 살아가는 법, 도덕적 관념, 기독교적 가치관, 순종 등이 강조된 모범적인 주인공 이야기를 듣고 자랍니다.

그렇다면 이러한 차이는 어디에서 온 것일까요? 아주 오래 전부터 사람들이 터를 잡고 살았던 한국은 단군신화로 이야기가 거슬러 올라갑니다. 마찬가지로 영국도 아주 오래 전부터 사람들이 터를 잡고 살았고, 언제부터 사람들이 정착을 했는지 알 수 없었으므로 옛 이야기들에 마법사와 같은 판타지 속 인물을 등장시키기도 합니다.

그러나 콜롬버스가 발견한 신대륙인 미국은 이와 같이 할머니의 할머니로부터, 또 그 할머니의 할머니로부터 전해져 내려오는 구전 전래동화나 신화가 있을 수 없었습니다. 언제부터 사람들이 정착했는지, 원주민이 아닌 이상 역사적 기록으로 남아 있으니까요.

대신 개척가 정신답게 일상을 살아가는 평범하지만 평범하지 않은 사람들 이야기를 들려줍니다. 《허클베리핀》이 그랬고, 《작은 아씨들》이 그랬으며, 《오두막집의 톰 아저씨》가 계속해서 지난 세대와는 다른 새로운 세대를 개척하는 이야기들을 그립니다.

영국과 미국은 지형도 매우 다릅니다. 이러한 환경적 차이 또한 두 나라의 아동문학에 다른 영향을 미치는데요. 영국은 아기자기하고 높고 낮은 언덕으로 마을이 둘러싸여 있고, 농장 마을도 옹기종기 모여 있습니다. 동화마을 같은 구불구불한 숲속에서는 요정이 나오거나 말하는 토끼가 뛰어다닐 것 같습니다. 띄엄띄엄 보이는 오래된 성들은 밖에서 볼 때는 미지의 세계가 펼쳐질 것 같으며 그 안에 과연 누가 살고 어떤 일이 일어나고 있을지, 마법사가 사는 것은 아닐지 상상을 불러일으킵니다.

이러한 배경을 바탕으로 영국 전원 마을 속의 작은 토기가 사람처럼 이야기하는 비아트릭스 포터의 《피터 래빗》이 탄생하고, 옥스포드 대학교의 꼬불꼬불한 통로를 따라가며 《이상한 나라의 앨리스》가 나타나고, 벽돌로 쌓인 장엄한 에딘버러 성이 마주보이는 엘리펀트 카페에서 글을 쓰기 시작한 J. K. 롤링은 호그와트의 《해리포터》를 탄생시킵니다.

특히 높고 낮은 산이 많은 스코틀랜드의 게일족들은 사람들이 밤을 두려워하지 않고 죽음을 두려워하지 않기를 바라며 많은 상상 속의 이야기들을 토속신앙 배경 속에 탄생시킵니다. 《해리포터》, 《나니아 연대기》, 《피터팬》 등은 모두 배경이 어둡다는 것 아시나요?

그리고 영국은 한국과 마찬가지로 오랜 시간 동안 주위의 다른 나라와 전쟁을 하기도 하고 바이킹이나 로마군에게 침략을 당하기도 하면서 그들을 이길 법한 《아더왕》 같은 전설들을 탄생시키기도 했지요.

반면 신대륙 미국은 규모부터가 영국과 다릅니다. 광활한 그랜드캐니언이 있고 웅장한 미시시피 강이 있습니다. 가도 가도 끝이 없는 땅, 사람의 잣대로 측량하기에는 한계가 있는 그 땅에는 용이나 마법 지팡이 따위는 나타나지 않습니다. 우산을 쓰고 날아다니는 메리 포핀스도 없고요. 대신 미국인들은 드넓은 땅을 바라보며 미지의 세계 속에 마법사나 말하는 동물이 살고 있다고 상상하기보다는 이 척박한 땅을 일구어야 한다는 실용적인 생각을 합니다.

그래서 그들은 '거대한' 이야기를 만듭니다. 거인 벌목꾼 폴 버니언 Paul Bunyan이 나타나거나 카우보이가 주인공이 되기도 합니다. 영국 이야기 책의 주인공들이 상상의 나라에서 악에 대항하여 싸우는 주인공들이라면, 미국 이야기 책의 주인공들은 개척정신이 강하고 부지런하고 도덕적이며 주위 사람들로부터 '좋은 평판'을 얻는 삶을 살고 있음을 보여줍니다. 그리고 주어진 상황에서 최선을 다 하는 모습을 보여줍니다.

또한 어떠한 이야기이든 현실을 직시하는 것으로 마무리됩니다. 오즈의 마법사를 찾아 떠난 도로시의 마지막 대사도 "세상 어디에도 집 같은 곳은 없어There's no place like home."라며 현실을 직시하고, 닥터 수스Dr. Suess도 "사람은 결국 사람이야A person's a person no matter how small."라며 읊조리기도 합니다.

이렇게 도덕성과 현실성을 강조한 미국의 아동문학은 어쩌면 영국 아이들에게는 따분한 '설교'처럼 들릴 수도 있습니다. 영국 아이들이 가장 좋아하는 《괴물 그루팔로Gruffalo》만 해도 도덕적으로 살아야 한다는 이야기는 아니거든요. 그보다는 오히려 위험에 빠진 생쥐가 그 상황을 어떻게 재치 있게 모면하는지를 지켜보라고 하는데, 그것은 도덕적이라기보다는 생쥐를 위협하는 여우와 뱀을 골탕 먹이는 수법이지요.

같은 연령대에서 영국 아이들은 이런 《괴물 그루팔로》를 보고 자란다면, 미국 아이들은 우여곡절 끝에 학교 생활에 잘 적응하는 착한 아이good boy인 《아서Aurther》 시리즈를 보며 자랍니다. 아무리 어려움에 맞닥뜨려도 결국에는 도덕적으로 바르게 생활하는 법을 배웁니다.

결국 영국 이야기는 아이들에게 '문제 해결 능력'을, 미국 이야기는 아이들에게 '도덕적 가치관'을 알려주는 셈이지요. 이러한 차이는 종교적 가치관에 기인한 것이기도 합니다. 영국 이야기의 배경이 된 토속신앙에서는 인간은 본래 선하게 태어났다는 성선설을, 미국 이야기의 배경이 된 기독교에서는 인간은 원죄를 가지고 태어났다는 성악설을 바탕으로 하고 있습니다.

그래서 영국 이야기는 어린이들이야말로 악에 맞서 싸울 수 있는 열쇠를 가지고 있다는 내용인 반면, 미국 이야기는 사람들은 처음부터 죄를 가지고 태어났기 때문에 어릴 때부터 열심히 살고 착하고 도덕적으로 살아야 한다는 교훈을 가르쳐야 한다는 것을 전제로 합니다.

어느 것이 더 뛰어나다고 할 수는 없습니다. 아이들은 책을 통해서 상상의 나래를 펼치기도 해야 하고 도덕적인 가치관도 배워야 하는 것은 사실이니까요. 샌디에이고 대학의 그리즈월드Griswold 교수는 그의 책《어린이처럼 느끼기: 아동기와 아동문학Feeling Like a Kid: Childhood and Children's Literature》에서 어린이들은 책을 보며 어른들이 생각하지 못하는 방법으로 상상을 하고, 그 가운데 현실 속의 문제를 해결하고 즐거움 이상의 것을 배운다고 설명합니다. 그래서 영국 아이들도 미국 책을 보고, 미국 아이들도 영국 책을 보는 것 같습니다.

우리 아이가 읽은 도서목록 V: 일상생활이 더 재밌어지는 그림책 편

1
제목:	지은이:	날짜:
주인공:		
내용:		
가장 많이 사용된 표현:		

2
제목:	지은이:	날짜:
주인공:		
내용:		
가장 많이 사용된 표현:		

3
제목:	지은이:	날짜:
주인공:		
내용:		
가장 많이 사용된 표현:		

4
제목:	지은이:	날짜:
주인공:		
내용:		
가장 많이 사용된 표현:		

5
제목:	지은이:	날짜:
주인공:		
내용:		
가장 많이 사용된 표현:		

하루 한 권 영국 엄마의 그림책 육아

에필로그

엄마와 함께 그림책을 읽었던
소중한 추억을 남겨주세요

"엄마, 다리가 이상해요!"

　겨울로 접어들기 시작한 지난 해 어느 날, 유치원 갈 준비를 하며 아침식사를 하고 있는데 둘째 아이가 저를 부릅니다. 그래서 보았더니 다리에 두드러기 같은 것이 울긋불긋 수도 없이 많이 올라와 있습니다. 지난밤에 샤워시킬 때도 못 봤던 것 같은데 말이지요. 유치원 하원 후 가까운 병원에 데리고 갔는데 수두나 식중독으로 인한 증상은 아닌 것 같고 정확한 원인을 잘 모르겠다며 피부에 바를 연고를 처방해 주었습니다.

　그래도 증상이 가라앉지 않자 두세 군데 다른 병원을 가 보았는데 마지막으로 간 곳에서 자가면역질환인 알레르기성 자반증이 의심된다며 당장 큰 병원으로 가서 진료를 받아야 한다고 소견서를 써주는 것입니다.

　급한 대로 종합병원 응급실에 가서 진료를 받고 알레르기성 자반증이라는 확진을 받고 정기적인 외래 진료를 받기 시작했습니다. 몇 주가 지나도록 증상은 호전되지 않고 점점 더 심해져서 아이 온몸의 혈관이 안에서 터져서 다리며 온몸, 그리고 심할 때는 심지어 얼굴까지도 울긋불긋 반점 같은 것이 올라왔습니다. 알레르기성 자반증이라니, 이전에는 그런 병명조차 들어본 적도 없는 증상이었어요.

병원에서는 짧으면 몇 주 안에 증상이 가라앉기도 하지만, 만성으로 갈 수도 있다며 첫째도 휴식, 둘째도 휴식, 셋째도 휴식이라고 말했습니다. 원인도 모르고 치료 약도 없다고 합니다. 그러나 움직임이 많을수록 혈관이 더 많이 터질 수 있다며, 당분간 뛰놀지도 말고 유치원은 물론 바깥 활동도 하지 말고 집 안에서만 가만히 있으라고 했습니다.

덕분에 겨우내 몇 달 동안 집 밖에는 나갈 수도 없었어요. 안 그래도 한창 에너지가 넘치는 시기인데 집에만 있으라니 아이에게도 쉬운 일은 아니었죠. 저도 모든 일정을 취소하고 아이들과 집에 있을 수밖에 없었습니다.

그때 돌파구가 되었던 것이 바로 그림책들이었습니다. 한국어 그림책, 영어 그림책 둘 다 말이에요. 하루 종일 집 안에만 있을 수밖에 없는 아이에게는 아무리 TV를 많이 보고 장난감을 가지고 놀아도 시간이 가지 않나 봅니다. 그래서 《Blown Away》를 보며 스티로폼으로 북극을 만들기도 하고 《Shark in the Park》를 보며 상어가 아닌 다른 것을 상상해서 그려보고, 《My Big Shouting Day》를 보며 벨라를 흉보기도 하고 《The Paper Doll》을 보며 종이인형으로 닌자들을 만들어보기도 했습니다.

《Shark in the Park》를 보며 함께 소리 지르고, 《Room on the Broom》을 보며 'oo'가 들어간 철자들을 찾아보고 《Sometimes I Feel SUNNY》를 보며 감정에 맞는 얼굴 표정을 만들어보기도 했습니다. 앤서니 브라운의 책들을 보며 그림 속에 숨어 있는 유머들을 찾아내기도 했고요. 《I CAN ONLY DRAW WORMS》를 보며 종이 한 장씩 지렁이를 그리며 깔깔대기도 했습니다.

《벗지 말걸 그랬어》를 한국어와 영어로 몇 번씩 보고 또 보며 똑같은 장면을 수없이 보아도 또 똑같이 배꼽 빠지게 웃곤 했지요. 《WOW! SAID THE OWL》을 보며 주변의 색깔을 탐색하였고 《Jesus' Christmas Party》를 보며 크리스마스를 기다리고, 《A book of Sleep》을 보며 잠자리에 들곤 했습니다.

그 외에도 여기에 언급하지 않은 많은 책들과 그 긴 겨울을 함께 보내며 만들기도 하고, 반복해서 영어 표현들을 듣고 말하며 학습 아닌 학습을 할 수 있었습니다. 지난번에 했던 활동을 반복해서 해도 아이들은 새로운 활동처럼 느껴지나 봅니다. 종이인형을 여러 번 만들어도 한 번도 같은 그림이 나온 적이 없더군요.

아이가 아파서 밖에 나갈 수는 없었으나, 오히려 그래서 집 안에서 더 많은 것을 할 수 있었습니다. 만약에 이런 책들이 없었다면 그 긴 겨울을 어떻게 보냈을지 상상이 가지 않습니다. 게다가 큰 아이까지 둘째 아이 때문에 집에서 꼼짝 못하고 있는데, 이렇게 그림책을 보며 이야기를 하고 관련 활동을 하는 시간을 갖지 않았더라면 큰 아이는 또 어떻게 그 긴 시간을 버텼을지 모르겠습니다. 그림책을 보며 활동하고 대화하는 것은 모두 다 같이 할 수 있는 일이었으니까요.

그림책들 덕분에 우리는 자칫하면 힘들기만 했을지도 모를 지난 겨울을 힘든 줄 모르게, 아니 즐겁게 보냈던 것 같습니다. 서로의 상상을 공유하면서 말이지요.

그렇게 추운 겨울이 지나갔고, 다행히 초겨울부터 보이던 아이의 알레르기성 자반증 증상이 겨울이 끝날 때쯤 가라앉기 시작했습니다. 그리고 따뜻한 봄이 되자 밖에 나가 형형색색의 꽃 색깔을 찾아다니며 뛰어다닐 수 있게 되었답니다.

저는 그림책은 들춰 보지도 않았던 사람이었습니다. 엄마가 되기 전까지는요. 엄마가 되기 전에도 다른 사람들처럼 항상 뭔가 그렇게 바쁘게 살았고, 그림책 따위는 쳐다볼 여유조차 없었습니다. 저와는 전혀 딴 세상 이야기였습니다. 그림책이나 나노테크놀로지나 마찬가지로 관심 밖 세상이었죠. 그러던 제가 그림책을 들춰보게 되다니, 부모라는 역할은 한 사람의 삶에 많은 변화를 가져오는 것 같습니다.

아이 때문에 집어든 그림책 세상이지만, 시시하기만 할 줄 알았던 그림책으로부터 오히려 더 많은 것을 얻게 된 것 같습니다. 때로는 그림책 속에 저도 빠져들기 시작했습니다.

어떤 그림책으로부터는 제가 더 위로받고, 어떤 그림책을 볼 때는 숨이 넘어갈 정도로 웃기도 하고, 또 어떤 그림책을 보면서는 슬픔에 공감하며 건조한 마음에 촉촉한 감성이 스며들기 시작했습니다. 정말로 어떤 그림책들은 웬만한 소설이나 영화보다도 더 마음을 힐링시켜주기도 하더군요.

또 어떤 그림책들은 보면서 작가의 영혼이 담긴 그림의 매력에 빠지기도 하고, 또 어떤 그림책들은 아름다운 문장에 감탄하기도 합니다. 한국어든 영어든, 이렇게 표현할 수도 있구나 하면서 말이지요.

그림책을 보면서 아이들의 정서와 학습적인 부분도 영향을 받지만, 아이들 말고도 함께 그림책을 보는 저도 이렇게 그림책에 푹 빠지게 되다니 뜻밖의 선물을 받은 것 같습니다. 그러나 더 큰 선물은 아이들과 공유할 수 있는 것, 그리고 대화거리가 조금은 더 생겼다는 것입니다.

언젠가 〈우리의 20세기 20th Century Women〉라는 영화를 본 적이 있습니다. 40세에 엄마가 된 싱글맘이 아들을 키우면서 겪는 세대 차이를 극복하기 위해 노력하는 모습을 그린 영화입니다. 영화의 배경은 1960년대이지만 지금의 부모자녀 관계와 크게 차이는 없는 것 같습니다. 엄마인 도로시아는 하루하루가 달라지는 사춘기 아들 제이미를 도저히 이해할 수 없어서 주위의 다른 사람들에게 제이미를 부탁하기까지 합니다.

그렇게까지 노력하는 엄마의 모습이 때로는 눈물겹기도 하지만 저는 그 영화를 보면서 가장 안타까웠던 점은 엄마와 아들이 공통으로 공유하는 유대관계 같은 것이 없었다는 것입니다. 둘은 완전히 동떨어진 세계에 살고 있었습니다.

엄마인 도로시아는 마침내 아들과의 관계를 개선시키기 위해 아들과 친한 주위의 다른 여자들에게 도움을 요청하며 아들을 함께 돌봐달라고 부탁합니다. 그런데 그 상황에서 주위의 다른 여자들을 개입시키는 것이 아니라, 시간을 거슬러 올라가 아기 때부터 함께 그림책을 보는 시간을 꾸준히 가졌더라면 어땠을까 하는 상상을 혼자서 해보았답니다.

영화 속에는 모자가 함께 책을 읽는 장면이 한 번도 나오지 않습니다. 만약에 엄마와 아들이 아기 때부터 함께 그림책을 보다가 점점 더 커가면서는 같은 소설을 각자 따로 보며 대화를 나누는 습관을 들였다면, 분명 영화 속 관계보다는 서로를 더 잘 이해하고 더 좋은 관계를 형성했을 것입니다.

그래서 저는 아이들과 태어나서 지금까지 계속해서 함께 그림책을 보고, 조금 더 욕심을 내어 한국어 그림책뿐만 아니라 영어 그림책도 보며 공유할 수 있는 시간을 더 많이 만들고 서로를 조금 더 이해하려고 합니다. 더불어 영어의 자연스러운 표현도 익히려고 노력하고, 나아가 문제 해결 능력과 도덕적 가치관도 배울 수 있기를 바랍니다.

사실 추억을 공유하는 것에는 한국어 그림책이든, 영어 그림책이든 크게 상관은 없는 것 같습니다. 아이들에게는 그것이 무엇이든 간에 엄마와 함께 한다는 것 자체만으로도 좋은 기억으로 남는 것 같습니다.

엄마와 함께 하는 것을 아이들이 즐거워한다면, 영어 그림책을 보는 것도 즐거운 추억으로 남겨보는 것은 어떨까요? 언젠가는 부모 손을 벗어난 아이들이 "아, 예전에 엄마랑 이 책을 영어로 보았었지!"라며 다시 만나게 된 그 책을 보며 반가워하거나 그 시절을 그리워하지 않을까요?

마지막으로 아이들과 그림책을 함께 읽으며 깔깔거릴 수 있는 시간은 그리 많지 않다는 것을 알려드리고 싶습니다. 제가 그림책이 재미없었던 것처럼, 아이들도 언젠가는 그림책이 재미없어질 날이 올 것입니다.

더 이상 엄마가 책을 읽어주지 않기를 바랄 수도 있고, 엄마와 책을 보기보다는 혼자만의 시간을 원하는 날이 올 것입니다. 그래서 그때가 오기 전에, 저는 오늘도 아이들과 함께 웃을 수 있는 책 한 권을 더 집어 듭니다.

특별부록

영국 북트러스트
추천도서 100

북트러스트(Booktrust, www.booktrust.org.uk)에서 8세 미만 아동에게 추천하는 도서 중 100권을 선정하여 소개합니다.

이 책의 앞 장에서처럼 언어놀이, 감정수업, 상상력을 동원하는 책, 다양한 주제의 책, 일상생활을 소재로 한 책의 다섯 가지 주제로 분류해 보았으나 그 경계가 명확한 것은 아닙니다. 언어놀이로 분류된 책이 감정수업이 될 수도 있고, 다양한 주제를 다룬 책이 상상력을 동원하는 책이 될 수도 있겠지요.

여기에 추천된 책들을 반드시 읽어야 한다는 말은 아닙니다. 또 여기에 소개해 드리지 못하는 다른 많은 좋은 책들도 있습니다. 그렇지만 여기에 나열된 추천도서들을 참고하여 아이의 성향에 맞는 책을 선정하여 즐겁게 읽으시기 바랍니다.

I. 언어놀이 추천도서
II. 감정수업 추천도서
III. 상상력을 동원하는 추천도서
IV. 다양한 주제를 다룬 추천도서
V. 일상생활을 주제로 다룬 추천도서

I. 언어놀이 추천도서

Hello, Hello
by Brendan Wenzel

세상의 모든 동물들과 새와 파충류, 바다 생물들을 보며 동물 친구들에게 '헬로, 헬로'라고 말해 보아요.

Jump and Shout!
by Mike Dumbleton

손뼉치고 노래하며 밖으로 나가요. 걷고, 달리고, 뛰고, 소리쳐요! 아장아장 귀여운 어린이들이 공원에 놀러나가서 신나는 하루를 보냅니다. 하루 종일 놀다 들어온 아이들이 피곤해서 졸린 것은 당연한 일이겠지요? 아이늘과 신나게 몸동작을 하며 스토리 타임을 즐길 수 있는 책입니다.

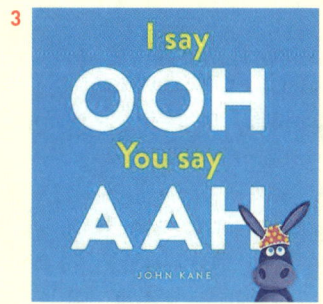

I Say OOH You Say AAH
by John Kane

"내가 '우~'라고 말하면 여러분은 '아~'라고 말해요." "빨간색(red)을 보면 손을 머리(head)에 얹어요." 이렇게 각 페이지마다 짧은 문장으로 이루어졌지만 운율과 유머를 놓치지 않는 이 책은 아이들과 상호작용 놀이를 하기에도 안성맞춤이랍니다.

Alphabet Street
by Jonathan Emmett

집 모양으로 만들어진 이 책은 집 안과 길거리 등 일상생활에서 쓰이는 단어들로 알파벳을 배울 수 있습니다. 책 곳곳에 숨겨진 알파벳 단어들을 찾아볼까요?

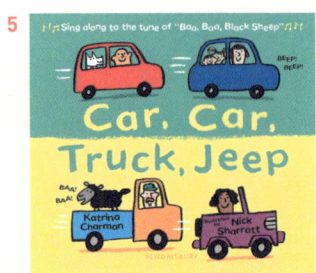

Car, Car, Truck, Jeep
by Katrina Charman

"Baa, Baa, Black Sheep"이라는 영어 동요 (Nursery Rhyme)의 음에 맞추어 자동차로 이루어진 단어들을 사용하여 운율을 맞출 수 있는 재미있는 책입니다.

I Am Bat
by Morag Hood

아침은 안 좋아하지만 과일은 종류별로 좋아하는 박쥐가 있습니다. 이 책은 화려한 색깔과 다양한 과일, 내가 좋아하는 것, 좋아하지 않는 것을 짧은 문장으로 설명해줍니다. 가장 중요한 것은 책 중간 중간 빠지지 않고 "I am bat"이라고 스스로를 소개하는 박쥐의 표현입니다. 또한 이미 우리에게도 친숙한 과일 이름과 스스로를 소개하는 것만큼은 영어로도 확실히 배울 수 있겠죠?

Look
by Fiona Woodcock

동물원에 간 오누이가 동물원에서 보는 모든 것은 영어 철자로 'oo'가 들어가 있는 단어입니다. 신기하지 않나요? 우리 주위에 영어 단어 중에서 'oo'가 들어간 단어가 얼마나 많은지 이 책을 보며 함께 찾아볼까요?

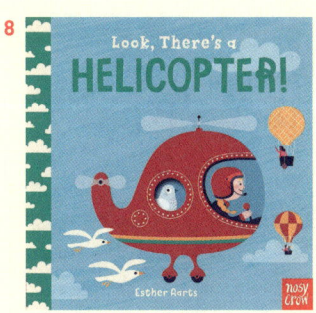

Look, There's a Helicopter!
by Esther Aarts

헬리콥터 가운데 뚫린 구멍은 무엇을 보여주는지, 다음 페이지에는 무엇이 나올지 이 책을 보며 따라가 볼까요? 이 책은 아이들에게 단순한 호기심을 주는 것에서 나아가 다양한 운율도 함께 만날 수 있습니다. 무엇보다 헬리콥터를 좋아하는 아이들이라면 이 책을 더욱 좋아하겠죠?

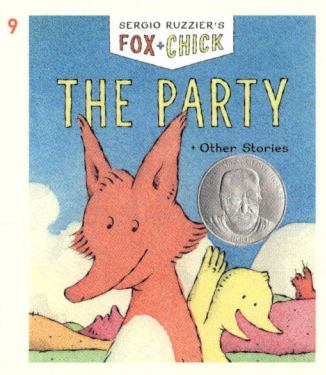

Fox & Chick: The Party and Other Stories
by Sergio Ruzzier

성격이 완전히 반대인 두 친구, 온순한 여우와 활발한 병아리가 함께 하는 매일 매일의 어드벤처 이야기입니다. 두 친구들과의 여정을 통해서 반대말과 성격을 나타내는 다양한 표현을 접할 수 있답니다.

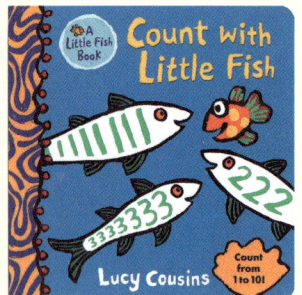

Count with Little Fish
Lucy Cousins

루시 커즌즈 작가의 굵은 선이 돋보이는 밝은 그림의 이 책은 페이지마다 물고기가 한 마리씩 늘어나는 것을 보여줍니다. 숫자를 처음 접하는 아이들이 숫자를 배우기 좋은 책입니다.

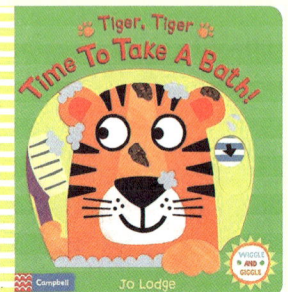

Tiger, Tiger, Time to Take a Bath!
by Jo Lodge

재미있는 운율을 사용하며 호랑이가 꽃단장하는 것을 도와주세요! 이 책은 운율도 재미있을 뿐만 아니라 위생 습관도 배울 수 있고 혼자서 외출 준비를 할 수 있도록 도와준답니다.

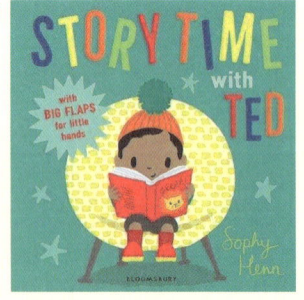

Story Time with Ted
by Sophy Henn

테드 시리즈 중 하나인 이 책에서 테드는 스토리 타임, 즉 책 읽는 시간에 빠져듭니다. 테드는 과연 어떻게 해서 스토리 타임을 좋아하게 되는 걸까요?

Who's Wearing a Hat?
by Sam Taplin

누가 모자를 쓰고 있나요? 이 책에 등장하는 다양한 동물 친구들인 고양이, 원숭이, 새, 개구리, 거북이 등을 보며 누가 어떤 모자를 쓰고 있는지 함께 찾아보아요. 질문과 답을 하며 상호작용하기 좋은 책입니다.

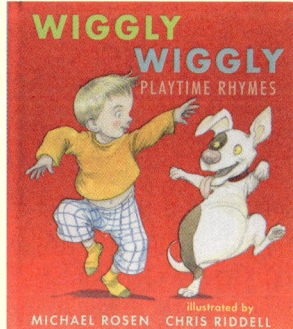

Wiggly Wiggley: Playtime Rhymes
by Michael Rosen

놀이 시간 동작을 운율이 있는 단어를 사용하여 만든 이 책은 책에 나온 악어의 활동을 보며 함께 활동하고 운율도 익힐 수 있는 재미있는 책입니다.

Ten Little Fingers and Ten Little Toes
by Mem Fox

아이들마다 태어난 곳이 다르고 생김새도 모두 다르지만, 열 개의 손가락과 열 개의 발가락은 모두에게나 있습니다. 갓 태어난 아기부터 기어다니는 아기, 숫자를 배우는 아이까지 손가락과 발가락을 이용하며 이 책을 함께 볼 수 있답니다.

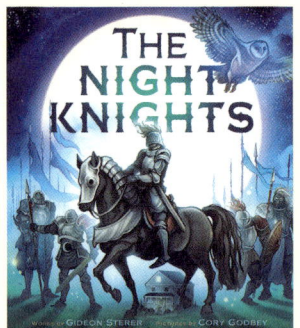

The Night Knights
by Gideon Sterer

밤은 괴물들의 시간이라고 생각되어 왔지만, 밤의 기사들(Night Knights)은 어둠이 내리면 어린이들의 집을 지켜줍니다. 어두운 밤이 무서운 아이들에게 잠자리에서 함께 읽으며 어둠을 물리치는 마법 같은 이야기를 은은한 운율과 함께 감상해보세요.

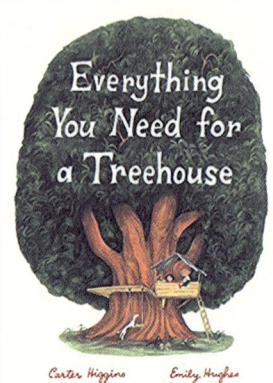

Everything You Need for a Treehouse
by Carter Higgins

나무 속의 집은 어른 아이 할 것 없이 꿈에 그리는 집입니다. 시적이고 서정적인 표현을 사용한 이 책은 그림도 글만큼 서정적입니다. 그리고 책 속의 그림에는 다양한 인종의 사람들, 장애인, 비장애인이 모두 함께 등장하며 모두가 평등하게 놀이를 합니다. 도심 속에서는 찾아보기 힘든 이런 장면을 서정적인 표현과 함께 감상하며 더욱 상상의 나래를 펼칠 수 있겠지요.

Each Peach Pear Plum
by Allan Ahlberg

영어의 운율을 터득할 수 있는 가장 대표적인 책 중 한 권입니다. 각각의 페이지마다 아름다운 그림 속에는 우리에게 익숙한 동화(fairy-tale) 속 주인공이나 동요(nursery rhyme) 주인공을 찾아볼 수 있습니다. 운율과 함께 하며 그림 곳곳에 숨어 있는 주인공을 찾는 재미가 꽤 쏠쏠하답니다.

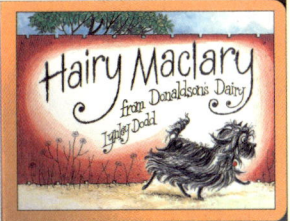

Hairy Maclary from Donaldson's Diary
by Lynley Dodd

1983년에 뉴질랜드에서 출간되자마자 베스트셀러가 된 이 책은 30년 이상이 지난 지금도 어린이들에게 꾸준히 사랑받고 있는 책입니다. 즐거운 운율과 재미있는 그림을 보며 헤어리 맥클라리(Hairy Maclary)가 누구를 만나는지 같이 따라가 볼까요?

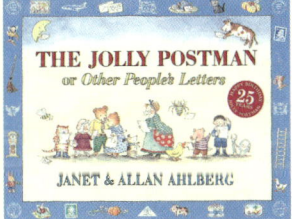

The Jolly Postman or Other People's Letters
by Allan Ahlberg

동화 속 마을의 주민들에게 편지를 배달하는 즐거운 우편배달부를 따라가며 운율을 맞추어 보세요. 편지를 배달하는 우편배달부는 신데렐라, 곰 세 마리, 나쁜 마녀 등 친숙한 동화 속 주인공들을 만나며 차 한 잔씩 하는 여유도 있답니다. 오래된 이야기 속 주인공들을 새롭게 만나는 모험을 해볼까요?

II. 감정수업 추천도서

How to be a Lion
by Ed Vere

레오나르도는 점잖은 사자입니다. 사자라는 이유만으로 으르렁대야 할 필요는 없으니까요. 레오나르도를 통해서 우리 사회의 공격적인 목소리는 멀리하고 조용한 생각들에 귀를 기울이는 법을 배울 수 있는 이 책은 마음을 따뜻하게 해주는 이야기입니다.

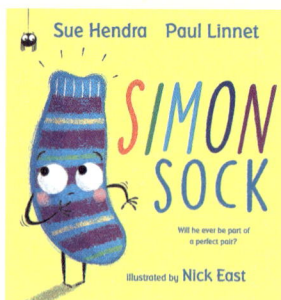

Simon Sock
by Sue Hendra and Paul Linnet

서랍 속의 모든 양말은 각각 짝이 있습니다. 양말 사이먼만 빼고요(except for Simon Sock). 그는 혼자입니다. 다른 양말들과 다르지요. 그러던 어느 날 서랍 밑에서 작은 목소리를 듣게 되는데, 과연 사이먼은 그의 반쪽을 만날 수 있을까요? 쉽고도 어려운 대인관계를 경쾌하고 사랑스럽게 그리는 책입니다.

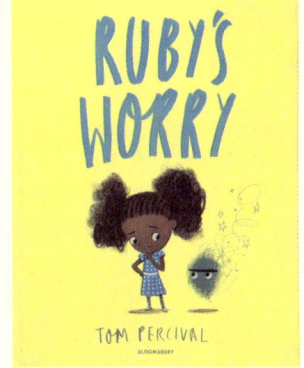

Ruby's Worry
by Ton Percival

루비는 스스로를 사랑하는 아이입니다. 그러던 어느 날 고민거리가 생겼습니다. 그 고민거리는 날이 갈수록 커지기만 합니다. 어떻게 해야 루비가 그 걱정거리를 없애고 다시 그녀 자신으로 돌아갈까요? 불안한 감정을 세심하게 살펴보고 고민거리는 나눌 때 줄어든다는 것을 루비의 경험을 통해서 알려줍니다.

Giraffe Problems
by Jory John

기린은 기린의 목을 더 이상 좋아하지 않기로 결심합니다. 왜냐하면 목이 너무 길고, 쉽게 구부러지거든요. 그건 그냥 좀 그래요. 과연 기린은 계속 목을 좋아하지 않으며 살 수 있을까요? 유머를 곁들인 글과 그림의 조화가 어우러진 이 책은 스스로를 사랑하고 외모에 대해 긍정적인 생각을 가질 수 있도록 격려해줍니다.

Little Truck
by Taro Gomi

꼬마 트럭은 앞으로 가기 위해 안간힘을 쓰지만, 피곤해지면 항상 꼬마 트럭은 지켜보는 부모님의 도움을 필요로 합니다. 어린이들이 스스로 하나씩 할 수 있도록 꼬마 트럭 이야기를 통해 격려해주는 이야기입니다.

Poor Little Rabbit
by Jörg Mühle

울고 있는 버니의 눈물을 닦아주고 더러운 것이 묻은 곳을 깨끗이 해주며, 다친 곳에 반창고를 붙여주며 버니를 더욱 기분 좋게 만들어주는 이 책은 아이와 상호작용 놀이를 하기에 더 없이 좋은 이야기입니다.

Happy to Be Me
by Emma Dodd

간결한 운율과 화려한 색감을 곁들인 이 책은 우리 몸을 하나씩 소개해주며 모든 사람이 다르고 우리 몸의 부분 부분이 모두 다르다는 것을 알려준답니다. 우리 몸 각 부분의 이름을 영어로 쉽고 재미있게 배울 수 있고, 내 모습을 있는 그대로 사랑하는 법을 알게 된답니다.

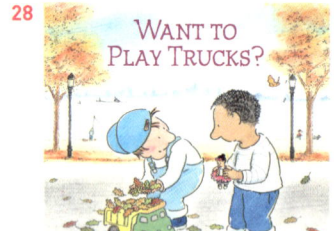

Want to Play Trucks?
by Ann Stott

잭과 알렉스는 매일 아침 공원에서 만나서 함께 놀곤 합니다. 그런데 잭은 트럭만을 가지고 놀고 싶어 하고 알렉스는 인형만을 갖고 놀고 싶어 합니다. 잭의 트럭은 사고뭉치이고 알렉스는 인형에게 반짝이는 옷만 입히려고 하지요. 두 아이는 생긴 모습만큼이나 좋아하는 것이 다릅니다. 두 아이가 갈등 상황을 어떻게 해결하고 어떻게 화해하는지 배워볼까요?

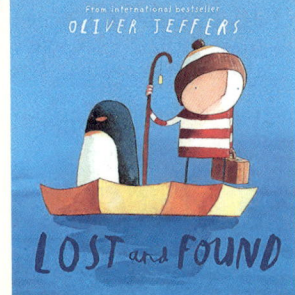

Lost and Found
by Oliver Jeffers

어느 날 한 소년의 집 앞에 나타난 슬프고 외로운 펭귄이 있었습니다. 소년은 펭귄이 길을 잃었다고 생각하고 집으로 가는 길을 도와주기 위해 길을 떠납니다. 분실물센터에도 가보고 새들에게도 물어보고 고무오리 인형에게도 물어보았지만, 아무도 펭귄이 어디에서 왔는지 알 수 없었어요. 그러던 어느 날 펭귄은 남극에 산다는 것을 읽고 남극으로 떠나는 여정 속에서 소년은 무엇을 깨달을까요?

Little Mouse's Big Book of Fears
by Emily Gravett

작은 생쥐는 많은 것이 두렵습니다. 기어 다니는 벌레부터 큰 소리까지 모두 다 생쥐에게는 무서운 것들이지요. 또 무엇이 작은 생쥐를 두렵게 할까요? 페이지를 넘기며 하나씩 하나씩 알아보아요. 그런데 말이에요, 그것 아시나요? 세상의 모든 것이 다 두려운 이 작은 생쥐가 또 다른 누군가에게는 무서운 존재가 될 수 있다는 것을요? 그것도 이 작은 생쥐보다는 몇 배나 큰 사람에게 말이에요.

The Colour Monster
by Anna Llenas

색깔 괴물은 불쌍하게도 모든 색깔이 섞여 있는 괴물입니다. 빨간색, 초록색, 노란색, 파란색 검은색… 모두가 섞여서 색깔 괴물이 되었어요. 그래서 색깔 괴물은 매우 혼란스럽고 왜 이렇게 생겼는지 불만입니다. 그러던 어느 날 색깔 괴물의 친구가 색깔 괴물의 비밀을 알 수 있게 도와줍니다. 색깔 괴물의 색깔은 그냥 있는 것이 아니라 색깔 괴물의 감정이라는 것을요. 색깔 괴물은 각각의 색깔을 하나씩 구별하며 각각의 감정에 대해서 이해하기 시작합니다. 색깔 괴물과 함께 색깔과 감정을 배워보는 것은 어떨까요?

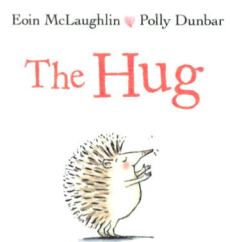

The Hug
by Eoin McLaughlin

자라와 고슴도치는 슬픈 아이들입니다. 둘 다 모두 누군가가 안아주기를 원하죠. 그렇지만 자라의 껍질은 다른 동물 친구들이 다가오면 미끄러지고, 고슴도치는 친구들이 다가오기에는 너무 뾰족합니다. 이 두 친구는 과연 누군가를 안아줄 수 있을까요?

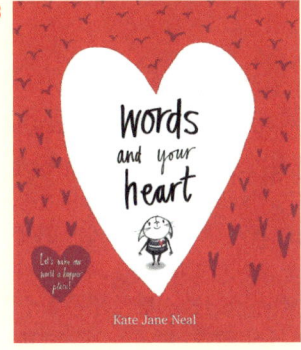

Words and Your Heart
by Kate Jane Neal

언어는 마법입니다. 말 한 마디가 한 사람의 마음 색깔을 바꾸기도 하고, 좋은 말 한 마디를 들으면 마음속으로 노래를 부르게 되기도 하고요. 이 세상을 마법의 언어로 표현하기도 하지요. 반대로 말 한 마디가 우리의 마음을 아프게도 합니다. 이처럼 말 한 마디가 우리를 행복하게도 강하게도 슬프게도 합니다. 우리가 듣는 말들은 우리의 감정에 영향을 줍니다. 이 책을 보며 말 한 마디가 주는 상처와 치유를 잔잔한 그림과 함께 살펴보며 긍정적인 의사소통의 힘에 대해 생각해볼 수 있답니다.

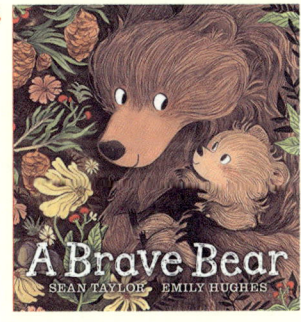

A Brave Bear
Sean Taylor

뜨거운 태양을 피해서 아빠 곰과 아기 곰은 시원한 강가로 갑니다. 가는 길은 험난하지만, 아기 곰은 용감해지기로 결심합니다. 강가에 다다른 아빠 곰과 아기 곰은 신나는 하루를 보내고 해질녘에 집으로 돌아오면서 또 다른 멋진 날을 기약합니다. 용기를 낸 만큼 더 좋은 하루를 보낸 아기 곰은 그만큼 더 성장해 있겠죠?

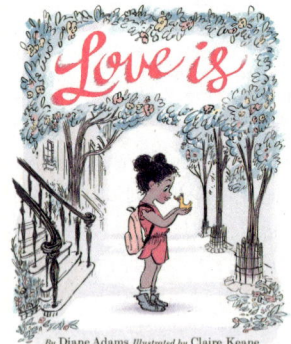

Love is
by Diane Adams

작은 소녀는 새끼 오리를 매우 잘 돌봐준답니다. 마치 부모가 아기를 돌보는 것처럼요. 밤에 시끄럽게 굴 때는 먹이도 주고, 지저분한 모습은 깨끗이 해주고, 목욕도 시켜주고, 자기 전에는 꼭 안아주기도 합니다. 그렇지만 새끼 오리가 자람에 따라 작은 소녀는 사랑의 다른 모습을 배우게 됩니다. 사랑하기 때문에 보내주고, 곁에 없을 때는 보고 싶어 하고, 다시 돌아오면 더욱 사랑해줄 수 있다는 것을요. 운율을 맞춘 간결한 문장과 사랑스러운 그림을 보며 작은 소녀의 감정을 함께 느껴보기도 하고, 우리보다 약한 존재를 보살펴주는 모습도 배울 수 있답니다.

When an Elephant Falls in Love
by Davide Cali and Alice Lotti

사랑에 빠진 코끼리는 무모한 짓들을 많이 해요. 예를 들면 나무 뒤에 숨는다든지 보내지 못할 편지를 쓴다든지 전에는 잘 하지 않던 샤워를 매일 한다든지 하는 일들 말이에요. 그런데 코끼리는 사랑하는 그녀가 이런 모습을 보게 될까 봐 더더욱 걱정이랍니다. 사랑에 빠져 바보 같은 짓만 하는 코끼리의 사랑은 과연 이루어질 수 있을까요?

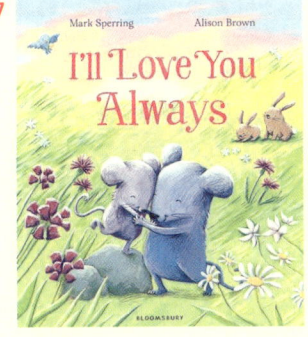

I'll Love You Always
by Mark Sperring

"내가 너를 얼마 동안 사랑할 수 있을까? 1초는 너무 짧아. 1초는 이런 사랑을 할 수 없는 시간이지(How long will I love you? A second is too short. A second is no time for a love of this sort.)."
이렇게 아기 생쥐와 엄마 생쥐, 아빠 생쥐의 이야기는 시작됩니다. 엄마 생쥐와 아빠 생쥐는 아기 생쥐가 자라도 똑같이 사랑해줄 것이라고 안심시켜줍니다. 부드러운 그림과 운율이 어우러진 예쁜 이 책은 잠자리에서 보며 아이와 대화를 나누기에 무엇보다 좋은 책입니다.

Sometimes…
by Emma Dodd

우리는 기쁠 때도 있고 슬플 때도 있고, 착할 때도 있고, 버릇없을 때도 있고, 깨끗할 때도 있고, 너저울 때도 있고, 어떻게 행동해야 할지 모를 때도 있고, 친절할 때도 있습니다. 그렇지만 우리가 어떤 모습이든 상관없이, 엄마 아빠는 우리를 사랑한답니다.

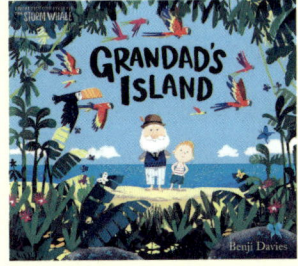

Grandad's Island
by Benji Davies

시드와 할아버지가 다락방 문 밖으로 나갑니다. 배를 타고 가고 있어요. 배를 타고 도착한 곳은 정글로 가득한 한 섬이지요. 정글에서 재미있는 시간도 보내고 동물 친구들도 사귑니다. 너무 좋은 곳이지요. 그렇지만 시드는 곧 집으로 돌아가야 한다는 것을 알아요. 그런데 할아버지는 이곳이 너무 좋아서 집으로 가지 않고 이곳에 머무신대요. 시드는 혼자서 집으로 돌아가야 해요. 그리고 시드는 할아버지가 보고 싶을 거예요.

The Great Big Book of Feelings
by Mary Hoffman

오늘은 어떤 기분인가요? 행복한가요? 슬픈가요? 즐거운가요? 지겨운가요? 화가 났나요? 외로운가요?
어린이가 집이나 학교에서 느낄 수 있는 감정들을 하나씩 하나씩 보여주는 이 책의 마지막 장은 '훨씬 좋아졌어요(Feeling better)'로 끝납니다. 아이들이 스스로의 감정을 다른 사람과 나눌 수 있도록 도와줍니다. 뿐만 아니라 같은 작가의 《The Great Big Book of Families》처럼 책 안에는 여러 인종의 사람들 장애인, 비장애인, 건강한 아이, 아픈 아이, 얌전한 아이, 장난꾸러기 아이 등 다양한 모습의 사람이 경쾌하게 등장합니다. 다양한 감정처럼 다양한 사람들의 모습을 존중하는 모습도 배울 수 있습니다.

III. 상상력을 동원하는 추천도서

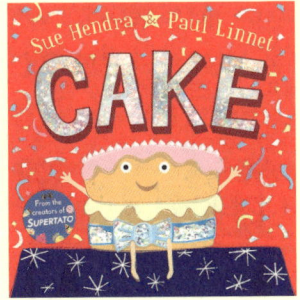

Cake
by Sue Hendra and Paul Linnet

케이크는 처음으로 생일 파티에 초대받고 매우 기뻐합니다. 가장 멋진 모습으로 가기 위해 모자도 고르고 열심히 준비합니다. 그러나 생일 파티에 간 케이크는 무사히 돌아올 수 있을까요? 유머 가득한 이 책을 보며 아이들은 케이크의 운명을 상상하기도 하고, 다양한 파티 음식이 등장하며 영국 어린이들의 생일 파티 문화도 살짝 엿볼 수 있답니다.

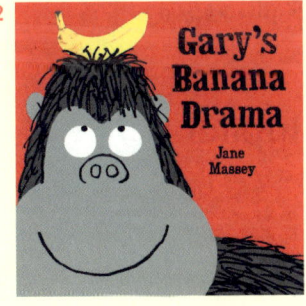

Gary's Banana Drama
by Jane Massey

고릴라 개리는 더 이상 먹을 바나나가 없어서 배가 고파요. 이보다 더 최악의 날이 있을까요? 그렇지만 절망하지 않고, 개리는 발톱을 다듬고 모자를 쓰고 바나나를 찾는 탐정이 됩니다. 다행히 바나나를 찾았는데… 알고 보니 그것은 바나나가 아닌 무엇이었을까요?

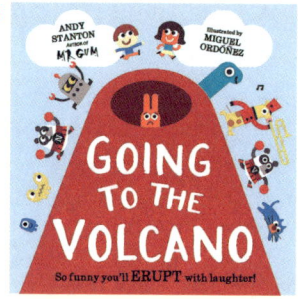

Going to the Volcano
by Andy Stanton

드웨인과 제인은 화산을 찾으러 떠납니다. 그런데 먼 길 끝에 도착한 화산을 보고 드웨인과 제인은 충격을 받는데요. 화산(volcano)을 찾으러 떠나는 드웨인과 제인을 따라가며 유쾌한 경험도 하고, 파닉스 '-a-o-'가 들어간 운율도 즐겁게 맞춰보세요.

Hello, Hot Dog!
by Lily Murray

핫도그는 푹신푹신한 빵 위에서 달콤한 낮잠을 자고 있었어요. 케첩 한 병이 다가오기 전까지는요. 다리가 없어 도망도 갈 수 없는 핫도그는 점심식사로 먹히는 운명이 되지 않으려고 기밀한 작전을 세우는데요. 위험에 처한 핫도그를 구해주는 것은 과연 누구일까요?

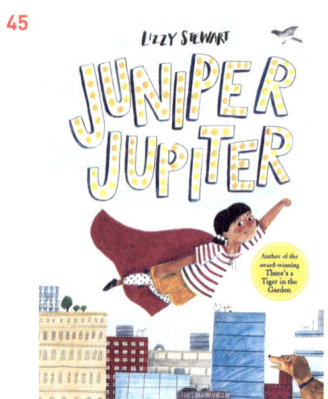

Juniper Jupiter
by Lizzy Stewart

주니퍼 주피터는 진짜 수퍼 히어로입니다. 진짜 용감하고, 진짜 빠르고, 진짜 강하고, 진짜 똑똑하며 심지어는 날 수도 있습니다. 그렇지만 한 가지 없는 것이 있는데요. 조수가 없는 히어로는 무슨 소용이 있을까요? 많은 사람들이 그녀의 조수가 되려고 하지만 적당한 사람이 없어요. 너무 크거나 너무 이상하거나 너무 무섭거나 아니면 너무 많은 준비가 되어 있기도 해요. 주니퍼 주피터는 그녀의 완벽한 조수를 만날 수 있을까요?

Ten Fat Sausages
by Michelle Robinson

'팬에서 달구어지는 통통한 열 개의 소시지 (Ten fat sausages, sizzling in a pan)'라는 영국 동요가 있습니다. 그런데 이 소시지들이 그들의 운명을 알고 있을까요? 운명을 피해 팬 밖으로 피하려 하지만 팬 밖에는 불도 있고 날카로운 믹서기도 있고, 팬 안보다 더욱 위험천만한 세상이 펼쳐집니다. 이 책을 보며 영국의 동요 하나를 더 배워보고 영어로 숫자를 세어 보고, 주방에 있는 갖가지 도구들의 이름을 알아보아요.

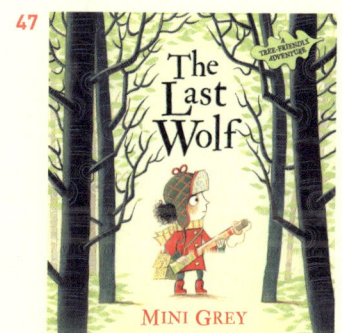

The Last Wolf
by Mini Grey

어느 날 빨간 모자는 사냥 준비를 하고 도시락을 싸서 늑대를 잡으러 숲속으로 들어갑니다. 다행히도 빨간 모자의 엄마는 숲속에 더 이상 늑대가 살지 않고 있다는 것을 알고 빨간 모자가 안전할 거라고 생각하며 숲속으로 보냅니다. 그런데 숲속을 거닐다가 이상한 문 앞에 다다른 빨간 모자는 그 안에서 숲속의 마지막 늑대와 마지막 스라소니와 마지막 곰을 만나게 되는데요. 마지막 늑대와 마지막 스라소니와 마지막 곰은 빨간 모자에게 숲속에 꽃이 많이 피고 자유롭게 돌아다니던 그 시절이 그립다고 고백을 하고, 빨간 모자는 이 동물 친구들을 도와주기로 합니다.

Valdemar's Peas
by Maria Jönsson

발데마르와 여동생들은 오늘 저녁 식사가 매우 기대됩니다. 발데마르가 가장 좋아하는 생선튀김이거든요. 너무 배고파서 통째로 먹고 아이스크림을 기다리는데요. 그런데 완두콩이 남아 있군요. 발데마르는 완두콩을 싫어합니다. 입에도 대지 않았지요. 그런데 아빠는 완두콩을 다 먹지 않으면 아이스크림도 못 먹는다고 해요. 너무 불공평하지 않나요. 발데마르는 완두콩을 먹지 않고도 아이스크림을 먹을 수 있는 궁리를 하는데, 과연 성공할 수 있을까요? 편식하는 아이들에게 매우 친근한 이야기를 유머와 함께 곁들여 들려줄 수 있답니다.

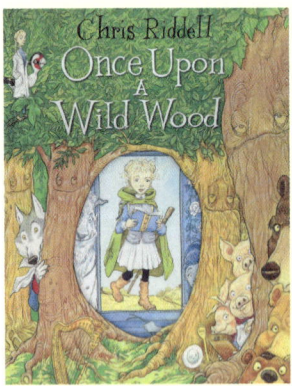

Once Upon a Wild Wood
by Chris Riddell

옛날 옛적에 새로운 동화 주인공인 초록 우비를 쓴 소녀는 숲속을 지나 라푼젤의 생일 파티에 갑니다. 생일 파티로 가는 길에 야수를 만나고 일곱 난장이와 아기 돼지 삼형제 등 매우 친숙한 동화 속 주인공들을 만나는데요. 과연 옛 동화 속 주인공들을 만난 소녀에게 어떤 이야기가 펼쳐질까요?

Hansel & Gretel
by Bethan Woollvin

윌로우는 착한 마녀입니다. 헨젤과 그레텔이 착한 마녀를 골탕 먹이는 장난꾸러기들이지요. 착한 마녀의 마법 주문을 엉망으로 만들기도 하고 착한 마녀가 저장해둔 음식을 모조리 먹어 치우기도 합니다. 착한 마녀의 고양이를 집채만큼 크게 바꾸기도 했다나요.

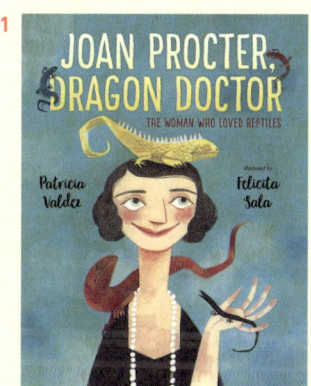

Joan Procter, Dragon Doctor
by Patricia Valdez

여자들이 긴 치마를 입고 오후의 간식 시간을 즐기던 시절, 조안 프록터는 애완 도마뱀과 애완 뱀과 놀기를 더 즐깁니다. 아파서 학교에 잘 갈 수 없었던 조안이지만, 파충류에 있어서만큼은 해박한 지식을 가지고 있었어요. 그리고 16살 때 자연사 박물관의 파충류관 큐레이터가 되고, 나중에는 런던 동물원에서 코모노 왕도마뱀 두 마리를 돌보는 일을 하게 됩니다. 잘 알려지지 않은 여성 과학자에 대한 놀라운 이야기를 재미있게 읽을 수 있답니다. 이 책의 저자인 패트리시아 발데즈도 현재 미국에서 활발히 활동하고 있는 여성 생물학자랍니다.

Grrrrr!
by Rob Biddulph

프레드는 매년 숲속의 대회에서 우승을 합니다. 물고기 잡기도, 인간을 놀래키기도, 홀라후프를 돌리기도, 그리고 으르렁거리기도 모두 프레드가 우승합니다. 그런데 마을에 새로 온 보리스는 프레드의 강적이 됩니다. 그러던 어느 날 프레드는 '으르렁'을 잃어버리게 됩니다. 숲속의 동물 친구들이 프레드의 '으르렁'을 대회 전에 찾아주기 위해 여기저기 뒤져보지만 찾을 수 없는데요. 그런 상황에서 대회가 시작됩니다.

Follow Me
by Licue Sheridan

각 페이지마다 다른 재질의 다른 그림을 손가락으로 따라가 보세요. 트랙터가 지나간 철퍽철퍽한 진흙 길도 있고, 고래가 내뿜은 거품도 있고, 출렁이는 바다도, 비비 꼬고 있는 뱀도 있습니다.

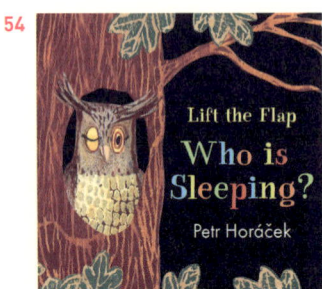

Who is Sleeping?
by Petr Horácek

"누가 강에서 잠을 자고 있나요(Who is sleeping in the river?)?"와 같은 질문이 각 페이지마다 있는 이 책은 잠을 자고 있는 동물 친구들이 누구인지 펼쳐보며 확인할 수 있습니다. 모든 동물들이 다 잠들고 나면, 그 다음에는 누가 잠자리로 갈까요?

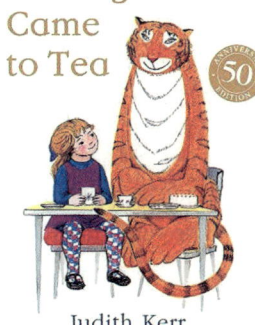

The Tiger Who Came to Tea
by Judith Kerr

소피와 엄마는 부엌에서 차 한 잔을 마시고 있었습니다. 바로 그때 배고픈 호랑이가 들어와 차 한 잔을 달라고 하지요. 차 한 잔을 다 마신 호랑이는 아빠의 저녁식사도, 냉장고 안의 음식도, 수도꼭지에서 나오는 물도 모조리 먹어 치웁니다. 다음 날 소피와 엄마는 아주 큰 호랑이 음식 통조림을 사 놓습니다. 호랑이가 다시 돌아올 수도 있으니까요.

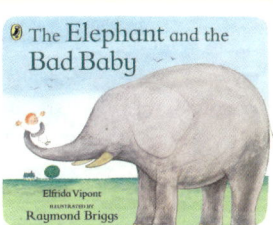

The Elephant and the Bad Baby
by Elfrida Vipont

코끼리가 아기에게 마을로 데려다준다고 합니다. 둘은 신나는 모험을 떠나지요. 그런데 아기는 떼를 쓰고 예의를 지키지 않기 시작하며 모험은 갑작스럽게 끝나게 됩니다. 이 버릇없는 아기를 어떻게 해야 할까요?

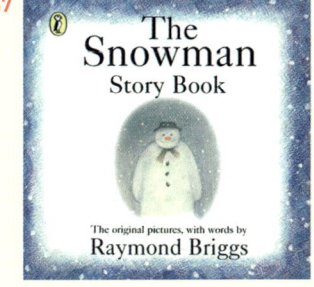

The Snowman
by Raymond Briggs

마당에 눈사람을 만든 제임스는 한밤중에 일어나 살아 있는 눈사람을 만납니다. 제임스는 눈사람에게 집 안 구석구석을 보여주고, 눈사람은 그 대가로 제임스에게 매우 특별한 여행을 선물한답니다.

Are We There Yet?
by Dan Santat

할머니의 생일 파티에 가는 작은 꼬마는 얼마 안 있어서 할머니 댁으로 가는 길이 매우 지겹게만 느껴집니다. 계속해서 "아직도 멀었어요 (Are we there yet?)?"라고 질문을 하지요. 그러나 아이는 차를 타고 상상 속으로 여행을 떠나게 되는데요.

Tuesday
by David Wiesner

매주 화요일 저녁 해가 지고 나면, 수상한 일이 일어납니다. 그림으로만 이루어진 이 책은 글이 없지만 그림만으로도 충분히 상상을 펼칠 수 있는 기발한 책입니다.

Lines
by Suzy Lee

겨울이 배경이 된 이 책 역시 글 없이 그림으로만 이루어진 책입니다. 스케이트를 타는 한 소녀가 그리는 겨울의 모습을 함께 살펴볼까요?

IV. 다양한 주제를 다룬 추천도서

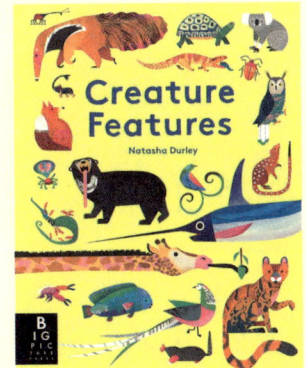

Creature Features
by Natasha Durley

동물들은 모양도 크기도 매우 다양합니다. 어떤 동물은 매력적인 코가 있고, 어떤 동물은 멋진 귀가 있습니다. 각각 페이지마다 동물들의 모습으로 화려하게 장식된 이 책을 보며 동물의 이름을 배울 수 있을 뿐만 아니라 자연의 세계에 대해서도 배울 수 있답니다.

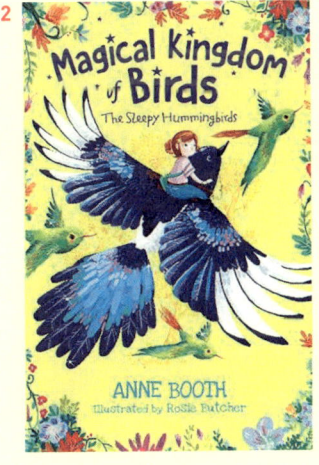

Magical Kingdom of Birds: The Sleepy Hummingbirds
by Anne Booth

《새들의 마법의 왕국》이라는 컬러링 책을 선물 받은 마야는 아름다운 새들의 세계로 빠져들게 되는데요. 이 책을 통해서 자연을 사랑하는 법을 배우기도 하지만, 챕터북으로 입문하기 전에 읽기 좋은 책이기도 합니다.

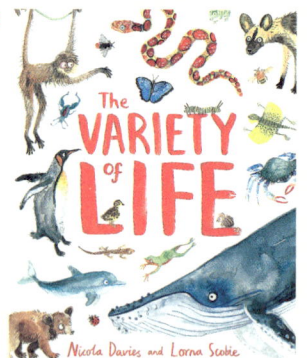

The Variety of Life
by Nicola Davies

이 세상에는 400,000여 종의 곤충이 있지만, 곰의 종류는 8가지밖에 안 된다는 사실을 알고 있나요? 자연과 생명에 관한 재미있는 사실들을 흥미롭게 접할 수 있답니다.

The Zoological Times
by Stella Gurney

신문처럼 펼쳐진 이 책은 동물들에 관한 사실들을 매우 재미있게 풀어나갑니다. 신문을 보는 습관도 들일 수 있는 이 책은 그 내용이 절대로 지겹지 않아서 아이들이 보고 또 보아도 질리지 않는답니다.

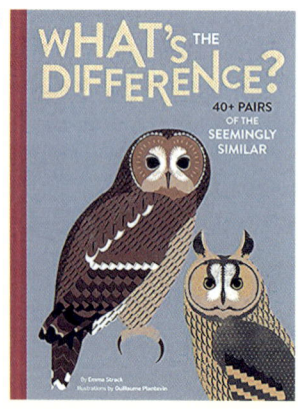

What's the Difference? 40+ Pairs of the Seemingly Similar
by Emma Strack

회오리바람과 태풍이 어떻게 다른지, 천도복숭아와 백도복숭아는 어떻게 다른지, 이런 종류의 궁금증을 가져본 적 있나요? 그렇다면 이 책을 추천해 드립니다. 동물, 음식, 지리, 옷, 인체, 도시의 여섯 가지 부류로 나누어 각각의 종류별로 비슷한 것 두 쌍씩 골라 어떻게 다른지 그 차이점을 알아봅니다. 비슷하지만 다른 것들의 차이점과 유사점을 곰곰이 생각하며 아이와 부모가 함께 토론해볼 수 있겠지요.

66

Have you seen elephant?
by David Barrow

코끼리가 숨바꼭질을 합니다. 꼭꼭 숨으려고 정말 노력을 하지요. 어찌나 잘 숨어 있는지, 코끼리를 찾기 위해서는 두 눈을 크게 뜨고 찾아보아야 합니다. 램프 뒤에 코끼리가 숨어 있을지도 모르거든요.

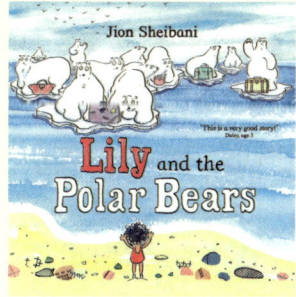

67

Lily and the Polar Bears
by Jion Sheibani

바닷가에서 놀고 있는 릴리는 북극곰 한 무리가 녹아가는 빙하를 타고 오는 모습을 발견합니다. 북극곰들은 릴리에게 말합니다. 북극의 얼음이 다 녹아서 살 수 있는 곳이 없다고. 릴리는 북극곰들이 어디로 가면 살 수 있을지 생각해내고, 북극곰들을 집으로 초대합니다. 갑작스러운 손님들을 보고 엄마는 놀라기도 하지만 곧 생선과 감자튀김과 차를 대접하지요. 다음 날 릴리는 북극곰들을 데리고 마을에 가는데, 마을 사람들은 북극곰들에게 무례하게 굴기도 합니다. 그렇지만 얼마 안 있어 북극곰들은 일을 하게 됩니다. 마을의 건축가가 되고 선생님이 되고 우체부, 가수, 축구선수 등이 되어 있습니다. 북극곰은 새로운 터전에서 행복하게 살아갑니다. 이 짧은 이야기를 통해서 사라지는 빙하, 보호 동물과 같은 환경문제, 이민자 등 사회적 이슈에 대해 생각해볼 수 있습니다.

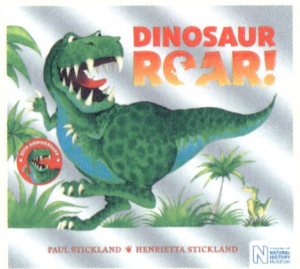

Dinosaur Roar!
by Henrietta Stickland

공룡이 어떻게 소리를 지를까요? 공룡의 으르렁 소리를 들으며 공룡에 대해서도 배우고 운율도 함께 배워요. 공룡이 '으르렁(Roar)' 할 때는 어른들은 조용히 있어 주세요. 왜냐하면 아이들이 바로 공룡이니까요!

Planet Awesome!
by Stacy McAnulty

멋진 행성(Planet Awesome)은 자기소개를 멋지게 합니다. 45.6억년이나 되었고, 처음 태어났을 때는 뜨거운 가스로 된 아기 행성이었대요. 점차 이곳에 생명이 살기 시작했는데 한때는 공룡이 살았고, 여러 식물과 동물들, 그리고 사람들은 지금까지도 이곳에 살고 있습니다. 이 행성의 가장 친한 친구는 '달(moon)'이라고 부르고요, 다른 가족도 여럿 있답니다. 이 행성의 다른 이름은 '지구(Earth)'라고도 해요. 지구에 대해 이렇게 재미있게 소개하는 책이 또 있을까요?

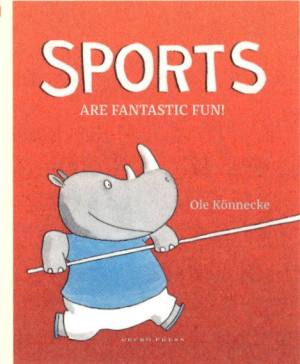

Sports are Fantastic Fun!
by Ole Könnecke

여러분은 장대 높이뛰기를 해본 적이 있나요? 장대 멀리던지기는요?
세상의 모든 유명한 스포츠 경기와 경기 규칙들에 대해 재미있게 설명하고 있는 이 책은 스포츠를 좋아하는 어린이라면 더할 나위 없이 좋아할 것이고, 스포츠를 좋아하지 않는 아이도 다양한 종류의 스포츠에 대해 배울 수 있습니다. 그리고 올림픽 경기가 있을 때 본다면 더 없이 좋습니다. 그리고 무엇보다 스포츠는 이기기 위해서 하는 것이 아니라 함께 즐기려고 하는 것임을 알려줍니다.

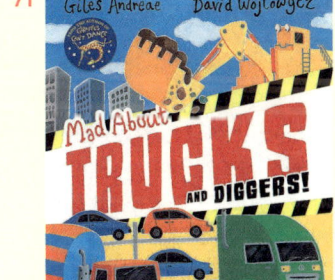

Mad About Trucks and Diggers!
by Giles Andreae

중량 차부터 덤프트럭, 구급차와 크레인, 불자동차까지 모든 종류의 커다란 차들은 모두 이 책에 있습니다. 각각 차의 역할을 재미있는 운율을 곁들여 설명해줍니다.

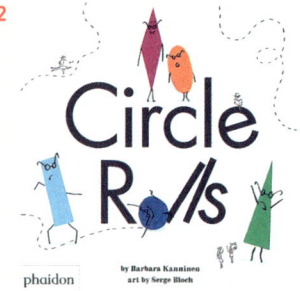

Circle Rolls
by Barbara Kanninen

작은 한 사람의 재채기가 동그라미(circle)를 신나는 모험으로 출발시킵니다. 동그라미는 다양한 다른 모양들을 만나게 됩니다. 정사각형(square)은 단단히 앉아 있고요. 직사각형(rectangle)은 높이 서 있습니다. 타원형(oval)은 앞뒤로 흔들흔들합니다. 그런데 삼각형(triangle)의 뾰족한 각에 동그라미가 부딪히자 큰일이 났어요. 이때 사려 깊은 8각형(octagon)이 나타나 구멍 난 동그라미를 도와주기 위해 모든 모양들을 집합시킵니다. 재미있는 이야기, 화려한 색깔의 다양한 모양, 완벽한 운율의 조화가 이 책을 읽는 내내 시간가는 줄 모르게 합니다.

Mixed
by Arree Chung

태초에 세상에는 세 가지 색깔만 있었습니다. 바로 빨강, 노랑, 파랑이었죠. 빨강은 가장 시끄러웠고 노랑은 가장 밝았으며 파랑은 가장 멋졌습니다. 셋은 사이좋게 잘 살았어요. 어느 날 갑자기 빨간 색이 "내가 최고야!"라고 말하기까지는요. 그 뒤로 색깔들은 각각 떨어져서 다른 곳에 살게 되었습니다. 그러던 어느 날 멋진 파랑과 밝은 노랑이 사랑에 빠져 작은 초록이 태어납니다. 초록이는 과연 색깔의 세계에서 환영받을 수 있을까요? 이렇게 다른 색깔들이 서로 조화를 이룰 수 있을까요?

I'm the Biggest
by Stephanie Blake

엄마가 사이먼과 동생 캐스퍼 키를 재줄 때면 둘은 항상 신납니다. 지난번보다 조금씩 더 커져 있거든요. 그런데 세상에, 사이먼은 지난번보다 1센티미터밖에 안 자랐는데 캐스퍼는 3센티미터나 자란 거 있죠. 형 사이먼은 절대로 있을 수 없는 일이라며 방방 뛰어다닙니다. 점심 때 사이먼은 캐스퍼가 팬케이크를 더 많이 먹었다고 화를 내고, 엄마가 놀이터에서 동생을 잘 돌보라고 했지만 동생은 신경도 쓰지 않습니다. 그런데 어떤 덩치 큰 아이들이 동생 캐스퍼를 놀리는 것을 보게 되는데요.

It's a Book
by Lane Smith

컴퓨터 게임을 하고 있던 나귀는 원숭이가 무엇을 하고 있는지 궁금해집니다. 원숭이는 책을 읽고 있었어요. 컴퓨터광인 나귀에게 책은 무척이나 새로운 것이었어요. 그래서 원숭이에게 이것저것 질문을 합니다. "문자 보낼 수 있어(can it text?)?" "책으로 어떻게 블로그를 해(how do you blog with it?)?" 이런 말도 안 되는 질문을 말이지요. 이런 말도 안 되는 질문들에 몹시 화가 난 원숭이는 나귀에게 책을 던져주고 도서관으로 향합니다. 유머 가득한 이 책을 보며 책을 읽어야 하는 이유도 알게 되지만, 다양한 컴퓨터 용어도 배울 수 있다니, 이 책은 책벌레를 위한 책일까요 아니면 컴퓨터광을 위한 책일까요?

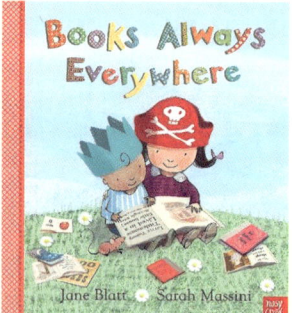

Books Always Everywhere
by Jane Blatt

이 세상에는 큰 책도 있고 작은 책도 있습니다. 넓은 책도 있고 기다란 책도 있고요. 그리고 책으로 집을 지을 수도 있고, 책을 모자로 쓸 수도 있어요. 그네 타며 책을 볼 수도 있고, 밤에 잠자리에서 책을 볼 수도 있지요. 책은 우리 주위에 어디든 있고, 책으로는 무엇이든 다 할 수 있답니다.

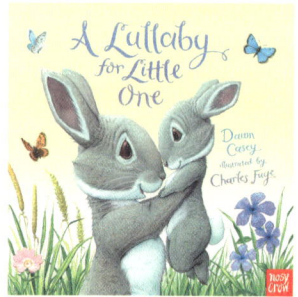

A Lullaby for Little One
by Dawn Casey

아빠 토끼와 아기 토끼가 풀밭에서 신나게 뛰어다니며 놀고 있습니다. 피곤한 하루를 보내고 잠자리에 들 시간이 되었어요. 아빠는 아기에게 자장가를 불러줄 시간이라는 것을 알고 있습니다. 잠자리에서 아기 토끼에게 들려주기 좋은 자장가를 아빠 토끼와 함께 조용히 불러 보아요.

Quiet
by Kate Alizadeh

작은 아이가 집을 구경시켜주고 있어요. 그런데 우리가 아무리 조용히(quiet) 해도, 여러 소리들이 들리네요. 문이 삐걱거리는 소리, 냉장고가 돌아가는 소리, 그리고 식사 시간의 수다와 목욕시간에 들리는 소리까지요.

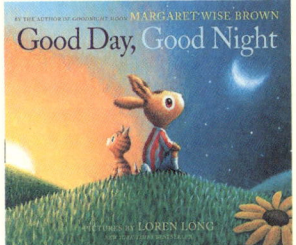

Good Day, Good Night
by Margaret Wise Brown

《Goodnight Moon》으로 유명한 Margaret Wise Brown의 잘 알려지지 않은 책입니다. 햇님이 새로운 하루에 인사를 하기 위해 나오면 작은 토끼는 이 세상의 모든 것에 '안녕(hello)'이라고 말합니다. 벌집 속의 벌에게도, 하늘의 새에게도, 모두에게 말이지요. 해가 지고 하루가 저물면, 토끼는 다시 모두에게 '잘자(goodnight)'라고 인사를 하지요.

Why the Face?
by Jean Jullien

왜 어떤 아이는 졸린 눈을 하고 있고, 또 다른 아이는 한쪽 손으로 눈을 가리고 있을까요? 바로 '5분만 더!'라며 TV를 너무 많이 보았기 때문이랍니다. 그 외에도 다양한 표정이 나오며 왜 그런 표정이 나오는지 한 페이지씩 넘기며 답을 찾을 수 있어요. 원래 영어로 "Why that face?"라는 표현은 화가 난 사람한테 "왜 그런 표정이야?"라고 묻는 표현이지만, 이 책에서는 정말로 왜 그런 표정이 나왔는지 궁금해서 하는 질문이랍니다.

V. 일상생활을 주제로 다룬 추천도서

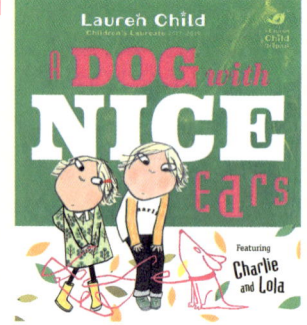

A Dog with Nice Ears
by Lauren Child

사랑스러운 찰리와 롤라의 세계에 한 걸음씩 다가가는 것은 언제나 즐겁습니다. 이 책도 역시나 강아지를 키우고 싶어 하는 찰리, 롤라의 진솔한 대화를 엿볼 수 있는 매력적이고 따뜻하며 유쾌한 이야기입니다. 강아지를 키우고 싶어 하는 마음을 영어로 어떻게 표현했는지 알아볼까요?

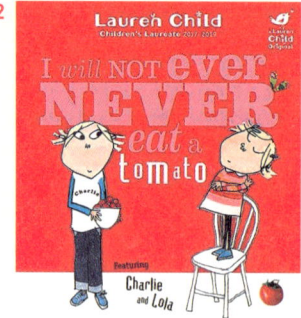

I will not ever never eat a tomato
by Lauren Child

롤라는 식성이 까다로운 아이입니다. 그런데 오빠 찰리는 롤라가 좋아하지 않는 음식을 먹도록 하는 방법을 알고 있다고 해요. 당근은 목성에서 떨어진 오렌지 일부이고요, 으깬 감자는 구름 한 조각, 그리고 토마토는 달에서 뿜어져 나온 것이랍니다. 과연 롤라는 이 음식들을 먹을까요?

Clarice Bean That's Me
by Lauren Child

복잡한 집에서 클라리스는 하루도 평안한 날이 없습니다. 클라리스만의 방도 없을뿐더러 남동생 마이널이랑 같이 방을 쓰는데, 남동생은 항상 물구나무서기를 하는 말썽꾸러기예요. 게다가 클라리스의 물건들은 모두 한쪽 구석에 처박혀 있을 수밖에 없지요. 그런데 불공평한 건 클라리스를 제외하고는 다른 모든 식구들은 각자의 공간이 있다는 거예요. 남자친구에 한참 빠져 있는 언니도, 사춘기 오빠도 각자의 방이 있습니다. 아빠는 사무실에, 엄마는 욕실에, 할아버지는 소파에 각자만의 공간이 있지요. 클라리스도 혼자서 조용히 있고 싶을 때가 있다고요.

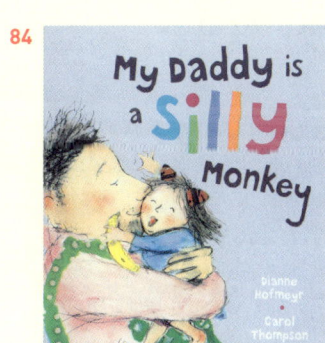

My Daddy is a Silly Monkey
by Dianne Hofmeyr

아빠는 딸을 위해서 모든 것을 해줍니다. 아침도, 점심도 차려주고, 머리도 빗겨주고, 재미있게도 해주며 학교랑 수영장에도 데려다줍니다. 그런데 매 순간 새로운 일을 할 때마다 딸은 아빠를 다른 동물이라고 상상합니다. 수영장에서는 커다란 고래, 아침에 깨울 때는 까칠까칠한 곰, 식사 시간 때는 굶주린 호랑이. 그렇지만 아빠는 세상에서 가장 사랑하는 아빠예요. 아빠와 단 둘이 살지만, 꼬마 소녀는 행복한 하루하루를 보내고 있답니다.

My Mum Always Looks After Me So Much!
by Sean Taylor & David Barrow

아기 고릴라는 예방접종을 하러 병원에 갑니다. 그런데 그다지 무섭거나 하지는 않아요. 왜냐하면 의사 선생님이 매우 친절하거든요. 오히려 예방접종 주사 맞는 것을 엄마가 더 걱정하지요. 때때로 엄마는 너무 많이 신경을 쓰는 것 같아요. 브로콜리도 먹으라 하고, 추우니 옷도 더 입으라고 하지요. 아기 고릴라는 괜찮은데 말이에요. 그런데 큰일났어요! 예방접종하고 의사 선생님이 딸기맛 사탕을 주셨는데, 그만 잃어버리고 만 거예요. 해결사 엄마가 없었다면 어떻게 할 뻔 했을까요?

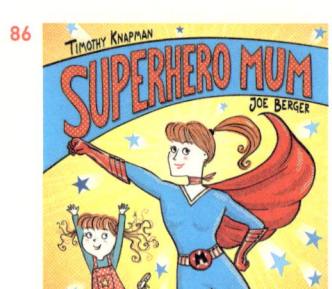

Superhero Mum
by Timothy Knapman

엄마는 진짜 영웅입니다. 술래잡기 할 때도, 케이크를 만들 때도, 곰 인형을 찾을 때도, 거품 놀이를 할 때도 말이죠. 또 엄마는 뭐든지 척척박사입니다. 고치는 것도, 빨래도, 다친 다리에 뽀뽀해주는 것도 모두 다 해주거든요. 그런데 가장 최고일 때는 그런 엄마가 나한테 영웅이라고 말해주는 거예요.

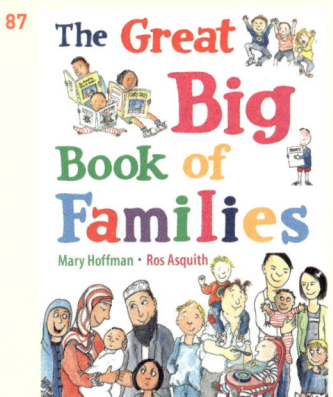

The Great Big Book of Families
by Mary Hoffman

다양한 모습의 가족을 보여주는 이 책은 다양한 인종부터 다양한 장애를 가진 가족까지 정말 다양한 가족의 모습을 그리고 있습니다. 똑같은 가족은 하나도 없지만, 이렇게 다르고 다양한 가족의 모습을 존중하는 법을 배울 수 있습니다.

The New Baby and Me!
by Christine Kidney

다섯 명의 언니 오빠들은 이제 곧 태어날 아기 동생이 어떤 아기일지 여러 가지 상상을 합니다. 누구는 새로 태어날 동생이 새로운 땅과 동물들을 발견하는 탐험가가 될 거라 하고, 누군가는 보물을 찾아 떠나는 해적이 될 거라고 해요. 그런데 진짜 아기가 태어나서 아이들은 상상도 하지 못했던 일이 생깁니다. 새로 태어날 동생을 기다리는 아이들과 함께 읽을 수 있는 이 책은 다양한 콜라쥬 기법을 사용했는데요. 가장 마지막 페이지에서는 집에서 할 수 있는 콜라쥬 활동을 소개해줍니다.

89

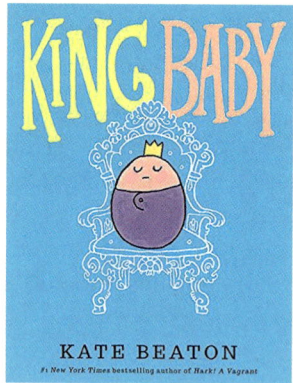

King Baby
by Kate Beaton

아기 왕은 모든 사람들에게 미소와 뽀뽀를 보내줍니다. 왜냐하면 아기 왕은 매우 너그럽거든요. 그런데 아기 왕은 다른 한편으로는 요구하는 것도 많아요. 분유도 먹어야 하고 기저귀도 갈아야 하고 트림도 시켜줘야 해요. 왕이라는 것은 좋지만, 원하는 장난감이 무엇인지 말할 수 없을 때는 스스로 가서 가지고 와야 한답니다. 아기 왕은 조금씩 기어 다니기 시작하고 한 걸음씩 걸음마를 떼며 작은 아이로 자라고 있습니다. 그런데 아기 왕이 자라면 누가 왕이 될까요?

90

The New Neighbours
by Sarah McIntyre

생쥐들이 1층짜리 아파트에 새로 이사왔습니다. 토끼는 매우 신이 나서 여기저기 뛰어다니고, 양에게 이 소식을 전하죠. 그런데 양은 새로 이사 온 이웃이 다른 이웃들처럼 깔끔하지 않을까 봐 걱정이 되는 거예요. 고민 끝에 마을 주민들을 불러 모읍니다. 돼지는 생쥐들 냄새가 좋지 않다고 하고, 북극곰은 생쥐가 다른 사람들의 음식을 훔친다고 생각해요. 그러다가 염소가 생쥐들이 건물을 무너뜨려 생매장할지도 모른다는 소리에 설득이 됩니다. 모두들 새로 이사 온 생쥐네 집으로 쳐들어가지요. 그런데 생쥐 가족이 문을 열어주자 모두가 생각했던 것과는 다른 풍경이 펼쳐졌어요. 생쥐 가족은 케이크를 굽고 있었답니다. 모두들 서로를 존중하고 다른 사람들에 대해서 험담하지 말아야 한다는 것을 다시 한 번 깨닫게 되지요.

The Girls
by Lauren Ace

네 명의 친구들이 비밀장소로 활용하기 안성맞춤인 나무를 발견합니다. 항상 이 비밀장소에서 만나는 친구들은 서로를 응원합니다. 로티는 모험을 좋아하고, 릴라는 항상 새로운 아이디어가 있으며, 사샤는 실용적인 생각을 하고, 앨리스는 연기를 잘 합니다. 네 명의 소녀들은 각자 개성이 뚜렷한 어른으로 자라지만, 그들의 우정만큼은 든든한 나무처럼 변함이 없습니다. 평생 함께 하는 친구들에게 사랑과 우정은 뿌리 깊은 나무와 같이 평생 동안 자라나는 것이랍니다.

Dogger
by Shirley Hughes

가장 좋아하는 인형 도거를 잃어버린 데이브는 울적합니다. 그런데 학교 여름 축제에 도거가 나타난 것 아니겠어요? 과연 데이브는 도거를 되찾을 수 있을까요?

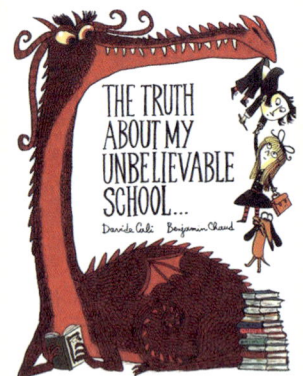

The Truth About My Unbelievable School
by Davide Cali

새로 전학 온 친구에게 학교를 안내해주라는 말에 헨리가 보여주는 것들은 무엇일까요? 반의 애완동물은 해파리이고, 과학실에서는 로켓을 만들고 있는 것 같고, 수영 선생님은 파충류 같이 생겼다니 일반 학교는 아닌 것 같군요.

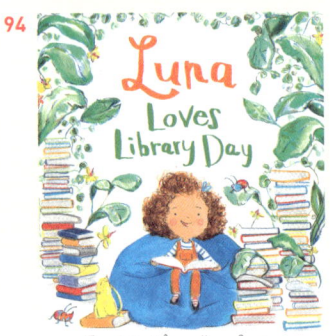

Luna Loves Library Day
by Joseph Coelho

매 주 루나는 특별한 날을 기다립니다. 무슨 날이냐고요? 아빠와 함께 도서관 서가에서 마술을 찾는 날이랍니다. 그곳에서는 매우 다양한 것들을 찾을 수 있어요. 공룡도, 미라도, 불가사의도, 괴물과 마법도, 모두 있답니다. 잔잔한 그림과 시적인 표현이 어우러진 이 책을 보며 도서관의 마법에 빠져보아요.

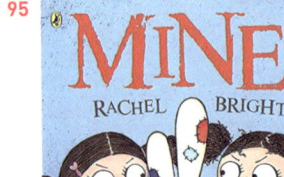

Mine!
by Rachel Bright

피피와 프랭키는 쌍둥이입니다. 그러나 둘은 매우 다르지요. 그런데 둘이 좋아하는 색이 다르고, 좋아하는 놀이가 다르고 싫어하는 것들이 다르지만, 단 하나 둘이 함께 좋아하는 것이 있어요. 퍼니 버니라는 인형이랍니다. 어느 날 할머니 댁에 가는데 둘 다 퍼니 버니 인형을 안고 싶어 해요. 둘이 싸우며 인형을 잡아당기다가 퍼니 버니의 귀가 찢어지고 맙니다. 할머니는 찢어진 퍼니 버니의 귀를 꼬매며 쌍둥이들에게 양보하는 것이 얼마나 소중한 것인지를 알려줍니다.

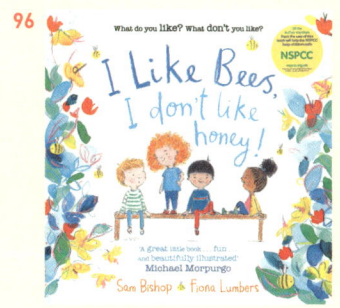

96

I like bees, I don't like honey
by Sam Bishop

생생한 운율이 더해진 이 책은 아이들이 좋아하는 것과 싫어하는 것을 확실하게, 그러나 사랑스럽게 표현할 수 있도록 도와줍니다. 이 책을 보며 아이들과 함께 대화하며 부모도 아이들이 좋아하는 것과 싫어하는 것에 대해 대화를 할 수 있답니다.

97

Five More Minutes
by Marta Altes

시간이라는 것은 매우 이상한 것입니다. 어른들은 아이들에게 항상 말합니다. "시간이 없어!(There's no time!)"라고. 특히 아침에 옷 입을 때면 말이지요. 그런데 주말 아침에 놀자고 아빠를 깨우면 아빠는 항상 말합니다. "오 분만 더(Five more minutes!)!"라고요.
유치원 가는 길에는 새를 구경할 시간도 장난칠 시간도, 친구를 사귈 시간도 있습니다. 그런데 버스를 놓치게 되면 어떻게 하지요? 친구 생일 파티에서도 얼마 놀지 않은 것 같은데 벌써 가야 할 시간이래요. 이렇게 아이가 생각하는 시간과 어른이 생각하는 시간의 개념은 다릅니다. 그런데 단 한 가지 엄마 아빠와 아이가 절대 질리지 않고 함께 즐기는 시간이 있어요.

그것은 바로 책 읽는 시간이랍니다. 이 시간만큼은 그 누구에게도 지겹지 않아요. 왜냐하면 다 함께 즐거운 시간을 보내고 있거든요.

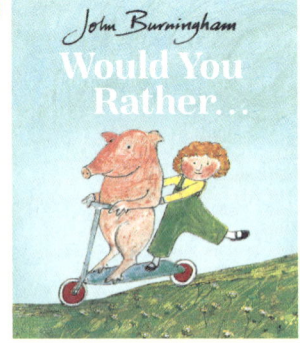

Would you rather...
by John Burningham

어떤 것이 더 좋을까요? 바닷가에 있는 집이 좋을까요, 눈에 둘러싸인 집이 좋을까요, 정글 속의 집이 좋을까요? 어떤 것이 더 좋을까요? 거미로 만든 스튜를 먹는 것이 좋을까요, 달팽이 만두가 좋을까요? 으깬 지렁이가 좋을까요? 어느 것도 좋지 않다고요?
여러 가지 상상 속에서 무엇이 좋을지 생각해볼 수 있는 이 책을 보며 "would you rather..."라는 표현을 연습해볼 수 있답니다.

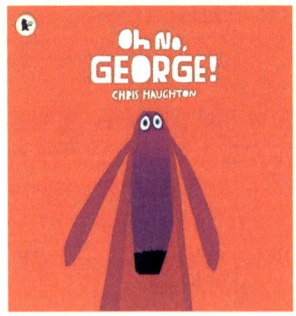

Oh No, George
by Chris Haughton

조지는 주인 말을 잘 듣기로 약속한 사랑스러운 애완견입니다. 그리고 정말로 착한 애완견이 되기 위해 열심히 노력하지요. 그런데 그만 초콜릿 케이크를 보고 말았어요. 고양이도 조지를 보고 도망다닙니다. 과연 조지는 착한 애완견이 되겠다는 약속을 지킬 수 있을까요?

Banana!
by Ed Vere

만화처럼 그려진 이 책에는 단 두 단어만 나옵니다. 하나는 '바나나(banana)'이고, 다른 하나는 '주세요(please)'라는 말입니다. 주인공도 단 둘만 있습니다. 원숭이 두 마리이죠. 그런데 원숭이 한 마리만 바나나를 가지고 있습니다. 다른 원숭이는 바나나를 갖고 싶어 해요. 바나나를 갖기 위해 필요한 '마법의 언어(magic word)'는 무엇일까요?

 Hello, Hello
 Jump and Shout!
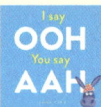 I Say OOH You Say AAH
 Alphabet Street
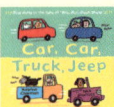 Car, Car, Truck, Jeep
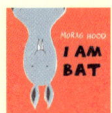 I Am Bat
 Look

 Ten Little Fingers and Ten Little Toes
 The Night Knights
 Everything You Need for a Treehouse
 Each Peach Pear Plum
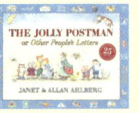 Hairy Maclary from Donaldson's Diary
 The Jolly Postman or Other People's Letters
How to be a Lion

 Lost and Found
 Little Mouse's Big Book of Fears
 The Colour Monster
 The Hug
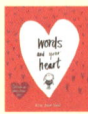 Words and Your Heart
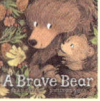 A Brave Bear
 Love is
When an Elephant Falls in Love

 Hello, Hot Dog!
 Juniper Jupiter
 Ten Fat Sausages
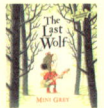 The Last Wolf
 Valdemar's Peas
 Once Upon a Wild Wood
 Hansel & Gretel
 Joan Procter, Dragon Doctor

 Tuesday
 Lines
 Creature Features
 Magical Kingdom of Birds
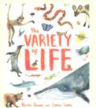 The Variety of Life
 The Zoological Times
 What's the Difference?
 Have you seen elephant?

 I'm the Biggest
 It's a Book
 Books Always Everywhere
 A Lullaby for Little One
 Quiet
 Good Day, Good Night
 Why the Face?
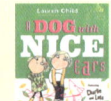 A Dog with Nice Years

 The New Neighbours
 The Girls
 Dogger
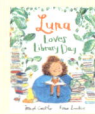 The Truth About My Unbelievable School
 Luna Loves Library Day
 Mine!
 I like bees, I don't like honey
Five More Minutes

  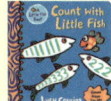 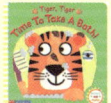   

| Look, There's a Helicopter | Fox & Chick: The Party and Other Stories | Count with Little Fish | Tiger, Tiger, Time to Take a Bath! | Story Time with Ted | Who's Wearing a Hat? | Wiggly Wiggly: Playtime Rhymes |

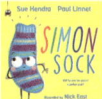    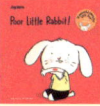  

| Simon Sock | Ruby's Worry | Giraffe Problems | Little Truck | Poor Little Rabbit | Happy to Be Me | Want to Play Trucks? |

    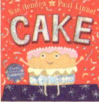 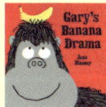 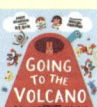

| I'll Love You Always | Sometimes... | Grandad's Island | The Great Big Book of Feelings | Cake | Gary's Banana Drama | Going to the Volcano |

  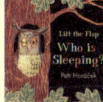 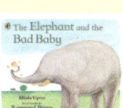  

| Grrrrr! | Follow Me | Who is Sleeping? | The Tiger Who Came to Tea | The Elephant and the Bad Baby | The Snowman | Are We There Yet? |

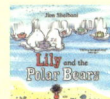   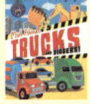 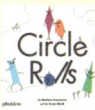 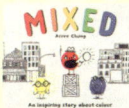

| Lily and the Polar Bears | Dinosaur Roar! | Planet Awesome! | Sports are Fantastic Fun! | Mad About Trucks and Diggers! | Circle Rolls | Mixed |

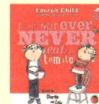 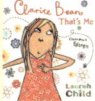    

| I will not ever never eat a tomato | Clarice Bean, That's Me | My Daddy is a Silly Monkey | My Mum Always Looks After Me So Much! | Superhero Mum | The Great Big Book of Families | The New Baby and Me! | King Baby |

| Would you rather... | Oh No, George | Banana! |

하루한권
영국 엄마의
그림책 육아

바른 교육 시리즈 ❸
하루 한 권 영국 엄마의 그림책 육아

초판 1쇄 인쇄 2019년 5월 10일
초판 4쇄 발행 2023년 2월 15일

지은이 김혜중

대표 장선희 **총괄** 이영철
기획편집 이소정, 정시아, 한이슬, 현미나
디자인 김효숙, 최아영 **외주디자인** 임현주 **포토** 이영철
마케팅 최의범, 임지윤, 김현진, 이동희
경영관리 김유미

펴낸곳 서사원 **출판등록** 제2021-000194호
주소 서울시 영등포구 당산로 54길 11 상가 301호
전화 02-898-8778 **팩스** 02-6008-1673
이메일 cr@seosawon.com
블로그 blog.naver.com/seosawon
페이스북 www.facebook.com/seosawon
인스타그램 www.instagram.com/seosawon

ⓒ김혜중, 2019

ISBN 979-11-965330-6-9 13590

- 이 책은 저작권법에 따라 보호를 받는 저작물이므로 무단 전재와 무단 복제를 금지합니다.
- 이 책 내용의 전부 또는 일부를 이용하려면 반드시 저작권자와 서사원 주식회사의 서면 동의를 받아야 합니다.
- 잘못된 책은 구입하신 서점에서 바꿔드립니다.
- 책값은 뒤표지에 있습니다.

서사원은 독자 여러분의 책에 관한 아이디어와 원고 투고를 설레는 마음으로 기다리고 있습니다. 책으로 엮기를 원하는 아이디어가 있는 분은 이메일 cr@seosawon.com으로 간단한 개요와 취지, 연락처 등을 보내주세요. 고민을 멈추고 실행해 보세요. 꿈이 이루어집니다.